铁路职业教育铁道机车运用与维护专业新形态一体化系列教材

电力机车运用与规章

李伶伶　李建龙◎主　编
郤书军　党建猛◎副主编
吴　伟　赵子俊◎主　审

中国铁道出版社有限公司

2025年·北　京

内容简介

本书为“铁路职业教育铁道机车运用与维护专业新形态一体化系列教材”之一，结合现行《铁路技术管理规程（普速铁路部分）》《铁路信号显示规范》《铁路机车运用管理规则》《铁路机车操作规则》《铁路交通事故应急救援和调查处理条例·铁路交通事故调查处理规则》等进行编写。全书共分为四个项目，分别是认知铁路基础知识、正常行车组织作业、非正常行车组织作业、行车安全与事故调查。

本书可作为铁路职业院校铁道机车运用与维护、电力机车运用与检修专业的教材，也可作为机务系统相关岗位人员的培训用书。

图书在版编目（CIP）数据

电力机车运用与规章 / 李伶伶，李建龙主编.
北京 ：中国铁道出版社有限公司，2025. 6. --（铁路职业教育铁道机车运用与维护专业新形态一体化系列教材）.
ISBN 978-7-113-30797-4

Ⅰ. U264

中国国家版本馆 CIP 数据核字第 20257HJ242 号

书　　名：电力机车运用与规章
作　　者：李伶伶　李建龙

策　　划：阚济存
责任编辑：亢丽君　　**编辑部电话：**(010)51873205　　**电子邮箱：**67204751@qq.com
编辑助理：王　旭
封面设计：崔丽芳
责任校对：刘　畅
责任印制：高春晓

出版发行：中国铁道出版社有限公司(100054,北京市西城区右安门西街 8 号)
网　　址：https://www.tdpress.com
印　　刷：北京联兴盛业印刷股份有限公司
版　　次：2025 年 6 月第 1 版　2025 年 6 月第 1 次印刷
开　　本：787 mm×1 092 mm 1/16　**印张：**14.25　**字数：**338 千
书　　号：ISBN 978-7-113-30797-4
定　　价：60.00 元

---

(2)调车场同端调车机车的分工。

当在调车场的任何一端,具有一条以上的牵出线或驼峰溜放线,配属一台以上的调车机车,共同担负调车场端的解编工作时,为使各台调车机车平行作业互不干扰,调车场同端的调车机车的作业也应进行分工,有固定作业区域和不固定作业区域两种。

①固定作业区域:

固定作业区域是将每台调车机车固定在一条牵出线或驼峰溜放线上,专门担负定方向的列车解体或编组工作。这种方式有利于建立良好的作业秩序,作业计划组织比较简单。例如,调车场尾部有两条牵出线,两台机车作业时,可划分为两个调车区。但当各方向解编任务不够均衡或车流波动较大时,难免会产生忙闲不均、作业不够协调,调车机车能力不能充分利用等情况。

②不固定作业区域:

这种分工方式不固定每台调车机车占用的牵出线或驼峰溜放线。由于不固定作业区域,相应地也就不固定担负一定方向的解编任务,而是由调车领导人根据作业计划的要求,考虑各台调车机车的作业进度,灵活掌握、机动分配每台机车的作业区域和所担负的任务。这种方式只要运用得当,能够克服固定作业区域工作方式的缺陷,更好地发挥调车机车的生产效能。例如,双推单溜的驼峰,两台调车机车的作业就可不固定作业区域。但是,它也给调车作业增添了复杂性,要求调车领导人具备较高的计划组织水平和调车组人员具有比较全面熟练的生产技能。

五、调车场线路固定使用

研究调车场线路使用问题,一般需按两步进行。首先,合理分配各种用途的线路数目;然后,确定每一条调车线的具体用途。

调车场内的线路主要用途:一是按照列车编组计划的规定,用于集结和编组车列(车组);二是存放本站货物作业车、场间交换车、扣修车、倒装车和装载特种货物或超限货物的车辆等。若在我国铁路车站调车线还不够充裕的情况下,应首先保证用于集结和编组的线路,尽量减少停放其他车辆的线路。

用于集结和编组的线路,尽可能按照列车编组计划的规定,每编组一个到达站的列车或车流组号,固定使用一条调车线,有利于解体照顾编组,减少重复改编作业。若可供使用的线路数少于规定的车流组号数时,应首先满足主要车流单独集结的需要,对其余车流量较小的组号,可合并使用一条线路。

用于存放其他车辆的线路,应在保证调车安全、不大量产生重复作业和严重交叉干扰的条件下,尽量做到一线多用。

调车场内各条线路的有效长和平纵断面等条件不尽相同,固定其具体用途时,一般应考虑以下条件:

(1)适应车流强度的需要。车流量大的编组去向分配长线,车流量小的分配短线,并尽量选择容车数大于该去向列车编组辆数的线路,以减少整理车场的调车作业。

(2)均衡牵出线的作业负担。当调车场尾部具有两条编组牵出线时,将车流量大的几个编组去向分散固定在衔接不同牵出线的调车线上,以均衡两条牵出线的作业负担。

(3)减少调车作业干扰。对横列式车站,应把车流量大的编组去向固定在靠近出发场的调车线上，交换车固定停放在接近邻区的线路，集结同一去向的两条调车线和合编分组列车的线路固定在同线束的相邻线路上，本站货物作业车固定在接近货物作业地点便于送车的线路上。

（4）照顾车辆溜行的性能。对空车和难行车比例较大的车流组号，尽可能固定在易行线上；对易行车比例较大的车流组号，固定在难行线上，以平衡车辆溜行阻力，提高解体调车的安全和效率。

（5）便于车辆检修和其他作业。站修线应拨给线间距较宽，靠近站修所的边线；装载特种货物及超限货物的车辆，按其需要拨给偏僻、有利保安的线路等。

总之，调车场内的线路固定使用与车流性质、大小、线路的条件等有着密切的关系。例如，某站到发线、调车线固定使用见表 1-3。

表 1-3　某站到发线、调车线固定使用

场别	编号	用途	有效长/m	换算容车数/辆		最大换算容车数/辆		备注
				按 11 m	按 14.3 m	按 11 m	按 14.3 m	
到发场	1	旅客列车到发	700	58	44	63	48	
	2	旅客列车到发	700	58	44	63	48	
	3	直通货物列车到发	770	64	49	70	53	
	4	直通货物列车到发	750	62	48	68	52	接发超限
	5	机车出入段走行	800	67	51	72	55	
	6	改变列车到发	790	66	51	71	55	
	7	改变列车到发	790	66	51	71	55	接发超限
调车场	8	甲及其以远	810	55	42	73	56	
	9	乙—甲间	810	55	42	73	56	
	10	丙及其以远	760	51	39	69	53	
	11	乙—丙间	760	51	39	69	53	
	12	特种车	800	54	41	72	55	
	13	本站货物作业车	740	50	38	67	51	
	14	站修车	350	23	18	31	24	

注：1. 到发线换算容车数按有效长减去机车长和 30 m 安全距离后，分别除以换算长度 11 m 和 14.3 m；调车线换算容车数，按有效长的 75%分别除以换算长度 11 m 和 14.3 m。

2. 最大换算容车数均等于有效长分别除以 11 m 和 14.3 m。

视频

调车作业人员规定、责任分工及相关要求

六、调车工作的领导与指挥

调车工作是一项由多工种联合行动的复杂工作。不仅作业场地大、调动的机车车辆多种多样、作业人员及工种多，而且作业组织比较复杂、作业方法灵活多变、影响调车作业效率的因素较多。为安全迅速、高质量地完成调车任务，调车工作必须实行统一领导和单一指挥。

统一领导，就是在同一时间内，一个车站只能由车站调度员统一领导全站调车工作；该站的有关调车区长，根据车站调度员布置的调车工作任务，领导本区的调车工作。各调车区间相互关联的调车工作，应按车站调度员的指示进行，调车区长(或驼峰调车区长)不得超越自己的职权去领导其他场(区)的作业。车站调度员、调车区长在领导调车工作中，遇到需占用正线、到发线和机车走行线及影响接发列车进路的调车工作时，必须与车站值班员联系，并取得其同意后方可进行调车。占用正线、到发线的调车，常与接发列车作业相干扰，因联系不到位或盲目越过警冲标，有造成列车冲突的可能。为保证作业安全，除调车领导人外的作业人员也要按《站细》要求，做好联系、确认工作，防止列车冲突事故的发生。未设车站调度员的车站，调车工作由车站值班员统一领导。

单一指挥，就是在同一时间内，一台调车机车的调车作业计划的执行、作业方法的拟定和布置，以及调车机车行动的指挥，只能由调车长一人负责指挥。未配调车长的车站，由本务机车进行车辆摘挂作业时，可由车站值班员或助理值班员担任指挥工作。遇有特殊情况，上述人员不能指挥作业时，可由有任免权限的单位鉴定考试合格的连结员代替进行调车指挥工作。如果一个调车组配有两名调车长时，对每台担当调车作业的机车，在同班次内，不得轮流指挥。必须更换指挥人时，应按各铁路局集团公司有关规定办理。在调车作业中，所有调车有关人员(调车组、扳道组、机车乘务组)都必须服从调车指挥人的指挥。

七、调车长的职责

在调车作业中，调车长既是组织者又是指挥者，对组织调车人员执行规章制度、落实作业标准，严格按《站细》的规定和调车作业计划进行工作，保证安全，提高效率，全面完成任务，负有重要责任。因此，调车长不仅要做好本身的工作，还要组织、督促并指挥调车人员共同完成调车任务。

调车作业的准备工作，是保证顺利完成调车任务的前提。调车作业准备工作主要包括以下几个方面：

(1)在计划安排方面，要传达核对计划，制定作业方法，进行作业分工，并针对重点工作进行安全预想。

(2)在工具准备方面，要对调车组的每台无线调车灯显设备进行检查试验，特别是须与司机确认无线调车灯显设备作用良好，要准备好铁鞋、叉子、安全带、灯具及防溜器具等。

(3)在了解情况方面，要掌握是否空线、各线车辆停留位置、停留车组间隔、检修及装卸作业是否完成和防护用具是否撤除等。

(4)在需要提前行动方面，摘管、排风、选择人力制动机，对专用线、段管线的线路、道岔、大门、停留车辆、堆放货物距离、有无障碍物等进行检查。

做好准备是调车作业的关键环节之一，也是保证调车作业安全的关键，上述准备工作，有的需调车长亲自进行，有的是督促有关人员去做；有的需接班开始后进行准备，有的则在连续作业中进行准备。有关人员必须认真做好，有关责任必须落实到人。

在调车作业中，调车长首先要组织调车人员正确及时地完成调车任务。“正确”是指按“调车作业通知单”的要求进行作业，做到溜放调车时不混线、不堵门，尽量缩小车组间隔距离；取送客车、作业车和检修车时，要对好位置；编组列车时，要连挂正确，对好列车试风器位置，并要注意重点检查“关门车”、车下不压铁鞋等。“及时”是指按“调车作业通知单”要求的时刻，及时完成列车编组、解体及车辆取送、转线等作业。

调车长显示的调车手信号或使用无线调车灯显设备发出的指令，是对调车作业行动发出的命令，有关人员必须认真执行，所以信号显示或发出的指令必须正确、及时。“正确”是指信号显示方式或发出的指令意义必须符合有关规定，并做到规范化。如手信号显示要横平、竖直、灯正、圈圆等。“及时”是指根据不同作业要求及距离、速度、作业方法等，及时显示信号或发出指令。

保证调车作业中的人身安全和行车安全，是调车长最重要的责任之一。要求调车长认真学习规章制度，掌握调车作业标准，在作业中认真落实作业标准化，严格要求，并随时地掌握参加作业人员的动态，了解他们执行作业标准情况，确认其所在位置及信号显示，发现情况不明、信号不清及其他特殊情况危及作业安全时，应立即采取停车措施，以确保人身安全和调车作业安全。

八、调车作业标准

铁路调车准备作业程序如图 1-46 所示。

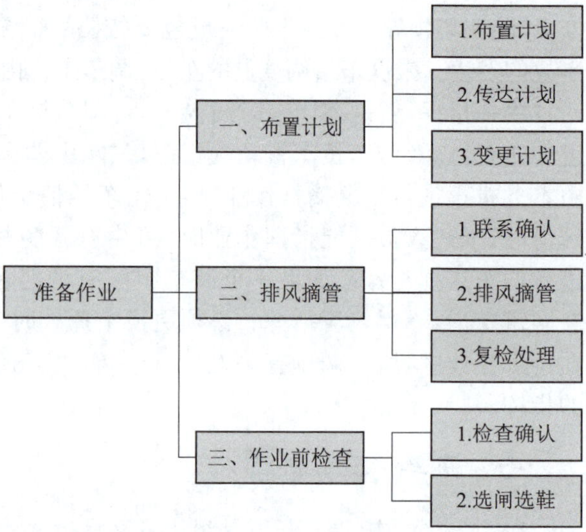

图 1-46　调车准备作业程序

铁路调车平面牵出线作业程序如图 1-47 所示。

铁路调车自动化驼峰作业程序如图 1-48 所示。

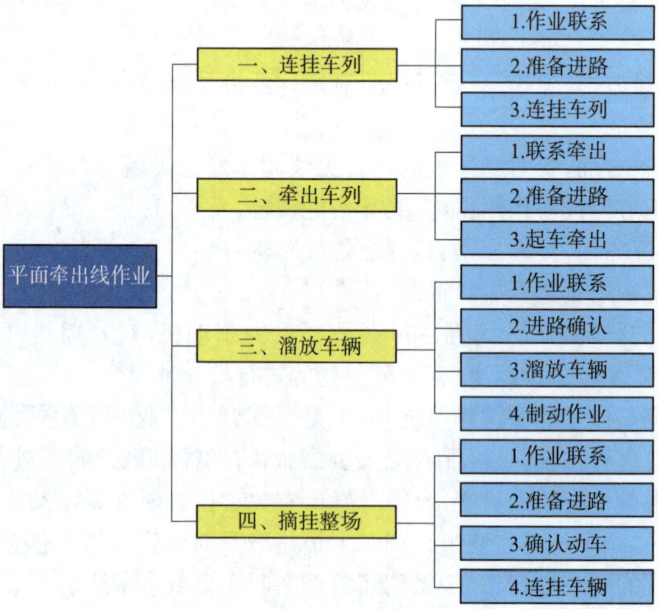

图 1-47　调车平面牵出线作业程序

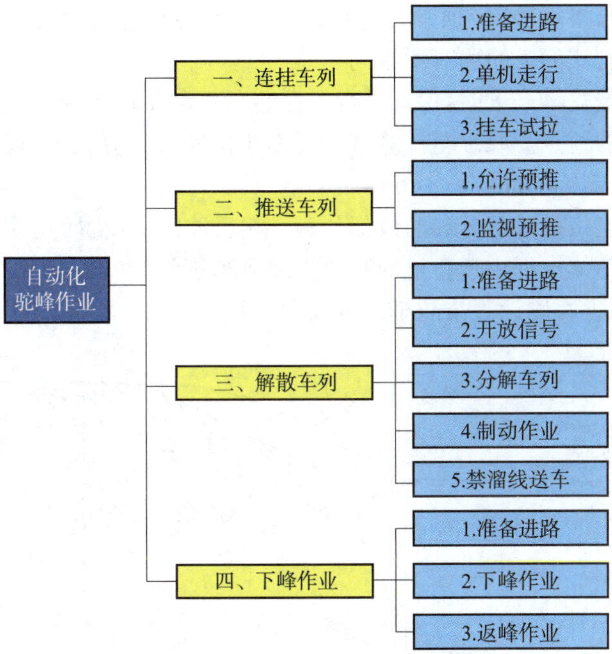

图 1-48　调车自动化驼峰作业程序

九、调车驼峰

1. 调车设备的分类

调车设备按车辆溜放的动力可分为牵出线和驼峰两大类。

(1)牵出线。

①平面牵出线：

平面牵出线基本是设在平道上，或者是设在面向调车场不大于 2.5‰坡度的线路上。调车时，车辆溜放的动力是调车机车的推力。

②坡道牵出线：

坡道牵出线上调车时，车辆溜放以机车的推力为主，以车辆的重力为辅。牵出线本身部分比调车场部分的标高要高，其纵断面也是为了提高改编能力而特殊设计的。

(2)驼峰。

驼峰酷似骆驼的峰背。它面向调车场有一段较陡的坡度，调车时，车辆溜放的动力以其本身的重力为主，调车机车的推力为辅。

牵出线和驼峰，虽然既可用作车列的编组作业，也可用作车列的解体作业，但就其特点而论，驼峰一般设在调车场头部，适合于车列的解体作业；牵出线设于调车场尾部，适合于车列的编组作业。

2. 驼峰结构

(1)驼峰的组成(图 1-49)。

①驼峰推送部分指自峰顶往到达场或牵出线方向一个车列长度的线路范围。推送部分一般设在保证车列起动的坡度上，靠近峰顶的一段距离设成较大的上坡道，以使车钩压缩，便于提钩，并使车辆得到溜放所需要的驼峰高度。

②驼峰溜放部分指峰顶(峰顶平台与加速坡的变坡点)到计算点的线路范围。计算点的位置依不同调速制式的驼峰而有所不同。

③计算点指确定驼峰高度时,保证难行车在溜车不利条件下溜到调车场难行线某处停车或具有一定速度的地点。峰顶至计算点的距离叫作驼峰计算长度;峰顶与计算点的水平高差为驼峰的高度,简称“峰高”。

④峰顶平台指连接推送部分和溜放部分两个相反坡段所设置的一段平坡地段。

⑤为使在车列解体过程中禁止过峰和禁止溜放车辆的暂时停留和存放,并伺机送入峰下调车场,还应在峰顶两侧设置禁溜车停留线和迂回线。

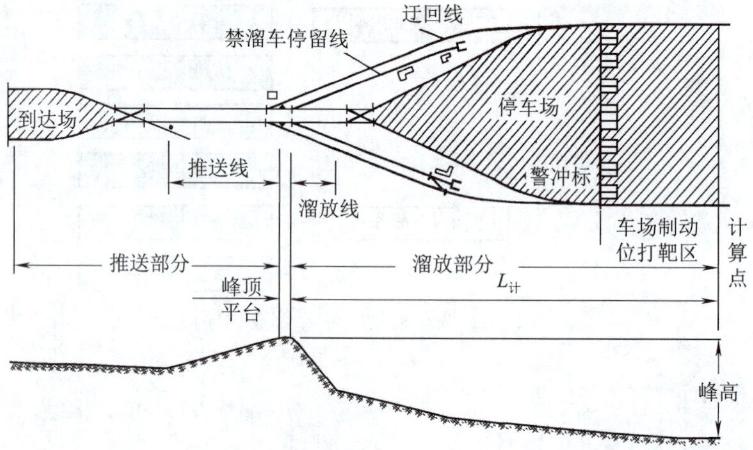

图 1-49　驼峰各组成部分示意

(2)驼峰的主要技术装备(图 1-50)。

驼峰的技术装备主要有峰顶信号、峰顶与峰下信号楼、调车信号等,为保证驼峰的正常工作,提高驼峰的作业效率和作业安全,驼峰还应装设下列设备。

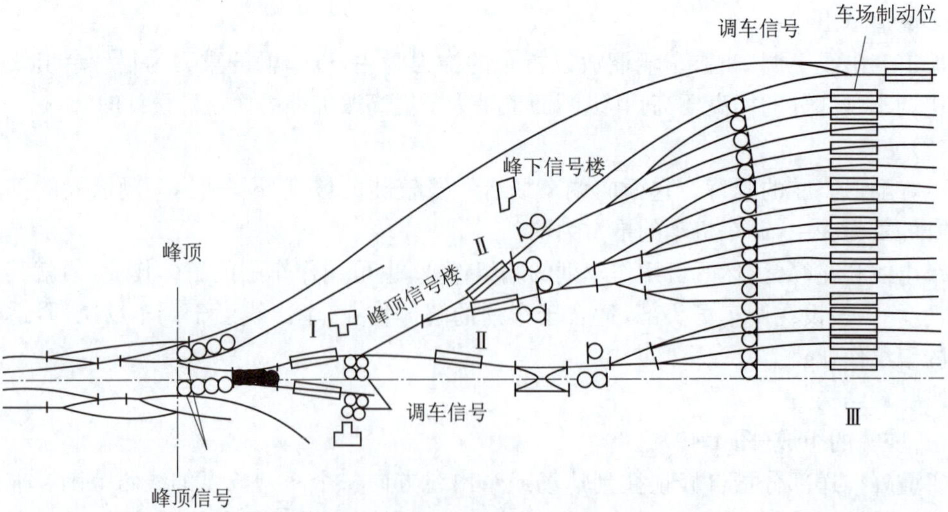

图 1-50　驼峰主要技术装备示意

①调速设备：

为保证连续溜放的相邻钩车间的必要间隔，以使道岔安全转换，或者使钩车停留在一定地点并钩钩连挂，或者使钩车到达某些地点不超过规定的容许速度，必须依靠调速设备及其相应的测试设备来控制钩车的溜放速度。

在自动化驼峰上，自峰顶至调车场尾部的整个车辆溜放径路上可根据需要设置各种调速设备（减速器、减速顶、可控顶、加减速顶和推送小车等）及其相应的测试和控制设备，根据车辆阻力、重量、停车距离和溜放速度等条件自动控制调速设备，自动调整钩车溜放速度。根据所采用的调速设备及其分布，可组成不同制式的自动化驼峰。

②测试和控制设备：

为保证调速工具准确而可靠地工作，必须测定影响速度控制的各项参数（如车辆重量、车辆阻力、停留车距离和钩车溜放速度等），设置相应的设备（测重器、测阻设备、测长器和测速雷达等），并将测得的这些参数随时输送到计算机及控制装备，自动控制减速器的制动和钩车的溜放速度。

③进路控制和信号设备：

驼峰钩车溜放进路控制有集中自动控制和非集中就地操作两种。在我国驼峰上都有自动集中设备来控制道岔和钩车溜放进路，能预排和存储待解车列各钩车的溜放进路，在车列解体过程中自动传递命令，依次转换各组道岔，开通各钩车的不同溜放进路。

驼峰信号分为设在峰顶指示车列推送速度的驼峰主体信号和设在调车场头部指示调车机车上峰和下峰的调车信号。

十、调车作业的基本要求

1. 调车作业计划

(1)调车作业计划编制要求：

调车领导人应正确及时地编制、布置调车作业计划。布置调车作业计划，应使用调车作业通知单（图 1-51）。中间站利用本务机车调车，应使用有示意图的调车作业通知单（图 1-52）。使用铁路无线调车灯显设备的车站，调车作业计划布置方法，由铁路局集团公司规定。列车在到达线路内拉道口、对货位、直接后部摘车、本务机车（包括重联机车、补机）摘挂及转线、企业自备机车进入站内交接线整列取送作业，可不使用调车作业通知单。

自轮运转特种设备调车作业是否需要使用调车作业通知单由铁路局集团公司规定。

调车作业通知单

1调解45011次　　　第 01 号

甲（夜）

20：40~21：00　　　11月22日

股道	甩挂	车号	备注
D5	+ 15	4922931	
6	− 3	3407403	*B*及其以远216 t
4	− 2	5251607	*C*及其以远146 t，押运
9	− 2	4406962	*A*−*a*间　108 t
8	− 3	0914168	*b*及其以远127 t
11	− 5	3126641	空车　114 t

股道	4	6	8	9	11
车数	2	3	3	2	5

区长：张杰　　　编制时间：04-11-22，20：20

图 1-51　调车作业通知单

2021 年 7 月 30 日　　41076 列车　　计划起止时间　6 时 36 分 起；9 时 29 分 止

停留车示意图

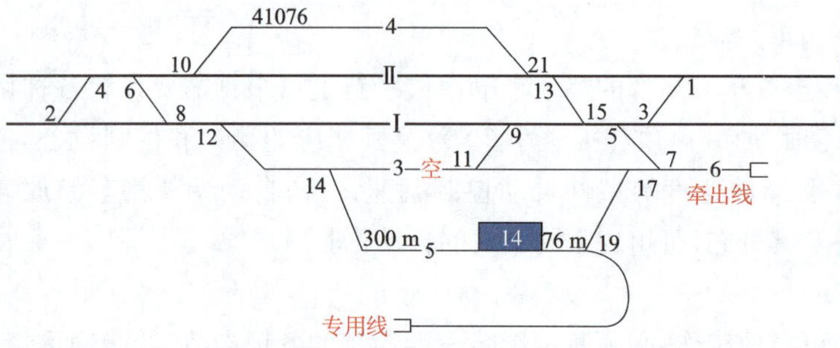

股道	Ⅰ	Ⅱ	3	4	5	6
有效长	964	1 001	1 035	1 050	580	350
容车数	81	85	88	89	40	34

注意事项：

1. Ⅰ、Ⅱ、3、4 道有电，5、6 道无电，注意安全。
2. 客车 D6 次 8:58 通过，4495 次 9:02 到、9:08 开。
3. 经过分路不良区段 5DG、17-19DG。

作业计划表

股道	摘挂车辆
4	+20
5	−20 对货拉
3	开车

作业方法："+"挂车，"−"摘车，"++"连续连挂，"△"单机　　××站车站值班员　××签名

实际作业时间：6:50—9:15　　上岗干部签字：××

图 1-52　有示意图的调车作业通知单

(2)调车作业计划的传达与交接：

调车领导人与调车指挥人必须亲自交接计划。由于设备原因，亲自交接计划确有困难及设有调车作业通知单传输装置的车站，交接办法在《站细》内规定。

调车指挥人应根据调车作业计划制定具体作业方法，连同注意事项，亲自向司机交递和传达；对其他有关人员，应亲自或指派连结员进行传达。具体传达办法，在《站细》内规定。

调车指挥人确认有关人员均已了解调车作业计划后，方可开始作业。

(3)调车作业计划变更：

一批作业(指一张调车作业通知单)不超过三钩或变更计划不超过三钩时，可用口头方式布置(中间站利用本务机车调车除外)，有关人员必须复诵。变更股道时，必须停车传达。仅变更作业方法或辆数时，不受口头传达三钩的限制，但调车指挥人必须向有关人员传达清楚，有关人员必须复诵。

驼峰作业，由于司机按信号显示要求推峰，如驼峰解散作业只变更钩数、辆数、股道时，对司机操纵影响不大，可不通知司机。但变更为调车机车下峰作业或向禁溜线送车时，涉及调车作业方法的改变，下峰作业或向禁溜线送车时如果速度掌握不好，容易发生问题，对安全危害较大，因此必须向司机传达清楚。

去货物线、专用线调车时，遇现场的实际情况与原计划不符时，准许调车指挥人根据实际情况，自行变更或制定作业计划，但使用铁路无线调车灯显设备能够与调车领导人取得联系时，须取得其同意；同时中间站利用本务机车调车时，也可以采用改写调车作业通知单的方式向司机传达，但作业完了后必须向调车领导人汇报计划变更和车辆停留情况。

2. 调车作业基本项目

调车作业基本项目主要包括作业准备、进路确认、要道还道制度、信号显示、调车作业速度及安全距离、调车作业连结软管、溜放限制等内容。

(1)作业准备。

①提前排风、摘管，核对计划，确认进路，检查线路、道岔(集中联锁区外)、停留车及车辆防溜等情况。

②人力制动机的选闸、试闸，系好安全带。

③准备足够的良好制动铁鞋和防溜器具。

④铁路无线调车灯显设备试验良好。

(2)进路确认。

调车进路的正确与否对调车作业的安全与效率有着直接的影响。调车作业中调车人员必须确认调车信号机的显示状态或扳道人员的开通信号。

为了明确司机和调车指挥人确认进路的责任分工，根据作业人员所处的位置和所具备的瞭望条件，规定单机运行或牵引车辆运行时，前方进路的确认由司机负责；推进车辆运行时，前方进路的确认由调车指挥人负责。在推进车辆运行中，调车指挥人应站在既易于确认前方进路，又能使司机看见其显示信号的位置。如两者不能兼顾时，调车指挥人应站在能使司机看见其显示信号的位置，车列前部再指派其他调车人员确认进路，并及时向调车指挥人显示信号或使用铁路无线调车灯显设备发出指令。

司机须凭调车指挥人显示的信号或铁路无线调车灯显设备的指令动车，以便其他调车作业人员做好各项工作，保证作业安全。遇无扳道员和调车信号机时，调车指挥人确认道岔开通正确(如为集中操纵的道岔，调车指挥人还应与操纵人员联系确认)后，向司机显示起动信号或发出起动指令，司机凭调车指挥人的起动信号或起动指令动车。

单机返岔子或机车出入段，由于无调车指挥人参加作业，可根据扳道员的道岔开通信号或调车信号机显示的允许运行的信号动车。

(3)要道还道制度。

为保证调车进路的正确，防止调车作业中挤岔子或进入异线等事故的发生，非集中区调车作业时，调车有关人员要认真执行“要道还道”制度。要道还道时，应统一为“出×道要×道”“进×道要×道”。

要道的方法有两种：一是单机或牵引运行时，由司机要道；二是推进车辆运行时，由车列前端的调车人员要道。还道时扳道员必须在确认进路准备正确、道岔尖轨密贴后，方可显示道岔开通信号。为避免误认，扳道员应先显示开通的股道号码，再显示道岔开通信号。当同一个进路由多名扳道员准备时，扳道员间在准备好进路后，先行对道，然后一般由来车方向的第一个扳道员向调车组人员或司机还道。

由集中区到非集中区或由非集中区到集中区的调车作业，应制定要道还道或作业联系办法。由于集中区作业繁忙，涉及接发列车等多项作业，由非集中区到集中区，必须提前做好联系，合理安排，减少作业等待及其他不安全因素。

随着无线调车设备的广泛采用，为保护环境，减少噪声干扰，要道还道可以通过无线调车设备进行。

由于设备、作业区域、作业人员等不同，具体要道还道办法在《站细》内规定。

(4)信号显示。

调车作业时,调车人员必须正确及时地显示信号;机车乘务人员要认真确认信号,并回示。

调车作业时,调车组、扳道组、助理值班员(内勤)操纵人员等所有调车作业人员,显示信号或使用铁路无线调车灯显设备发出指令时要正确、及时;机车乘务人员须不间断地确认地面固定信号和调车人员显示的手信号(铁路无线调车灯显设备发出指令),并须及时回示,表示确已了解。

推进连挂车辆时,调车指挥人应根据停留车位置的距离,显示"十、五、三车"距离信号或发出相应的指令。在调车车列前端距离被连挂车辆十车(约 110 m)时,显示十车信号或发出"十车"指令;距离五车(约 55 m)时,显示五车信号或发出"五车"指令;距离三车(约 33 m)时,显示三车信号或发出"三车"指令。如距离不足十车时,仅显示"五、三车"指令;不足五车时,仅显示"三车"信号或发出"三车"指令;不足三车时,显示接近连挂信号或发出相应指令。接近连挂信号比照向显示人稍行移动信号显示。

单机挂车时,因司机视线不受影响,所以调车指挥人可不显示"十、五、三车"距离信号,使用铁路无线调车灯显设备时可不发出"十、五、三车"指令。

推进车辆时,要先试拉,以检查车钩连挂状态,防止车钩没有挂好,导致推进中车辆溜走。在同一线路内,连续连挂车辆时,可不停车连挂,但要确认连挂状态,车组间距超过十车以上时,必须顿钩或试拉。一批作业过程中牵出后折返推进时,不需进行试拉。被连挂车辆距警冲标较近时,须采取相应安全措施。列车编组完了最后一钩,应进行试拉。推进车辆运行或连挂其他车辆时,调车指挥人确认前方进路和"十、五、三车"距离有困难时,可指派连结员在推进车辆的前部进行瞭望确认,有关人员须及时显示信号或发出指令,调车长应掌握显示信号或发出指令情况,发现盲目推进等情况时,要及时采取减速或停车措施。

遇有天气不良、照明不足或地形地物影响,调车指挥人看不清停留车位置时,应派人在停留车的连结一端显示停留车位置信号。

调车作业是一项复杂的工作,涉及进路、信号的确认,停留车及线路的检查,防溜措施的采取与撤除及机车车辆的移动等,一个人很难完成上述工作,同时为保证调车作业安全和人身安全,更好地完成调车任务,参加作业的调车组人员必须达到 2 人及以上时,方准进行调车作业。

(5)调车作业速度及安全距离。

调车作业的最高速度及安全距离是根据调车作业的特点规定的,要求参加调车作业的人员必须认真遵守。

①在空线上牵引运行时,不准超过 40 km/h;推进运行时,不准超过 30 km/h。调车作业时,车辆的自动制动机多数情况下不加入机车操纵的制动系统,车列的减速和停车都要靠机车本身的制动力;又因调车机车在作业中经常牵出和推进作业交替进行;再有调车作业所经线路的标准、等级及道岔的辙叉型号等可能比正线、到发线低,因此规定在空线上牵引运行时,不得超过 40 km/h。在空线上推进运行时,除同样受到上述限制外,又因车列在前,司机不便于瞭望前方的进路和信号,只依靠车列前端负责瞭望的调车人员向调车指挥人显示信号或发出指令,再由调车指挥人显示减速或停车信号(指令),由于中转信号需要时间,一旦发生险情,司机制动的时机将要推迟,容易造成事故,所以从调车速度上加以限制,规定为不得超过 30 km/h。

②为了保证旅客的安全和舒适，防止装载爆炸品、气体类危险货物(压缩气体、液化气体等)、超限货物等物品的车辆因制动或制动不及产生冲撞等情况而发生意外，所以规定调动这类车辆时，不准超过 15 km/h。

③连挂车辆时，为了避免损坏机车车辆和所装载的货物不至于发生窜动、倒塌和损坏，必须严格控制速度。因此规定接近连挂车辆时，不准超过 5 km/h。

④驼峰设备的峰高、道岔区长短、制动方法等各不相同；同时在调车场(编发场)的线路上还装设有加速顶减速顶和停车器等设备，由于上述设备的构造不同，限制了机车车辆经过的速度。因此，推峰解散车辆的速度和经过装设有加速顶、减速顶和停车器等设备线路的调车速度，具体在《站细》内规定。

为了检测车辆是否超载，部分车站在牵出线走行线、交接线等处所装设了轨道衡等测重设备，为保证测重的准确性，机车车辆接近轨道衡等测重设备时，应限制运行速度，具体在《站细》内规定。

由于调车作业主要在调车场、货物线、段管线和专用线进行，进路上的道岔型号复杂，各种道岔的结构、尺寸标准、性能等有所不同，所以应由工务部门根据道岔具体条件，明确经过道岔侧向运行的速度，具体在《站细》内规定。

⑤尽头线的终端不是车挡就是尽头站台，一旦掌握速度不当，可能造成前端车辆冲上车挡或与尽头站台发生冲突，所以规定距尽头线的终端留 10 m 的安全距离。在尽头站台上进行装卸作业等特殊情况，必须进入 10 m 安全距离以内时，要严格控制速度，保证安全。

⑥在电气化铁路的部分线路上，根据技术条件和作业需要并未完全挂网，为了区分有电区与无电区，接触网的终点均挂有终点标。为了防止担当调车作业的电力机车或动车组越过终点标进入无电区，造成刮弓、塌网或将高压电带入无电区造成损害等事故，电力机车或动车组在该线路上调车时，调车人员与司机应严格控制速度，距接触网终点标应有 10 m 的安全距离。

遇特殊情况，必须近于接触网终点标 10 m 进行调车作业时，须严格控制速度。

⑦为防止调车作业中连挂冲撞、超速连挂等影响旅客上下车平稳、安全，提高服务质量，确保安全，规定在旅客上下车期间，除本务机车、补机摘挂作业外，不得进行旅客列车(车底)的连挂作业。

⑧天气不良是不利于调车作业的客观因素，对调车的影响程度很难预先确定，因此调车领导人、调车指挥人和司机可根据气候情况适当降低速度。调车作业中还会遇到很多不正常情况，例如邻线施工或发生事故，人员和机具随时可能侵入本线限界等，此时，亦可依情况适当降低速度。

(6)调车作业连结软管。

转场作业运行距离长，需要跨越正线或影响其他调车区作业，所以应加强车列的制动能力，以便遇到特殊情况可以随时停车。在超过 2.5‰坡度的线路上(是指线路有效长内的平均坡度，驼峰作业除外)调车，特别是去坡度较大的专用线取送作业，需要较强的制动力。因此转场或在超过 2.5‰坡度的线路上调车时，11 辆及以上必须连结软管，以保证按要求减速或停车。

为了既能保证作业安全，又不至于影响作业效率，兼顾调车作业“提前排风、摘管”的要求，对于11辆及以上必须连结软管的数量、10辆及以下是否需要连结软管及连结软管的数量，以及以解散作业为目的的牵出是否需要连结软管由车站与机务段根据机车类型、线路坡度、挂车多少、走行速度等情况，研究确定并纳入《站细》。

驼峰主要是为溜放作业所设置的调车设备，线路的坡度会超过2.5‰，作业中需要频繁地摘开车钩，连结软管对作业影响较大，因此为了适应驼峰作业的需要，驼峰作业时可不连结软管。

(7)溜放限制。

溜放调车和驼峰解散车辆，可以缩短调车行程、压缩调车钩分、提高调车效率。但为了确保人身、调车作业和货物的安全，对溜放调车和驼峰解散车辆进行必要限制。

①禁止溜放的车辆：

a. 装有禁止溜放货物的车辆。

b. 非工作机车、铁路救援起重机、大型养路机械、机械冷藏车、凹型车、落下孔车、客车、动车组和特种用途车（发电车、无线电车、轨道检查车、钢轨探伤车、试验车、通信车等）。

c. 乘坐旅客的车辆。

②禁止溜放的线路：

a. 停有乘坐旅客车辆的线路、停有动车组的线路。

b. 超过2.5‰坡度的线路（为溜放调车而设的驼峰和牵出线除外）。

c. 停有正在进行技术检查、修理、装卸作业车辆及无看守道口的线路。

d. 停有装载爆炸品、气体类危险货物车辆的线路。

e. 停留车辆距警冲标的长度，容纳不下溜放车辆（应附加安全制动距离）的线路。

f. 中间站正线、到发线及与其衔接而未设隔开设备的线路。

③其他限制：

a. 调车组不足3人时，禁止溜放作业。

b. 不准采用牵引溜放法调车。

十一、常见作业场景及基本要求

1. 正线、到发线调车作业

车站的正线、到发线主要办理列车接发通过会让。在正线、到发线上调车时，要经过车站值班员的准许。车站值班员负责掌握正线到发线的使用，了解列车运行情况，对保证不间断地接发列车负有直接责任。因此，占用或影响正线、到发线的调车，必须经过车站值班员的准许，特别是设有车站调度员的车站更应注意，以免妨碍列车的接发。在调度集中区段，由列车调度员办理接发列车，掌握车站的正线、到发线运用的情况下，在正线、到发线上调车时，必须取得列车调度员的准许。

在接发旅客列车时，除遵守正线到发线调车作业及影响接发列车进路的调车作业等相关规定外，为防止其他调车作业中的机车车辆因溜逸、冒进信号等进入接发列车进路，与正在进出站的旅客列车发生冲突，规定在接发旅客列车时，与接发列车进路没有隔开设备或脱轨器的线路，不准向能进入接发列车进路的方向调车。

为了尽可能地压缩非生产等待时间，并考虑本务机车在停留线路内摘挂、列车拉道口等作业机车车辆移动范围小、目的明确，允许接发旅客列车时，在与接发列车进路没有隔开设备或脱轨器的线路，进行本务机车摘挂、列车拉道口作业，但须严格控制速度，只能在本线路内进行。

接入到达停车的旅客列车或发出旅客列车时，对确需无隔开设备或脱轨器办理调车作业(自轮运转特种设备自走行调车除外)的特殊困难车站，由铁路局集团公司组织逐站、按场景制定安全措施和调车作业联系用语纳入《行车组织规则》(以下简称《行规》)、《站细》。

2. 专用线、货物线、段管线调车作业

车站与专用线、段管线所属部门应签订取送车协议，明确各自的管理职责，加强专用线、段管线的管理，在《站细》中应明确规定专用线、段管线取送车办法。

取送作业开始前调车领导人应提前通知有关货运人员做好准备，认真核对计划、现车无误后方可开始作业。

去货物线、专用线、段管线取送车辆时，应事先派人检查线路、道岔(集中联锁区除外)、车辆防溜措施、大门、货物堆放距离及安全防护用具使用情况，因路途较远或受人员、设备的限制，可在进入上述线路前检查，具体办法应在《站细》内规定。货物线、专用线、段管线由于作业特点、人员和管理方面的问题，不确定的因素多，作业条件变化大，因此要认真检查确认，不得简化作业过程、臆测作业和盲目图快，同时要有联控制度，以防疏漏，确保安全。

检查停留车辆的防溜措施，主要是指去货物线、专用线、段管线及其他停有采取防溜措施车辆的线路上摘挂车辆时，应先检查停留车是否采取了防溜措施。牵出或推进车列时，要检查车下有无铁鞋、止轮器，人力制动机是否松开，防止因拉鞋、轧止轮器或抱闸造成事故。对摘下需要采取防溜措施的车辆，要检查是否按规定采取了防溜措施。

按《站细》规定，在作业开始前连结规定数量的软管。机车推进运行行经无人看守道口、平过道、曲线地段等处时，应显示指示司机鸣笛信号，并适当控制速度按规定在车辆前端安装、使用简易紧急制动阀。

3. 越出站界及跟踪出站调车

(1)越出站界调车。

越出站界调车是受车站调车设备限制，在区间空闲(自动闭塞为第一个闭塞分区空闲)的情况下，越过进站信号机或站界标进入区间调车的一种方法。由于是进入区间，不同一般的站内调车作业，为了保证列车运行和调车作业的安全，应遵守下列要求：

①双线区间正方向越出站界调车。

a. 当区间为自动闭塞时，必须从监督器上确认第一个闭塞分区空闲，车站值班员口头准许并通知司机，即可出站调车。

b. 当区间为半自动闭塞时，必须区间空闲，车站值班员口头准许并通知司机，即可出站调车。

上述双线情况，因发车权属于正方向办理越出站界调车的车站，对方站不能发车，所以可不与对方站办理占用区间闭塞手续，只要区间(自动闭塞为第一个闭塞分区空闲)空闲，车站值班员口头准许并通知司机即可。

②双线区间反方向越出站界调车。

双线区间反方向越出站界调车时，因正常情况下占用区间的权限不属于本站，同时列车运行情况由列车调度员掌握，必须取得占用区间的权限，即停止基本闭塞法改用电话闭塞法（得到列车调度员发布的停止基本闭塞法改用电话闭塞法的调度命令），确认区间空闲后，由车站值班员与邻站办理电话闭塞手续，发给司机出站调车通知书，方可出站调车。

③单线区间越出站界调车。

a. 当区间为自动闭塞时，闭塞系统必须在发车位置，由办理越出站界调车的车站控制发车权，只要第一个闭塞分区空闲，经车站值班员口头准许并通知司机，即可出前调车。

b. 当区间为半自动闭塞时，区间必须空闲，得到停止基本闭塞法改用电话闭塞法的调度命令，与邻站办理电话闭塞手续取得占用区间的权限，并发给司机出站调车通知书，方可出站调车。

④无论单线或双线，在区间已改为电话闭塞法行车的情况下，越出站界调车时须经列车调度员口头准许，在确认区间空闲，与邻站办理闭塞手续取得占用区间的权限，发给司机出站调车通知书后，方可出站调车。

出站调车通知书由车站值班员填写，当调车机车距行车室较远时，可由扳道员、助理值班员等按车站值班员的指示填写。

⑤越出站界调车作业完毕，应将出站调车通知书收回注销，具体收回注销办法由铁路局集团公司规定。当出站调车车列回站待避列车后，如需继续出站调车时，应重新办理手续。

越出站界调车时，为了防止错办，车站值班员应在控制台上揭挂“出站调车”表示牌（安全帽）。

(2)跟踪出站调车。

跟踪出站调车是指在列车由车站发出后，尚未到达前方站（线路所），间隔一定的距离或时间，即跟随前行列车，越出站界在规定距离内进行的调车作业。

跟踪出站调车，只准许在单线区间及双线正方向线路上办理，并须经列车调度员口头准许，取得邻站值班员承认的电话记录号码，发给司机跟踪调车通知书（参见图 1-41）。在先发列车尾部越过预告、接近信号机（或靠近车站的第一个预告标）或《站细》规定的间隔时间后，方可跟踪出站调车，但最远不得越出站界 500 m。

遇下列情况，禁止跟踪出站调车：

①出站方向区间内有瞭望不良的地形或有长大上坡道。

②先发列车需由区间返回，或挂有由区间返回的后部补机。

③一切电话中断。

④降雾、暴风雨雪时。

⑤动车组调车作业。

跟踪调车作业完毕，车站值班员确认跟踪调车通知书收回后，向邻站发出电话记录号码。列车虽已到达邻站，但跟踪调车通知书尚未收回时，禁止办理区间开通手续。

十二、铁路无线调车灯显设备

1. 组成

铁路无线调车灯显设备由调车机车控制器（以下简称机控器）、调车区长台（以下简称区长台)、调车手持台(以下简称手持台)和附属设备组成,如图 1-53 所示。

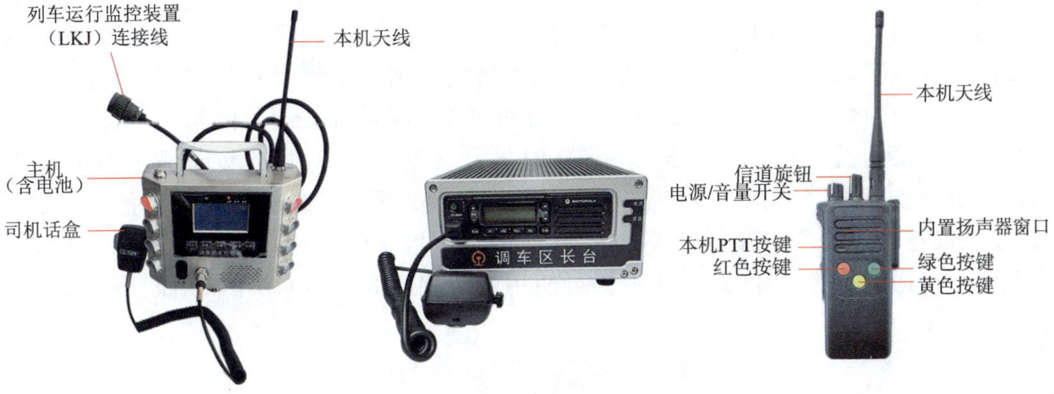

图 1-53　铁路无线调车灯显设备

2. 使用

使用机车进行调车作业时,应采用铁路无线调车灯显设备。对于以机车为动力的调车作业,应采用铁路无线调车灯显设备进行调车作业指令无线传输和通话联系,不使用灯旗指挥,以提高调车效率、消除确认信号困难、联系不彻底等安全隐患。

机车摘挂、转线等不进行车辆摘挂的作业,列车在到达线路内拉道口、直接后部摘车不使用铁路无线调车灯显设备。考虑这几类具体调车作业的性质和实际,作业过程简单,没有调车指挥人和调车人员参与,若使用铁路无线调车灯显设备反而需增加设备和作业环节。对于此类不使用铁路无线调车灯显设备即可安全、高效地完成调车任务的情形,不要求采用铁路无线调车灯显设备。

铁路无线调车灯显设备应与列车运行监控装置(LKJ)配合使用。列车运行监控装置实现了对列车运行的监控与记录,铁路无线调车灯显设备与列车运行监控装置配合使用,可以监控和记录调车作业过程,将铁路无线调车灯显设备的指令纳入列车运行监控装置进行控制,充分体现了科技保安全、设备保安全的理念。

在铁路无线调车灯显设备未与列车运行监控装置配合使用的情况下,在调车作业过程中,由于调车组人员或机车乘务组人员不执行作业标准或铁路无线调车灯显设备发生故障时,列车运行监控装置不能发挥控制调车车列的作用,难以有效防止调车作业事故或问题的发生。为充分发挥设备安全控制作用,规定铁路无线调车灯显设备应与列车运行监控装置配合使用,就是将铁路无线调车灯显设备的机控器与列车运行监控装置相连,使列车运行监控装置接收铁路无线调车灯显设备发出的指令,并按指令的要求限制调车速度,对调车作业情况进行监控,必要时停车,在调车作业中能够有效地防止调车超速连挂调车冲突等事故。

铁路无线调车灯显设备的机控器与列车运行监控装置的连接:担任固定调车作业的机车,铁路无线调车灯显设备的机控器应与列车运行监控装置固定连接;由本务机车、小运转机车(含调度机车)担当调车作业时可使用便携式铁路无线调车灯显设备机控器,作业开始前铁路无线调车灯显设备的机控器临时与运行监控装置连接,作业完了由调车人员取回。

铁路无线调车灯显设备正常使用时停用手信号，对灯显以外的作业指令采用通话方式；铁路无线调车灯显设备发生故障时改用手信号作业。为了避免灯显和手信号同时使用、增加调车作业环节和作业人员负担，形成“双指令”，也给司机带来识别困难，明确规定铁路无线调车灯显设备正常时，调车作业人员应停用手信号，使用该设备指挥调车作业。考虑到目前灯显设备存在部分作业指令和作业联系等无法显示的情况，对灯显以外的作业指令采用通话方式。铁路无线调车灯显设备发生故障时，应暂时停止作业，更换备用灯显设备后再继续作业。考虑一批或一钩作业过程中，难以中途更换备用灯显设备，以及没有良好的备用灯显设备等情形，应恢复手信号作业完成作业任务。如调车组人员间电台通话功能良好时，作业中仍可使用电台相互联系，但调车长须改用手信号方式指挥司机。

3. 铁路无线调车灯显信号的显示方式(图 1-54)**及含义**

(1)一个红灯——停车信号。

(2)一个绿灯——推进信号。

(3)绿灯闪数次后熄灭——起动信号。

(4)绿、红灯交替后绿灯长亮——连结信号。

(5)绿、黄灯交替后绿灯长亮——溜放信号。

(6)黄灯闪后绿灯长亮——减速信号。

(7)黄灯长亮——十、五、三车距离信号。十车距离信号(加辅助语音提示)；五车距离信号(加辅助语音提示)；三车距离信号(加辅助语音提示)。

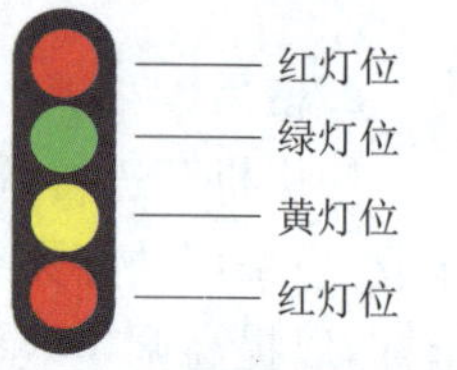

图 1-54　铁路无线调车灯显信号的显示方式

(8)两个红灯——紧急停车信号。

(9)先两个红灯后熄灭一个红灯——解锁信号。

4. 调车手信号显示

(1)停车信号(图 1-55)。

昼间为展开的红色信号旗；夜间为红色灯光。

(a) 昼间　　(b) 夜间

图 1-55　停车信号

(2)减速信号(图 1-56)。

昼间为展开的绿色信号旗下压数次；夜间为绿色灯光下压数次。

（a）昼间　　　　（b）夜间

图 1-56　减速信号

（3）指挥机车移动的信号。

①指挥机车向显示人方向来的信号（图 1-57）。

昼间为展开的绿色信号旗在下部左右摇动；夜间为绿色灯光在下部左右摇动。

（a）昼间　　　　（b）夜间

图 1-57　指挥机车向显示人方向来

②指挥机车向显示人方向稍行移动的信号（图 1-58）。

昼间为拢起的红色信号旗直立平举，再用展开的绿色信号旗左右小动；夜间为绿色灯光下压数次后，再左右小动。

（a）昼间　　　　（b）夜间

图 1-58　指挥机车向显示人方向稍行移动

③指挥机车向显示人反方向去的信号(图 1-59)。

昼间为展开的绿色信号旗上下摇动;夜间为绿色灯光上下摇动。

(a) 昼间　　(b) 夜间

图 1-59　指挥机车向显示人反方向去

④指挥机车向显示人反方向稍行移动的信号(图 1-60)。

昼间为拢起的红色信号旗直立平举,再用展开的绿色信号旗上下小动;夜间为绿色灯光上下小动。

(a) 昼间　　(b) 夜间

图 1-60　指挥机车向显示人反方向稍行移动

对显示减速信号、指挥机车移动的信号的中转信号时,昼间可用单臂,夜间可用白色灯光依式中转。

(4)联系手信号。

①道岔开通信号(图 1-61),表示进路道岔准备妥当。

昼间为拢起的黄色信号旗高举头上左右摇动;夜间为白色灯光高举头上。

(a) 昼间　　(b) 夜间

图 1-61　道岔开通信号 1

②机车出入段进路道岔准备妥当后,道岔开通信号(图 1-62)。

昼间为展开的黄色信号旗高举头上左右摇动;夜间为黄色灯光高举头上左右摇动。

（a）昼间　　（b）夜间

图 1-62　道岔开通信号 2(机车出入段)

③股道号码信号，要道或回示股道开通号码。

a. 一道(图 1-63)：

昼间为两臂左右平伸；夜间为白色灯光左右摇动。

b. 二道(图 1-64)：

昼间为右臂向上直伸，左臂下垂；夜间为白色灯光左右摇动后，从左下方向右上方高举。

（a）昼间　　（b）夜间

图 1-63　股道号码信号(一道)

（a）昼间　　（b）夜间

图 1-64　股道号码信号(二道)

c. 三道(图 1-65)：

昼间为两臂向上直伸；夜间为白色灯光上下摇动。

d. 四道(图 1-66)：

昼间为右臂向右上方，左臂向左下方各斜伸 45°角；夜间为白色灯光高举头上左右小动。

（a）昼间　　（b）夜间

图 1-65　股道号码信号(三道)

（a）昼间　　（b）夜间

图 1-66　股道号码信号(四道)

e. 五道(图 1-67)：

昼间为两臂交叉于头上；夜间为白色灯光作圆形转动。

f. 六道(图 1-68)：

昼间为左臂向左下方，右臂向右下方各斜伸 45°角；夜间为白色灯光作圆形转动后，再左右摇动。

（a）昼间　　（b）夜间

图 1-67　股道号码信号（五道）

（a）昼间　　（b）夜间

图 1-68　股道号码信号（六道）

g. 七道（图 1-69）：

昼间为右臂向上直伸，左臂向左平伸；夜间为白色灯光作圆形转动后，左右摇动，然后再从左下方向右上方高举。

h. 八道（图 1-70）：

昼间为右臂向右平伸，左臂下垂；夜间为白色灯光作圆形转动后，再上下摇动。

（a）昼间　　（b）夜间

图 1-69　股道号码信号（七道）

（a）昼间　　（b）夜间

图 1-70　股道号码信号（八道）

i. 九道（图 1-71）：

昼间为右臂向右平伸，左臂向右下斜 45°角；夜间为白色灯光作圆形转动后，再高举头上左右小动。

（a）昼间　　（b）夜间

图 1-71　股道号码信号（九道）

j. 十道（图 1-72）：

昼间为左臂向左上方，右臂向右上方各斜伸 45°角；夜间为白色灯光左右摇动后，再上下摇动作成十字形。

（a）昼间　　（b）夜间

图 1-72　股道号码信号（十道）

k. 十一至十九道，应先显示十道股道号码，再显示所要股道号码的个位数信号。

l. 二十道及其以上的股道号码，由铁路运输企业根据需要自行规定。

④连结信号（图 1-73），表示连挂作业。

昼间为两臂高举头上，使拢起的手信号旗杆成水平末端相接。夜间为红、绿色灯光（无绿色灯光的人员，用白色灯光）交互显示数次。

（a）昼间　　（b）夜间

图 1-73　连结信号

⑤溜放信号（图 1-74），表示溜放作业。

昼间为拢起的手信号旗两臂高举头上交叉后，急向左右摇动数次；夜间为红色灯光作圆形转动。

⑥停留车位置信号（图 1-75），表示车辆停留地点。

夜间为白色灯光左右小摇动。

（a）昼间　　（b）夜间

图 1-74　溜放信号

图 1-75　停留车位置信号

⑦十、五、三车距离信号(图 1-76),表示推进车辆的前端距被连挂车辆的距离。

昼间为展开的绿色信号旗单臂平伸,夜间为绿色灯光。在距离停留车十车(约 110 m)时连续下压三次,五车(约 55 m)时连续下压两次,三车(约 33 m)时下压一次。

⑧取消信号(图 1-77),通知将前发信号取消。

昼间为拢起的手信号旗,两臂于前下方交叉后,急向左右摇动数次;夜间为红色灯光作圆形转动后,上下摇动。

(a) 昼间　(b) 夜间

图 1-76　十、五、三车距离信号

(a) 昼间　(b) 夜间

图 1-77　取消信号

⑨要求再度显示信号(图 1-78),前发信号不明,要求重新显示。

昼间为拢起的手信号旗右臂向右方上下摇动;夜间为红色灯光上下摇动。

(a) 昼间　(b) 夜间

图 1-78　要求再度显示信号

⑩告知显示错误的信号(图 1-79),告知对方信号显示错误。

昼间为拢起的手信号旗两臂左右平伸同时上下摇动数次;夜间为红色灯光左右摇动。

(a) 昼间　(b) 夜间

图 1-79　告知显示错误的信号

测一测

一、名词解释

1. 一批作业：

2. 调车钩：

3. 钩分：

4. 调车程：

二、简答题

1. 简述在正线、到发线上调车作业的规定。

2. 简述调车作业人身安全要求的规定。

3. 简述调车手信号的显示方式的要求。

4. 简述越出站界调车应遵循的要求。

5. 简述铁路无线调车灯显信号的显示方式及含义。

6. 简述调车作业时要道还道制度规定。

三、综合题

1. 绘制调车作业常用场景及基本要求的知识树。

2. 绘制调车手信号的知识树。

知识拓展

手推调车

手推调车是通过人力在短距离内移动车辆位置，一般不是由专业的调车人员进行，为保证手推调车作业的安全，应遵守下列要求：

(1)调车领导人应全面掌握线路使用、设备特点和作业进度等情况，因此手推调车必须取得调车领导人的同意。

(2)为了保证手推调车的顺利进行，要认真检查人力制动机的状态，确认作用良好，并派胜任人员负责制动。

(3)为了便于随时按要求停车，手推调车的速度不得超过 3 km/h。

(4)以下六种情况禁止手推调车：

①在正线、到发线及实际坡度超过 2.5‰的线路上不准手推调车。这主要考虑正线、到发线主要办理接发列车作业，安全要求高，禁止手推调车；在超过 2.5‰坡度的线路上手推调车时，若制动不及时或制动不当，容易造成车辆溜逸。但由于线路条件限制或特殊作业需要，必须在正线、到发线及超过 2.5‰坡度的线路上进行手推调车时，车站应制定安全措施，经铁路局集团公司批准，纳入《站细》。

②由于动车组是独立固定编组，正常情况下不具备与其他机车、车辆连挂的条件，若手推调车制动不及时或制动不当，容易造成车辆接触或碰撞动车组，损坏动车组，所以在停有动车组的线路上不得手推调车。

③天气不良，遇有暴风雨雪时，作业条件不好，外界环境因素影响大，车辆有可能在外

力的作用下溜逸，因此不得手推调车。夜间无照明，无法确认进路、作业人员动作难以协调，同时又难以照顾推车人员安全，因此也不得手推调车。

④接发列车时，为防止手推调车制动不当越过警冲标进入接发车进路，影响列车运行安全，与接发列车进路没有隔开设备或脱轨器的线路，向能进入接发列车进路的方向不准进行手推调车。

⑤装载爆炸品、气体类危险货物的车辆不准手推调车，是因为上述车辆手推调车如制动不当溜逸时，将造成严重后果，所以为防止意外，不准进行手推调车。

⑥电气化区段在接触网未停电的线路上，对棚车、敞车类的车辆不准手推调车。因为棚车、敞车类的车辆大都是高站台，因接触网的限制制动人员不能使用人力制动机实施制动，不能确保手推调车的有效制动，容易造成车辆溜逸。

手推调车除严格执行上述规定外，各站还应制定具体安全措施，如每批推车的辆数、车组间的间隔距离、推车人员的人身安全、现场监督指挥等，均应在《站细》内规定。

线束调车信号机

线束调车信号机亦称峰下调车信号机。它是设置于驼峰调车场的线束处，指示驼峰机车上峰、下峰和在峰下进行转线作业的调车信号机。

任务二　认知铁路机车、车辆、列车及其运用工作

任务描述

通过本任务认知列车、机车、车辆的概念，学习机车交路、乘务制度和机车周转图等基本知识。

任务目标

1. 掌握列车的定义。
2. 熟悉机车的分类。
3. 掌握列车编组相关知识。
4. 掌握列车标志的规定。
5. 掌握机车交路的定义及基本原则。
6. 掌握机车周转图的作用。
7. 熟知机车乘务制度。

活动一　认知机车、车辆、列车

问题导入

《技规(普速铁路部分)》中第331条中列车是指编成的车列并挂有机车及规定的列车标志。那么，列车、机车有何区别？列车标志有哪些？

利用网络搜集资料并思考问题，初步了解列车、机车、车辆相关内容。

问题1：车列的定义是什么？

问题2：机车的分类有哪些？

问题3：关门车的定义是什么？

相关知识

几个去向相同的车辆连挂在一起叫作车组；编组好的货车连挂成列，叫作车列；铁路机车，俗称“火车头”，是牵引或推送铁路车辆运行，而本身不装载营业载荷的自推进车辆，是铁路上用来牵引车列的动力设备。

由于铁路车辆不具备动力装置，故而需要将其连挂成列，由机车牵引沿钢轨运行。此外，在车站内，车辆的转线及车辆的取送等各项调车作业，都要由机车完成。因此，铁路为了完成客货列车的牵引和车站的调车工作，必须保证提供足够数量、牵引性能良好的机车，同时，还必须加强对机车的保养与检修工作，组织机车的合理运用。

一、机车

（一）机车分类

1. 按机车种类划分

机车按牵引动力方式分为电力机车、内燃机车，传动方式主要有交流传动和直流传动。

2. 按归属权限划分

机车按归属权限可分为配属机车和非配属机车。

（1）配属机车。

配属机车是指根据中国国家铁路集团有限公司（以下简称国铁集团）配属命令，拨交铁路局集团公司及机务段保管、使用，涂有局、段标志，并在资产台账内登记的机车，包括企业自购机车。

（2）非配属机车。

非配属机车是指原配属关系不变，根据国铁集团电报命令由他局、段派至本局、段入助及临时加入支配（含长交路轮乘）的机车。

合资铁路、地方铁路的自有机车为其配属机车，支配机车包含其租入机车。

3. 按指挥使用权限划分

机车按指挥使用权限可分为支配机车和非支配机车。

（1）支配机车。

支配机车是指根据国铁集团、铁路局集团公司命令拨交各局、段支配使用的机车，包括入助和临时加入支配（含长交路轮乘）的机车。

（2）非支配机车。

非支配机车是指根据国铁集团命令批准的封存（封存机车为机务段、铁路局集团公司的非支配机车）、长期备用（长期备用机车为机务段的非支配机车，为铁路局集团公司的支配机车）、出助的机车，以及按租用合同办理的出租机车。

4. 按运用工作状态划分

机车按运用工作状态可分为运用机车和非运用机车。

(1)运用机车。

运用机车为参加各种运用工作的机车,包括担当工作前必须进行必要的准备工作、等待工作的机车和经国铁集团、铁路局集团公司命令批准的其他工作的机车。

运用机车按运输种别可分为以下几种。

①承担客运工作的。

承担客运工作的有各种旅客列车(包括动车组、直达特快、特快、快速、普通旅客列车,通勤列车,临时旅客列车,旅游列车)、客货混合列车、回送客车底列车及军用车次开行的整列客车、代客货车(包括空重)列车的机车。

②承担快运工作的。

承担快运工作的有特快货物班列、快速货物班列和货物快运列车的机车。

③承担货运工作的。

承担货运工作可分为承担货物工作和承担小运转工作。

a. 承担货物工作的有各种货物列车(包括直达、直通、区段、摘挂、超限、重载货物列车及挂有零散货物快运车辆在基本车次前加字母"X"的直达、直通和区段货物等列车,冷藏列车,自备车列车等)及军用车次开行的列车机车(整列客车及代客货车的列车机车除外)。

b. 承担小运转工作的有小运转列车的机车。

④承担路用工作的。

承担路用工作的有路用、试验、救援、除雪、回送入厂列车及应急备用的机车。其中包括:

a. 牵引无动力机车及机械车辆的机车。

b. 因机车调拨、出租、助勤、出入厂、试运转(在检修中试运转除外)所开行的单机。

c. 固定驻在折返段及车站担任工作的机车,回段修理时往返所产生的单机。

d. 机车在外段、站发生故障,不能继续牵引列车,回段修理时所产生的单机。

e. 由于自然灾害、电网故障或行车事故,根据调度命令停运且在保留地点产生停留时间的机车。

f. 机务段运用车间与检修车间不在同一地点,因检修往返途经闭塞区间所产生的单机。

g. 根据列车运行图规定或调度命令,担当应急救援的机车。

⑤承担补机工作的。

承担补机工作的是在补机区段内补助牵引或推进的机车(不论挂于任何位置)。超过补机区段运行时,其超过部分根据调度命令确定为重联或有动力附挂,无调度命令按有动力附挂统计。

⑥承担专用调车工作的。

承担专用调车工作的为下列各项:

a. 固定在车站专为担任调车工作及在非补机区段担任送坡任务的机车。

b. 月间计划指定利用列车的本务机车,在列车始发站及终到站兼作调车工作的实际作业时间。

c. 专调机车在区间装卸走行不足一个站间区间时,以及在非营业线(包括未办理临管的新线、支线、专用线、联络线)的作业时间。

d. 专调兼作小运转的机车，在所担任的专调站间牵引小运转列车前后的时间。

e. 在国境联络线上取送车辆所开行的列车机车和单机。

⑦承担其他工作的。

承担其他工作的是上述工作以外的运用机车。其中包括：

a. 月间计划规定专门担任段内调车工作的全部时间及利用段内等待工作的机车兼作段内调车的实际工作时间，但不包括定检到期等待修理的机车，如发生则将其全部时间按检修机车统计(月间计划无规定而产生的段内调车按段内等待工作统计)。

b. 专为评比鉴定，教学、考试、技术表演、对规对标、观摩等项工作的机车。

c. 根据调度命令扣下担任特运任务的有动力机车等。

运用机车按工作种别可分为以下几种。

①本务机车。

本务机车为牵引列车担任本务作业的机车。两台机车牵引列车(包括规定的双机牵引区段)及组合列车，第一台按本务机车统计，第二台按重联机车统计，所牵引的重量和车数，各按原担任的列车组成填记。

②重联机车。

重联机车为图定或根据调度命令附挂于列车担任辅助牵引的机车。通过补机区段时，仍按重联机车统计。

③有动力附挂机车。

有动力附挂机车为根据调度命令附挂于列车回送的有动力机车。

④单机。

单机包括单机运行、根据调度命令单机挂车等。

(2)非运用机车。

非运用机车是指未参加运用工作的机车，包括备用、检修及国铁集团、铁路局集团公司命令批准的其他机车。

(二)电力机车基本介绍

1. 电力机车的基本组成

电力机车的结构分为车体、转向架、司机室、机械间、车顶电器等部分。以 SS_3 型电力机车为例，其总体布置如图 1-80 所示。

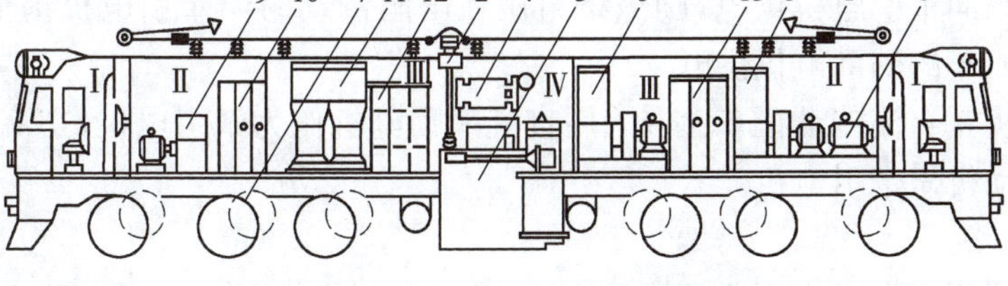

Ⅰ—司机室；Ⅱ—辅助室；Ⅲ—高压室；Ⅳ—变压器室；

1—受电弓；2—主断路器；3—主变压器；4—调压开关；5—硅整流装置；6—平波电抗器；7—牵引电机；8—劈相机；9—空气压缩机；10—低压电器柜；11—制动电阻柜；12—控制柜；13—高压电器柜。

图 1-80　SS_3 型电力机车总体布置

HXD_{3B} 型电力机车设备布置如图 1-81 所示。

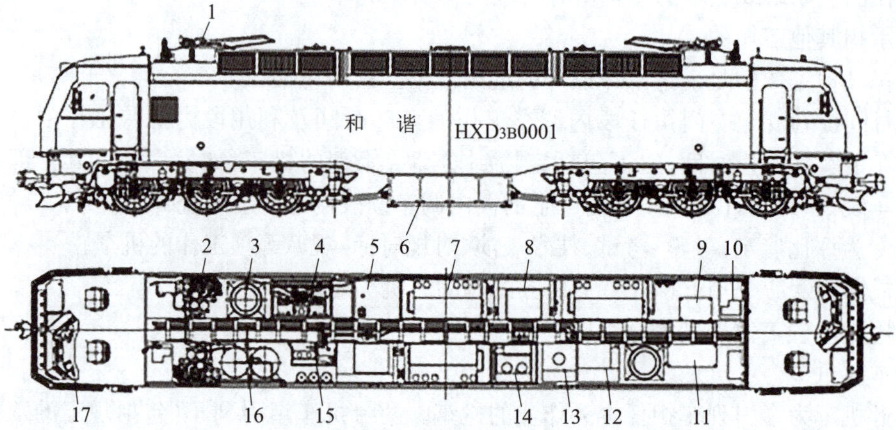

1—受电弓；2—空压机组；3—牵引电机通风机；4—高压电器柜；5—低压电器柜；
6—主变压器；7—变流器；8—冷却塔；9—TCMS；10—空调机组；11—行车安全柜；12—控制电器柜；
13—卫生间；14—辅助滤波柜；15—制动柜；16—总风缸；17—操作台。

图 1-81　HXD_{3B} 型电力机车设备布置

2. 电力机车的电气设备及其电路

电力机车上设有各种复杂的电气设备，分别装设在主电路、辅助电路和控制电路这 3 条电气回路中。

(1)主电路。

主电路将产生机车牵引力和制动力的各种电气设备连成一个系统，实现机车的功率传输。主电路中包括的电气设备主要有受电弓、主断路器、主变压器、牵引电机、整流调压装置、电抗器和制动电阻等。

①受电弓。机车顶部装有两套单臂受电弓，受电弓紧压接触网导线滑行摩擦从接触网上取得 25 kV 工频单相交流电后，由此引入机车。

②主断路器。主断路器是用来接通或断开电力机车高压电路的，以实现对机车设备的保护。

③主变压器，又称牵引变压器。它把从接触网上取得的 25 kV 高压电降低为牵引电机所适用的电压。主变压器共有 4 个绕组：1 个一次绕组，接 25 kV 高压电；3 个二次绕组，其中牵引绕组用来向牵引电机供电，励磁绕组用在电阻制动时给牵引电机提供励磁电流，辅助绕组用来给机车的辅助电机供电。

④牵引电机。直流传动机车大多采用直流串励电机作为牵引电机，交流传动机车均采用三相异步电动机做牵引电机。

(2)辅助电路。

辅助电路电源来自主变压器的辅助绕组，通过劈相机将单相交流电转变成三相交流电后，供给牵引通风机、油泵机组和空气压缩机等辅助电机使用。

(3)控制电路。

控制电路将主电路和辅助电路中各电气设备的控制电器(包括各种控制开关、接触器、电空阀等)同电源、照明、信号等的控制装置连成一个电系统。

以上三个电路系统在电气方面一般是相互隔离的，但三者通过电磁、电空或机械传动等方式相互联系、配合动作，用低压电控制高压电，以保证操作的安全和实现机车的运行。

3. 电力机车的制动

电力机车配备有空气制动和电气制动两套制动系统。

空气制动是用压缩空气推动闸瓦摩擦车轮踏面进行的制动。

电力机车空气制动系统主要由电空制动控制器（俗称大闸）、空气制动阀（俗称小闸）、空气制动柜（各种阀及管路）、制动缸、基础制动装置、闸片等组成。司机操纵电空制动控制器可对全列车实施制动，操纵空气制动阀仅对机车实施制动。由于空气制动利用机械摩擦减速，因此，当列车高速实施空气制动时，机械摩擦产生的高温会使摩擦件变软，制动力下降而降低制动效果，所以空气制动一般作为辅助制动手段在低速时使用。

电气制动也叫动力制动，制动时将牵引电机变为发电机，使列车动能转化为电能，对这些电能的不同处理方式形成了不同方式的动力制动。司机通过操纵司机控制器，牵引电机由电动机转为发电机运行，车轴带动电动机的电枢旋转，产生一个与速度成比例的阻力阻止列车运行。电能被制动电阻变成热能逸散就称之为电阻制动，电能反馈回电网就称之为再生制动。电阻制动技术的优点是电路简单，主电路工作可靠、稳定，再生制动则经济性好。

4. 几种和谐型电力机车（HXD）概况（表 1-4）

表 1-4　几种和谐型电力机车（HXD）概况

机车型号	HXD_1	HXD_2	HXD_3
用途	货运	货运	货运
轴式	$2(B_0—B_0)$	$2(B_0—B_0)$	$C_0—C_0$
网压	25 kV	25 kV	25 kV
	50 Hz	50 Hz	50 Hz
额定功率/kW	9 600	9 600	7 200
最大起动牵引力/kN	760	760	570
最大速度/$(km \cdot h^{-1})$	120	120	120
机车总重/t	200	200	150
轴重/t	25	25	25

二、车辆

（一）车辆的分类

（1）铁路车辆按用途分：客车、货车及特种用途车。

（2）铁路车辆按轴数分：四轴车、六轴车和多轴车。

四轴车的每两根车轴分别组成两个相同的转向架，我国铁路上的大部分车辆均采用这种形式。对于载重量较大的车辆，为使每一车轴加在线路上的重量不超过线路强度所规定的吨数（称为“轴重”），可以做成六轴车或多轴车。

（3）铁路车辆按载重量分：货车有 50 t、60 t、75 t 和 90 t 等多种级别。

（二）车辆技术参数

车辆的主要技术参数一般包括性能参数和主要尺寸。

1. 性能参数

(1)自重。

空车时,车辆自身具备的质量称为车辆的自重,即车体和转向架本身结构及附于其上的所有固定设备和附件质量之和。在保证车辆具有足够的强度、刚度情况下,车辆的自重越小越经济。

(2)载重。

车辆标记中所注明的货物或旅客和行李包裹的质量(包括整备品和乘务人员的质量)称为车辆的载重,即车辆所允许的最大装载量,它表明车辆的装载能力。

(3)总重。

车辆的自重与载重之和称为车辆的总重。对不装运货物、旅客和行李物品的车辆是指自重与整备品和乘务人员的重量之和。

(4)自重系数。

货车的自重系数为货车自重与额定载重之比值。客车的自重系数为客车自重与定员数之比值。

(5)容积。

车辆内部可容纳货物的体积称为车辆的容积。一般以车辆内部的长×宽×高(单位均为 m)表示。罐车以 m^3(空气包容积除外)表示。

(6)比容。

货车容积与额定载重的比值称为比容,亦即货车每吨载重量所占有的货车容积。

(7)最高试验速度。

最高试验速度是指车辆设计时,按安全及结构强度等条件所允许的车辆最高行驶速度。

(8)最高运行速度。

除满足安全及结构条件外,还必须满足连续以该速度运行时车辆有足够良好的运行性能。以往常用"构造速度"作为参数,因其概念不够明确,现多以"最高试验速度"和"最高运行速度"来替代它。

(9)轴重。

车轴所允许担负的最大质量与轮对自重之总和称为轴重。

轴重值一般不允许超过铁路线路及桥梁所容许的数值。线路容许轴重则与钢轨型号、每公里线路上铺设的枕木数量线路上部结构的状态及列车的运行速度有关。我国目前线路上使用的车辆轴重有 21 t、23 t、25 t、27 t、30 t 等。

(10)每延米重。

车辆总重(自重+载重)与车辆长度之比值称为每延米重(即每延米线路载荷)。

2. 主要尺寸

(1)车辆长度。

车辆两端两个车钩均处在闭锁位置时,两钩舌内侧面之间的距离(m)称为车辆长度。车辆长度随着生产技术水平的提高日益加长,但受到车辆在曲线上的偏移量和生产运用条件的限制,所以一般车辆长度都在 26 m 以下。

(2)车辆宽度与最大宽度。

车辆宽度指车辆两侧的最外凸出部位之间的水平距离。车辆最大宽度指车辆侧面的最外凸出部位与车体纵向中心线间的水平距离的两倍。

(3)车辆高度与最大高度。

空车时,车体或罐体上部外表面至轨面的垂直距离为车辆高度。车辆最大高度指空车时车辆上部最高部位至轨面的垂直距离。

(4)车体、底架长度。

车体长度为车体两外端墙板(非压筋处)外表面间的水平距离。底架长度为底架两端梁外表面间的水平距离。

罐体长度指罐体两端板(不包括加温套)最外表面间的水平距离。

(5)车体内部主要尺寸。

①车体内长:车体两端墙板内表面间的水平距离。

②车体内宽:车体两侧墙板内表面间的水平距离。

③车体内高:由地板上平面至侧墙上侧梁或车顶中央内表面等车内最高处的垂直距离。

(6)地板面高度。

地板面高度指空车时,底架地板(或木地板)上表面至轨面的垂直距离(不包括木地板覆盖物,例如地板布、地毯等的厚度)。

(7)车钩中心线高度。

车钩中心线高度指车钩中心线至轨面的垂直距离。这是保证各车辆之间和车辆与机车之间能够正常连挂运用的最重要尺寸。我国客货车辆车钩高度标准为(880±10)mm。

三、列车

视频

列车基本定义

(一)列车分类

列车是指编成的车列并挂有机车及规定的列车标志。单机、自轮运转特种设备,虽未完全具备列车条件,亦应按列车办理。

为满足旅客和货物运输的不同需要,列车按运输性质主要分为五种。

1. 旅客列车

为运送旅客开行的列车称为旅客列车。根据旅客列车的车底及运行速度或停站情况等,可分为动车组列车,特快、快速、普通旅客列车。

2. 特快货物班列

使用行李车或邮政车等客车车辆,根据需要编组,整列装载行李包裹和邮件等的列车称为特快货物班列。

3. 军用列车

为运送军队和军用物资开行的列车称为军用列车。

4. 货物列车

为运送货物和排送空货车开行的列车称为货物列车。货物列车主要包括以下几种:

(1)快速货物班列:最高运行速度 120 km/h,使用专用货车(如 P_{65} 等)或通用棚车编组,在固定发到站间,有固定车次和运行线,明确的开行周期和运行时刻的货物列车。

(2)快运货物列车:采用运行速度 120 km/h 的专用车辆,以高附加值货物为重要运输对象的快速列车。

(3)重载货物列车:在装车站或技术站(组合站)组织,由单机或多机牵引满足重载条件的列车,按组织形式分为整列式重载列车组合式重载列车和单元式重载列车。

(4)直达货物列车:在装(卸)车站或技术站编组,通过一个及其以上编组站不进行改编作业的列车。整列在同车站装车,到达同车站卸车,运行距离较短,途中不通过编组站的列车为整列短途列车。

①始发直达列车:在一个车站或在同一区段(或相邻区段)的几个车站装车后组成的直达列车。始发直达按组织形式分为基地始发直达和阶梯始发直达,按大宗货物品类分为煤炭直达,矿石直达和石油直达。

②技术直达列车:在技术站以中转车及货物作业车等编成的直达列车。

(5)直通货物列车:在技术站编组,通过一个及其以上区段站不进行改编作业的列车。

(6)自备车列车:车辆产权属于企业的始发直达整列短途列车。

(7)区段货物列车,在技术站编组,到达相邻技术站,在区段内不进行摘挂作业的列车。

(8)摘挂货物列车:在技术站编组,在相邻区段内指定的几个中间站进行摘挂作业的列车。只在指定的几个中间站进行摘挂作业的列车为重点摘挂列车。

(9)超限货物列车:挂有装载超限货物的车辆并冠以超限列车车次的列车。

(10)小运转列车:在技术站和邻接区段规定的范用内的几个车站间开行的列车为区段小运转列车;在枢纽内各站间开行的列车为枢纽小运转列车。二者统称为小运转列车。

5. 路用列车

不以营业为目的,专为完成铁路本身任务而开行的列车称为路用列车。如试验列车,运送铁路器材、路料列车,因施工、检修需要开行的轨道车、接触网作业车、大型养路机械车组等。

除上述五种列车以外,还有为执行任务而开行的特殊用途列车,如救援列车等。

(二)列车运行等级顺序

根据我国铁路列车分类,为适应技术设备条件、满足客货服务水平,在编制列车运行图、制定日常列车运行计划及调度调整运行秩序时,需要考虑的列车顺序:

(1)动车组列车为固定编组,运行速度和行车要求比其他列车高。

(2)特快旅客列车一般运行于大城市之间,停站少且旅行速度快,最高运行时速达到160 km。

(3)特快货物班列使用最高允许时速达到160 km的机车和行邮车底,按特快旅客列车运行标尺运行。

(4)快速旅客列车一般运行于大中城市之间,停站较少且旅行速度较快,最高运行时速为120~160 km。

(5)普通旅客列车一般运行于城乡之间,停站较多,方便各地群众乘降,最高运行时速不超过120 km。

(6)军用列车为运送军事人员及军用物资的专用列车。

(7)货物列车运送铁路承运的各类货物。

(8)路用列车。

由于自然灾害、设备故障或铁路交通事故等原因,须开往现场救援、抢修、抢救的列车,包括救援列车和除雪机等,应优先办理,不受列车等级的限制。

由于特殊目的开行的列车，如专列或其他列车等，因其性质及任务不同，缓急程度不同，应根据具体情况在指定开行时确定其等级。

（三）列车牵引定数及换算长度

1. 列车牵引定数

一定的机车类型和数量，在某一区段所能牵引的列车质量标准，叫作列车牵引定数或牵引重量。

列车牵引重量是按机车牵引车列在牵引区段内的限制坡道上以计算速度作等速运行（机车牵引力等于列车阻力）的条件，根据式(1-1)计算，并通过牵引试验确定。

$$M_g=\frac{F_c\cdot\lambda_y-M_p(w_0'+i_x)\cdot g\cdot 10^{-3}}{(w_0''+i_x)\cdot g\cdot 10^{-3}}\quad(\mathrm{t})\tag{1-1}$$

式中　M_g——列车牵引重量，t；

F_c——机车的计算牵引力，kN；

M_p——每台机车计算重量，t；

i_x——限制坡度，‰；

w_0'——机车单位基本阻力，N/kN；

w_0''——车辆单位基本阻力，N/kN；

λ_y——机车牵引力使用系数，取 0.9。

【例】 某区段限制坡度 $i_x=7‰$，机车牵引力为 30 200 N，该机车的计算重量 $P=138$ t，若 $w'_0=1.6$ N/kN，$w''_0=1.2$ N/kN，则该区段货物列车的牵引重量应为

$$M_g=\frac{0.9\times30.2-138\times(1.6+7)\times10^{-3}}{(1.2+7)\times10^{-3}}\approx3\ 169.9(\mathrm{t})\tag{1-2}$$

根据计算结果，列车牵引重量初步定为 3 160 t（以 50 t 为倍数，不足 50 t 时舍去），最后经过起动等多方面的检验最终确定。若货车的平均总重 $q_{总}$ 为 70 t 时，可求得该区段的货物列车编成数为

$$M_{均}=\frac{G}{q_{总}}=\frac{3\ 160}{70}=45(辆)$$

视频

换算长度

2. 列车换算长度

确定货物列车的牵引质量标准的同时，还需根据车站到发线有效长确定列车的长度标准，一般以列车换算长度来表示。

除牵引动力外，列车所编挂的机车车辆换算长度（机车或车辆前后两钩舌内侧面距离与 11 m 的比值）的总和，称为列车换算长度。上例中，取车辆的平均换长为 1.3，则列车的换算长度为 45×1.3=58.5。

（四）列车标志

1. 一般要求

列车应在头部和尾部分别显示不同的列车标志。

列车标志的显示方式，昼间与夜间相同。动车组以外的列车，昼间可不点灯。

2. 动车组以外的列车

列车牵引运行时，机车前端一个头灯及中部两侧各一个白色灯光（图 1-82）。列车尾部两个侧灯，向后显示红色灯光，向前显示白色灯光；挂有货物列车列尾装置时，为列尾装置

向后显示红白相间的反射标志和一个红色闪光灯光(图 1-83)。

图 1-82　列车牵引运行时机车前端标志

图 1-83　列车牵引运行时列车尾部标志

动车组以外的旅客列车尾部加挂客车时，侧灯位置不作调整，最后一辆客车的制动软管、总风管应吊起。

列车推进运行时，列车前端两个侧灯，向前显示红色灯光，向后显示白色灯光；挂有货物列车列尾装置时，为列尾装置向前显示红白相间的反射标志和一个红色闪光灯光(图 1-84)。机车后端中部两侧各一个红色灯光(图 1-85)。

图 1-84　列车推进运行时列车前端标志

图 1-85　列车推进运行时机车后端标志

(五)列车的编组

1. 编组依据

列车应按《技规(普速铁路部分)》、列车编组计划和列车运行图规定的编挂条件、车组、重量或长度编组。

列车重量应根据机车牵引力、区段内线路状况及其设备条件确定。编组超重列车时，编组站、区段站应商得机务段调度员同意，在中间站应得到司机的同意，并均须经列车调度员准许。

列车长度应根据运行区段内各站到发线的有效长，并须预留 30 m 的附加制动距离确定。超长列车运行办法，由铁路局集团公司规定。

2. 编组规定

(1)动车组编组：

动车组为固定编组。单组动车组运用状态下不得解编，两组短编组同型动车组可重联运行。救援等特殊情况下，两组不同型号的动车组可重联运行。

动车组禁止加挂各型机车车辆（无动力调车时的调车机车、救援机车、无动力回送时的本务机车及回送过渡车除外）；动车组禁止编入其他列车。

超过检修期限的动车组禁止上线运行（经车辆部门鉴定的回送动车组除外）。

(2)禁止编入列车的机车车辆：

①插有扣修、倒装色票的及车体倾斜超过规定限度的。

②曾经发生冲突脱轨、火灾、爆炸或曾编入发生特别重大、重大、较大事故列车内，以及在自然灾害中损坏，未经检查确认可以运行的。

③装载货物超出机车车辆限界，无挂运命令的。

④装载跨装货物（跨及两平车的汽车除外）的平车，无跨装特殊装置的。

⑤平车及敞车装载货物违反装载和加固技术条件的。

⑥未关闭侧开门底开门及平车未关闭端侧板的（有特殊规定者除外）。

⑦由于装载的货物需停止自动制动机的作用，而未停止的。

⑧企业自备机车、车辆、自轮运转特种设备和城市轨道车辆、进出口机车车辆过轨时，未经铁路机车车辆人员检查确认的。

⑨缺少车门的（检修回送车除外）。

⑩超过定期检修期限的客车车辆（经车辆部鉴定的回送客车除外）禁止编入旅客列车。

3. 编组旅客列车应遵守的规定

(1)旅客列车、回送客车底不准编挂货车，编入的客车车辆最高运行速度等级必须符合该列车规定的速度要求。

(2)旅客列车中，与机车相连接的客车端门及编挂在列车尾部的客车后端门须加锁。动车组列车驾驶室与旅客乘坐席间的门须锁闭。

(3)动车组以外的旅客列车按列车编组表编组，机车后第一位编挂一辆未搭乘旅客的车辆作为隔离车。行李车、邮政车、发电车等非乘坐旅客的车辆应分别挂于机车后第一位和列车尾部起隔离作用；在装设集中联锁的区段，并设有列车运行监控装置时，旅客列车可不挂隔离车。如隔离车在途中发生故障摘下时，可无隔离车继续运行。铁路局集团公司管内旅客列车经铁路局集团公司主要领导批准，可不隔离。

4. 客车编入货物列车的规定

客车编入货物列车回送时，客车编挂辆数不得超过 20 辆，应挂于列车中部或后部。

装有密接式车钩的客车原则上应附挂旅客列车回送。需附挂货物列车回送时，不得超过 10 辆，其后编挂的其他车辆不得超过 1 辆。

客车与平车、平集共用车以外的货车连挂时，不得与货车有人力制动机端连挂；客车与平车、平集共用车人力制动机端连挂时，平车、平集共用车的人力制动机不得使用，处于非工作状态。

客车不得与装用 17 号（16 号）车钩的货车（标记载重 70 t 及以上的货车）直接连挂。确需连挂时，由国铁客车配属单位或自备客车产权单位根据客车风挡型式，将连挂端橡胶风挡或铁风挡及渡板、缓冲杆予以拆除，将折棚风挡可靠收起后，翻起或拆除渡板。车端带有“㊁”标记的自备铁路客车（配属标记为产权单位名称的客车），允许与装用 17 号（16 号）车钩的货车直接连挂。

5. 列尾装置的运用及摘挂

(1)旅客列车列尾装置是保证列车运行安全的重要装备,因此规定动车组以外的旅客列车均应安装列尾装置。

(2)半自动闭塞区间没有列车占用检查设备,因此规定半自动闭塞区段货物列车须挂列尾装置。其他区段应根据线路实际情况确定货物列车是否挂列尾装置。自动闭塞、自动站间闭塞区段不挂列尾装置时,如其中有个别区间为半自动闭塞时,为统一行车组织方式,货物列车在该区间可不挂列尾装置,但应有其他确认列车完整到达车站的手段。货物列车尾部未挂列尾装置时,为便于作业人员确认列车完整,规定以吊起尾部车辆软管代替尾部标志。对有列检作业的列车,因列检需进行列车自动制动机的试验等作业,为提高作业效率,规定尾部车辆软管的吊起,有列检作业的列车,由列检人员负责;对无列检作业的列车,则由车务人员负责。

(3)旅客列车列尾装置尾部主机的安装与摘解风管及电源的连结与摘解,由车辆人员负责。货物列车列尾装置尾部主机的安装与摘解,由车务人员负责。软管连结,有列检作业的列车,由列检人员负责;无列检作业的列车,由车务人员负责。特殊情况,由铁路局集团公司规定。

列尾装置是保障列车安全运行的重要设备,应保证其在运用中保持良好的技术状态。为此,在使用前,列尾设备的管理维护部门必须按规定进行检测,合格后方可投入运用。严禁检测不合格的列尾设备投入运用。

6. 机车的编挂

(1)工作机车的编挂:

工作机车应挂于列车头部,正向运行(牵引小运转、路用、救援列车的机车除外);无转向设备的,可逆向运行。

双机或多机牵引时,本务机车的职务由第一位机车担当。

补机原则上应挂于本务机车的前位或次位,在特殊区段或需途中返回时,经铁路局集团公司批准,可挂于列车后部,如后部补机不接软管时,由铁路局集团公司规定保证安全办法。

(2)回送机车的编挂:

铁路局集团公司所属的机车跨牵引区段回送时,原则上应有动力附挂货物列车(电力机车经非电气化区段回送时除外)。在所担当的区段外单机运行时,应派带道人员添乘。杂小型及状态不良的,可随货物列车无动力回送。

旅客列车遇特殊情况须附挂跨铁路局集团公司的回送机车时,按国铁集团调度命令办理。

回送机车,应挂于本务机车次位,挂有重联机车时为重联机车次位。20‰及以上坡度的区段,禁止办理机车专列回送。

回送铁路救援起重机,应挂于列车后部。

7. 单机挂车的规定

为充分利用机车动力和区间通过能力,加速车辆移动,在不影响机车运用、保证运行安全的条件下,准许利用单机附挂车辆。考虑到机车乘务组监护附挂车辆的条件限制,单机挂车不宜过多。在机车实际牵引区段的线路坡度不超过12‰时,以10辆为限;线路坡度超过12‰时,考虑到具体坡度、牵引动力、牵引定数不同,单机挂车辆数不宜全路统一规定,由铁路局集团公司自行规定。

为确保单机挂车后的运行安全，应遵守下列规定：

(1)为了保证单机运行时有足够的闸瓦压力，全部车辆的自动制动机作用必须良好，不准编挂关门车。发车前列检人员(无列检时由车站发车人员)应按规定进行制动试验。

(2)为了保证货物在运行途中的完整和行车安全，明确交接责任，连挂前必须彻底检查货物装载状态。

(3)为保证行车安全，明确职责区间被迫停车的防护工作，以及附挂车辆有无脱钩和关闭折角塞门等情况，均由机车乘务组负责。机车乘务组于开车前应确认附挂辆数，制动主管贯通状态是否良好。

(4)对单机挂车要严格控制，要求列车调度员应严格掌握，不得因单机挂车影响机车固定交路和使乘务员超过劳动时间。

(5)鉴于爆炸品危险性较大，运行上要求隔离，超限货物在运行条件上有很多限制，司机在进行乘务工作的同时难以全面照顾，因而规定单机挂车不准挂装载爆炸品、超限货物的车辆。

单机挂车时因所挂车辆较少，且开行单机车次，因此可不挂列尾装置。在这种情况下，车站接发列车时，应有确认完整到达的办法，并于发车后通知邻站，以确保运行安全。

8. 关门车编挂的规定

列车中的机车和车辆的自动制动机，均应加入全列车的制动系统。

货物列车中因装载的货物规定需停止制动作用的车辆，自动制动机临时发生故障的车辆，准许关闭截断塞门(简称关门车)，但列检作业场所在站编组始发的列车中，不得有制动故障关门车。编入列车的关门车数不超过现车总辆数的6%(尾数不足一辆按四舍五入计算)时，可不计算每百吨列车重量的换算闸瓦压力，不填发制动效能证明书；超过6%时，应按规定计算闸瓦压力，并填发制动效能证明书交与司机。关门车不得挂于机车后部三辆车之内；在列车中连续连挂不得超过两辆；列车最后一辆不得为关门车；列车最后第二、三辆不得连续关门。对于不适于连挂在列车中部但走行部良好的车辆，经列车调度员准许，可挂于列车尾部，以一辆为限，如该车辆的自动制动机不起作用时，须由车辆人员采取安全措施，保证不致脱钩。

旅客列车、特快货物班列不准编挂关门车。在运行途中(包括在站折返)如遇自动制动机临时故障，在停车时间内不能修复时，准许关闭一辆，但列车最后一辆不得为关门车，120 km/h速度等级及编组小于8辆的140 km/h、160 km/h速度等级列车应按规定关门时需限速运行，车辆乘务员须向司机递交限速证明书。

编有货车的军用列车、路用列车编挂关门车时，除有特殊规定外，执行货物列车的规定。

9. 列车中车辆的连挂

列车中车辆的连挂，由调车作业人员负责。软管的连结，有列检作业的始发列车由列检人员负责；无列检作业的，由调车作业人员负责。

动车组采用机车调车作业时，随车机械师或动车段(所)胜任人员负责过渡车钩和专用风管的安装与拆卸、电气连接线的连结与摘解并打开车门，调车人员负责车钩连结与摘解、软管摘结。

动车组无动力回送或被救援时，过渡车钩、专用风管的安装与拆卸由随车机械师负责，司机配合。

列车机车与第一辆车的连挂，由机车乘务员负责。单班单司机值乘的由列检人员负责；无列检作业的列车，由车辆乘务员负责；无车辆乘务员的列车，由车站人员负责。

列车机车与第一辆车的车钩摘解软管摘结，由列检人员负责。无列检作业的列车，车钩、软管摘解由机车乘务员（单班单司机值乘的由车辆乘务员）负责，软管连结由车辆乘务员负责；无车辆乘务员的列车由机车乘务员（单班单同机值乘的由车站人员）负责。

列车机车与第一辆车电气连接线的连结与摘解由客列检作业人员负责，无客列检作业人员时，由车辆乘务员负责。

货物列车本务机车在车站调车作业时，无论单机或挂有车辆，与本列的车辆摘挂和软管摘结，均由调车作业人员负责。

旅客列车在途中摘挂车辆时，车辆的摘挂和软管摘结，由调车作业人员负责，密封风挡和电气连接线的连结与摘解由车辆乘务员负责，其他由列检作业人员负责，无列检作业人员时，由车辆乘务员负责，必要时打开车门，以便于调车作业。装有密接式车钩的客车车辆摘挂时，过渡车钩的安装与拆卸由列检人员负责，无列检人员时由车辆乘务员负责。

列车机车与动车组过渡车钩的连结与摘解、软管摘结、电气连接线的连结与摘解，由随车机械师负责。

测一测

一、名词解释

1. 列车的牵引定数：
2. 始发直达列车：
3. 技术直达列车：

二、简答题

1. 哪些机车车辆禁止编入列车？
2. 关门车的编挂有哪些规定？
3. 列车的换算长度如何规定？
4. 动车组以外的列车标志有哪些规定？
5. 工作机车的编挂有哪些规定？
6. 单机挂车有哪些规定？
7. 列车中车辆的连挂操作有哪些规定？

三、综合题

1. 绘制列车编组规定的知识树。
2. 绘制电力机车电路的知识树。

知识拓展

自轮运转特种设备

自轮运转特种设备是在铁路营业线上运行的铁路轨道车、救援起重机及铁路施工维修专用设备(包括架桥机、铺轨机、接触网作业车、大型养路机械等),如图 1-86 所示。

(a) 接触网作业车　　(b) 大型养路机械

图 1-86　自轮运转特种设备

轨道车等自轮运转特种设备运行过程中应使用轨道车运行控制设备(GYK),GYK 具有轨道电路信息接收、运行监控、警醒、数据记录、语音记录及人机交互等功能,具有正常监控模式、目视行车模式、调车模式、区间作业模式和非正常行车模式等控制模式。轨道车等自轮运转特种设备按列车运行时,GYK、列车无线调度通信设备应作用良好,运行状态下应满足机车车辆限界的规定。

活动二　认知机车运用工作

问题导入

机车乘务员担当着全路的牵引任务,那么机车交路的长度如何设定?

利用网络搜集资料并思考问题,初步了解机车运用工作相关内容。

问题 1:机车交路的定义?

问题 2:机车乘务制度有哪些类型?

相关知识

一、机车乘务制度

(一)机车乘务制度的分类

按照机车乘务员使用机车的方式,机车乘务制度分为包乘制和轮乘制。

1. 包乘制

机车乘务员固定使用机车的制度称为包乘制。包乘制有利于机车的保养,方便乘务员熟悉机车性能,但由于机车与乘务员固定使用,机车和乘务员使用效率均相对较低。目前,包乘制仅在调、小机车或固定热备机车中使用。

2. 轮乘制

机车乘务员轮流使用机车的制度称为轮乘制。轮乘制打破了人、车固定使用的相互约束，调度调整灵活，运用效率高。目前，干、支线客、货运列车主要采用这种乘务制度。

（二）乘务组班制

机车乘务员操纵列车配班组合称为班制。乘务组班制分为标准班、单班单司机、双司机轮流值乘、双司机共同值乘等。

1. 标准班

标准班是指一个乘务组配置一名司机和一名副司机的乘务班制。司机负责操纵列车，副司机全程辅助司机工作。

2. 单班单司机

单班单司机是指一个乘务组只配置一名司机，司机单独从事操纵列车的工作。

3. 双司机轮流值乘

双司机轮流值乘是指一个乘务组配置两名司机，轮换操纵列车。一名司机操纵列车时，另一名调休。

4. 双司机共同值乘

双司机共同值乘是指一个乘务组配置两名司机，轮流操纵列车。一名司机负责操纵列车时，另一名司机担任副司机职责。

二、机车交路

机车交路是机车固定担当运输任务的周转区段。

(1)机车交路按用途分为客运机车交路和货运机车交路。

(2)机车交路按机车运转方式分为循环运转制、半循环运转制、肩回运转制和环形运转制机车交路等。

(3)机车交路按区段距离分为一般机车交路和长交路。客运机车交路区段距离 800 km 以上、货运机车交路区段距离 500 km 以上的为长交路。

(4)机车交路按交路跨度分为跨局机车交路和局管内机车交路，跨局机车交路由国铁集团确定，局管内机车交路由各铁路局集团公司确定。

机车交路图是用图示表示机车交路的一种方式，即机车由机务段所在站牵引列车至折返段(机务段)所在站之间往返运行区段的示意图，主要包含机车交路区段、交路距离、线路基本条件、折返方式、机车类型、牵引定数、列车对数、机车运用台数等信息。

（一）机车交路图的构成

机车交路图一般由四个部分组成，分别为机车交路支点、机车交路图示、线路图示和标注。

1. 机车交路支点

机车交路支点包括机务段、折返段和车站等。

(1)机务段：机车配属单位，具有机车运用与乘务组织、整备、检修及行政管理能力。机务段在机车交路图上的表示方法，如图 1-87 所示。

(2)折返段：具备对机车牵引续行整备的能力。折返段在机车交路图上的表示方法如图 1-88 所示。

(3)车站:列车经由该站折角、开入岔线或折返。车站在机车交路图上的表示方法如图 1-89 所示。

图 1-87　机务段

图1-88　折返段

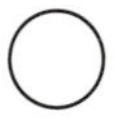

图 1-89　车站

2. 机车交路图示

机车交路图示由机车牵引始发支点、折返支点和牵引运行线组成,如图 1-90 所示。

机车牵引始发支点:一般为机务段或配属机车折返段。

机车牵引折返支点:为折返段(点)、车站或机务段。

机车交路牵引运行线:单线表示单机牵引,双线表示双机牵引,依此类推。

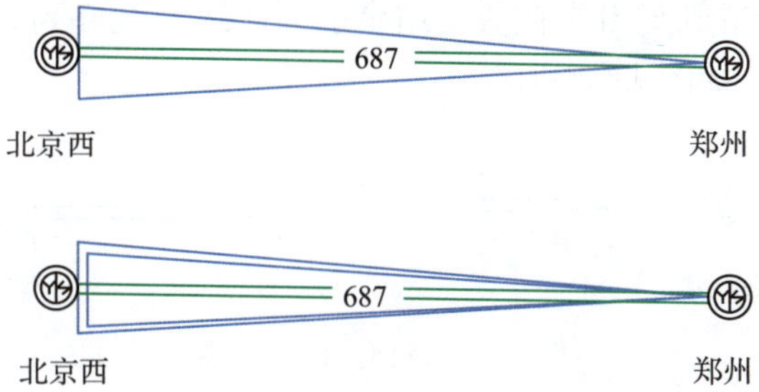

图 1-90　北京西至郑州机车交路图示

3. 线路图示

机车交路的线路分为单线、双线,单线为单线条、双线为双线条;电力牵引线采用绿色表示,内燃牵引线采用红色表示;线路坡度指限制坡度,按上下行线路分别标注于机车交路线上。机车交路的线路图示如图 1-91 所示。

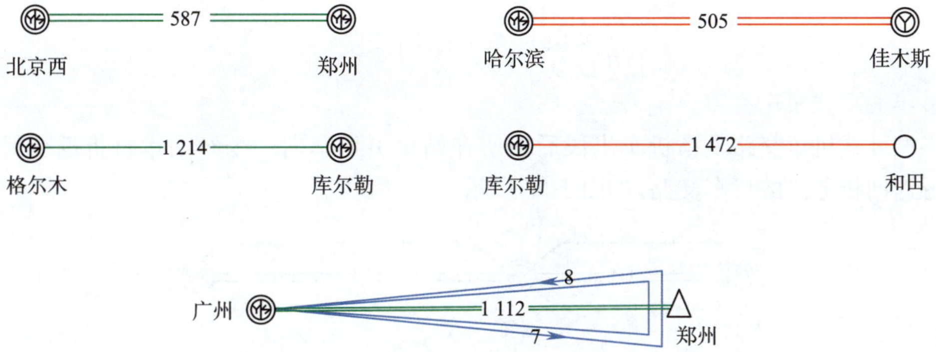

图 1-91　机车交路线路图示

4. 标注

机车交路图的标注主要包括:交路区段、列车对数(上下行对数不同的标注方法,上行/下行)、机型、机车台数、牵引定数等(上下行不同的标注方法,上行/下行,旅客列车可以按牵引辆数),如图 1-92 所示。

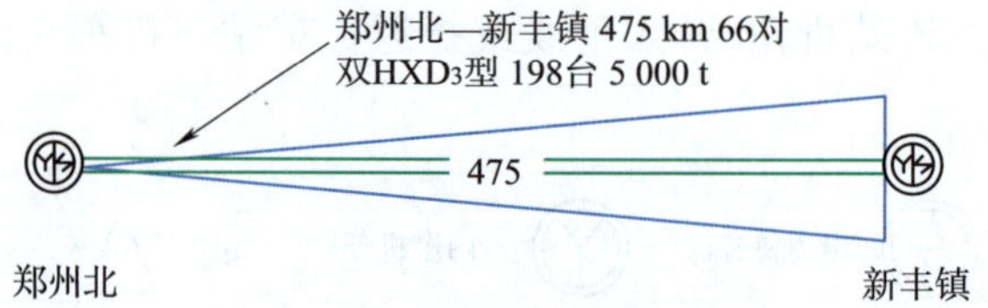

图 1-92　郑州北至新丰镇机车交路标准图示标注

(二)机车交路按运转方式分类的图示方法

机车运转方式(也称为机车运转制)是机车担当运输任务,往返机务段和机务段(折返段)间的作业方式。机车交路按机车运转方式分为肩回式、循环式、半循环式和环形运转机车交路等。

1. 肩回式机车交路

肩回式机车交路是指机车出段在所在站牵引列车运行至终到站或入所在站后折返返回牵引列车的机车交路,如图 1-93 所示。

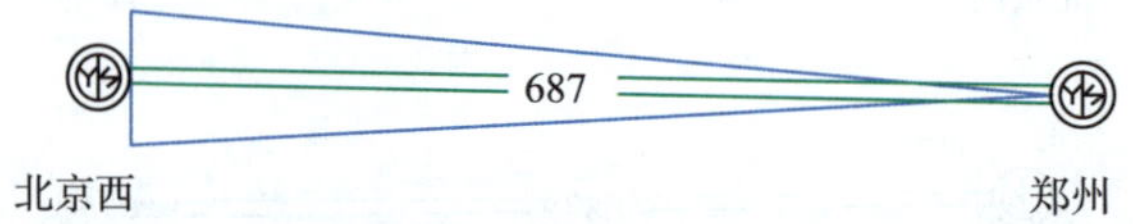

图 1-93　肩回式机车交路

2. 循环式机车交路

循环式机车交路是指机车出段在所在站牵引列车在两个及以上车站循环运行一次或数次后,再返回机务段的机车交路,如图 1-94 所示。

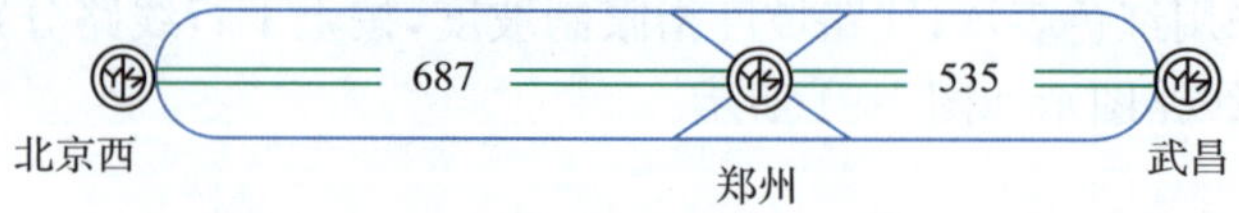

图 1-94　循环式机车交路

3. 半循环式机车交路

半循环式机车交路是指机车出段后在所在站牵引列车向一个车站运行折返至另一车站折返返回机务段的机车交路,如图 1-95 所示。

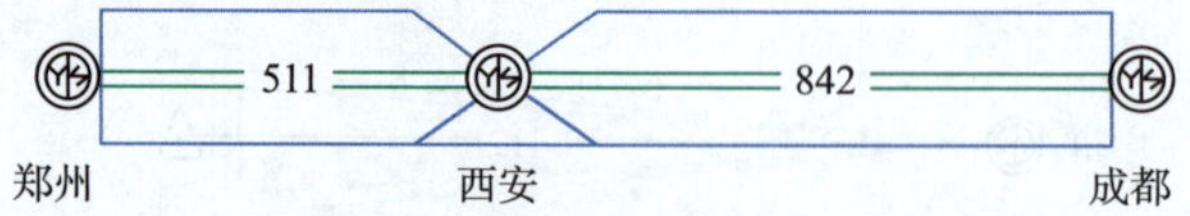

图 1-95　半循环式机车交路

4. 环形运转机车交路

环形运转机车交路是指机车在一个牵引区段或在枢纽内担当两次及两次以上往返的列车牵引任务之后,入段进行整备作业,如图 1-96 所示。环形运转方式一般在距离短而运量较大的交路区段上的市郊列车和小运转列车采用。

在机车交路图上补机区段需单独表示。补机机车交路指加补机车区段(区间)的机车交路,如图1-97所示。

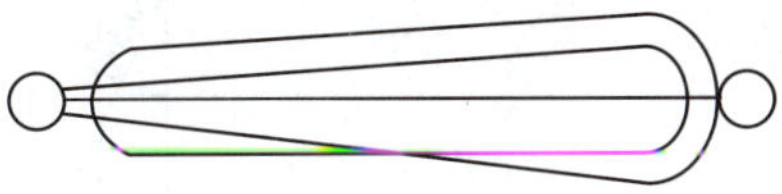

图1-96　环形运转机车交路

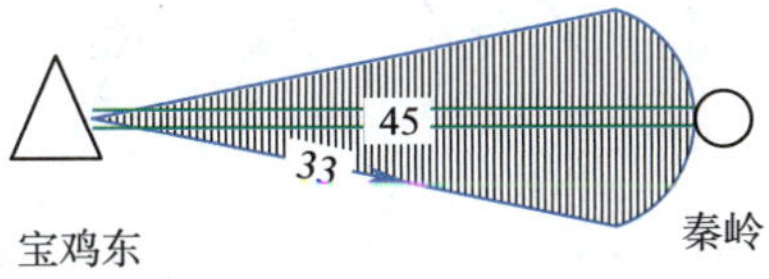

图1-97　补机机车交路

三、机车周转图

机车周转图是机车工作计划,也是机车乘务员和机车整备人员的工作计划。机车周转图是表示机务段在一昼夜内各区段机车挂运车次及机车交路情况的图表,它是根据列车运行图、机车交路及乘务制度进行编制的。

(一)机车周转图的种类

机车周转图分为:基本机车周转图、分号式机车周转图、日(班)计划机车周转图和实际机车周转图。

1. 基本机车周转图

基本机车周转图与列车运行图同时编制。机车周转图编制完成后,应同时查定机车运转方式、乘务制度、乘务方式、机车走行公里、使用台数、全周转时间(包括纯运行、中间站停留及机车在自外段站停留时间)、日车公里、旅行速度、技术速度、机车使用系数、机车乘务员使用人数等技术指标,经国铁集团或铁路局集团公司批准后执行。

2. 分号式机车周转图

分号式机车周转图是在基本列车运行图的基础上,根据运量波动抽线后选定的列车对数编制而成。制定分号机车周转图均须查定货运机车走行公里、使用台数、日车公里等指标,并有机车检修扣车安排。其中,日车公里应保证年度机车运用计划的要求。

3. 日(班)计划机车周转图和实际机车周转图

日(班)计划机车周转图和实际机车周转图是日常运输生产和机车运用组织的重要支撑。机车调度人员根据列车日(班)计划编制机车周转图,结合机车运用实际发生情况实时进行修订、完善,最终形成实际机车周转图。

(二)机车周转图的识别

机车周转图一般采用小时格的运行图图表进行铺画。在表示区段距离的纵坐标上,没有详细画出每个区间站,只是画出列车始发站、中间换班站、大站及到达站的分界水平线,并在周转图的左侧写上站名,标明区段长度。同时在机车周转图最上方要写明机车的周转区段、周转图实行日期、机车使用效率等参数。另外,在机车周转图的上方和下方,用不重叠的横线(即库停线)表示机车在本段和折返段库内的停留时间范围。机车周转图中的列车运行线与列车运行图中的表示方法一样,如图1-98所示。

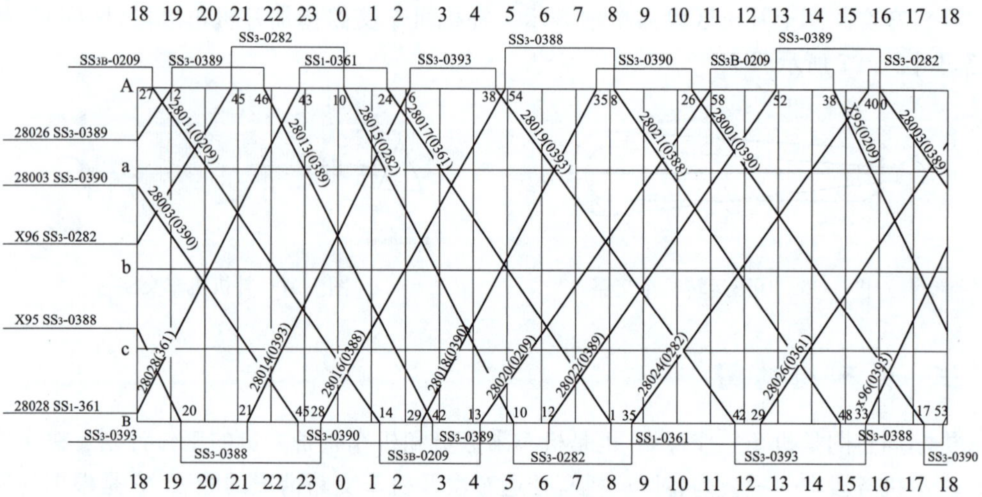

图 1-98　机车周转图

四、机车的调拨与回送

（一）机车调拨

机车调拨是机车管理部根据机车装备的更新换代，为实现资产配置效率效益最大化，结合运输市场及路网能力的变化，综合考虑运输需求、线路特点、机车检修布局等情况，变更机车配属管理单位，实现机车优化配置。

机车调拨是运输设备、运输需求发生变化时实现资源重新配置的有效途径和手段，铁路局集团公司间机车调拨以国铁集团文件、电报为准；铁路局集团公司管内由铁路局集团公司决定，以铁路局集团公司机务部文件、电报为准，并报国铁集团备案。机车调拨要力求符合机车集中配置机型统一的原则。调拨机车原则上在调出机务段进行交接，机车和车载电务设备状态应符合运用条件。相关机务段必须在调拨电报确定的时间内完成交接。调出机务段做好准备工作并填写移交记录，交接完毕时刻拍发电报，告知有关铁路局集团公司、机务段。

调拨机车时车载设备、技术档案、随车工具备品、技术改造项目（需提供技术改造方案及使用情况）并调拨，实现“一车一档”全寿命过程记录不丢失。

（二）机车回送

铁路机车因新配属、调拨、出助、出租、检修、生产调整等需要进行回送。按回送组织方式分为单机回送、专列回送、附挂回送和托运回送；按机车动力使用状态分为有动力回送、无动力回送。

铁路机车回送时，内燃机车回送时原则上采用有动力回送；电力机车跨交路区段回送时，原则上采用无动力回送。机车在交路区段外单机运行时，应派带道人员。未安装行车安全装备或行车安全装备故障的机车回送时，须安排机车取送，不得采用单机自走行方式进行调车作业。日常运输组织中发生的运用机车回送时，原则上应按单机或附挂方式，无动力附挂时不得跨牵引区段。

附挂回送机车应挂于本务机车次位，每列不得超过 2 台；专列回送每列不超过 5 台（不包括本务机车，双节机车按一台计)，在受桥梁限制的区段按规定进行隔离，在线路坡度超过 20‰及以上区段，禁止办理机车专列回送；走行部及制动机等严重破损机车禁止随列车跨铁路局集团公司回送。

铁路局集团公司调度所应按照有关回送电报要求及时安排回送机车计划，不得扣压，随时掌握回送机车动态。回送机车在一地滞留时间超过 24 h(故障除外)，所在局调度所要向国铁集团汇报滞留原因及解决措施。回送机车乘务员有权使用车站运转室(调度室)、机务派班室电话，向途经铁路局集团公司、国铁集团机车调度员汇报机车回送情况。

测一测

一、简答题

1. 什么是机车交路?
2. 什么是肩回式运转方式?
3. 什么是半循环式运转方式和循环式运转方式?
4. 简述环形运转方式，并画出示意图。
5. 机车乘务员的换班方式分为几种?

二、综合题

1. 什么是机车乘务制度，分为哪几种? 请详细叙述各制度内容。
2. 绘制机车运用管理知识树。

知识拓展

技术速度和旅行速度

机车技术速度和机车旅行速度指标都是从机车在时间上的利用方面来反映机车运用效率的。技术速度和旅行速度的提高不仅可以加速机车本身的周转，而且还可以加速被牵引车辆的周转，从而使旅客和货物缩短到达终点站的时间。同时，可以减少机车的走行时间，也就缩短了列车占用区间的时间，从而提高线路的通过能力。

技术速度($v_{技}$)是不计入中间站停留时间的列车机车在区段内的平均速度，即列车机车在区间内平均每小时走行的公里。计算公式为

$$v_{技}=本务机走行公里/本务机纯运转时间$$

旅行速度($v_{旅}$)是计入中间站停留时间的列车机车在区段内的平均运行速度，即列车机车在区段内平均每小时走行的公里。旅行速度不仅考核机车牵引能力和操纵水平，而且能体现出中间站作业情况、列车组织、调度指挥水平等。计算公式为

$$v_{旅}=本务机走行公里/本务机旅行时间$$

任务三　认知铁路信号

任务描述

作为机车乘务员，需要懂得多方面的知识，其中铁路信号是重中之重。每种信号都有

它的显示方式、含义及相关规定，必须认真学习，准确领会，并不折不扣地去执行。通过本任务的学习，了解铁路信号相关知识。

任务目标

1. 熟悉铁路信号的分类。
2. 掌握听觉信号的鸣示方式。
3. 了解信号显示制度的形式。
4. 了解速差式自动闭塞的含义。
5. 熟记铁路信号显示距离。
6. 掌握信号机设置的原则。
7. 掌握各信号机设置的地点。
8. 掌握常用信号机显示含义。
9. 掌握行车基本闭塞法的含义。
10. 掌握连续式机车信号的定义。
11. 掌握三显示自动闭塞区段的连续式机车信号机显示及含义。
12. 掌握四显示自动闭塞区段的连续式机车信号机显示及含义。

活动一　认知铁路信号基本要求

问题导入

在我国云南省楚雄州的成昆铁路龙骨甸大桥，每当列车经过这座大桥的七号桥墩时，都会鸣笛 30 s。那么，火车鸣笛的形式有哪些？

利用网络搜集资料并思考问题，初步了解铁路信号相关内容。

问题 1：鸣笛一长声有多长时间？

问题 2：阵阵急促的短笛声的含义是什么？

相关知识

信号是指示列车运行及调车作业的命令，它通过颜色、形状、位置、灯光及音响等来表示。信号在这一过程中起着传递信息，准确预告运行条件的重要作用。各种信号机和信号表示器的灯光排列、颜色和外形尺寸，必须符合国家标准、铁路行业标准及国铁集团规定的标准，所以要求行车有关人员必须严格按信号的指示进行工作，任何单位、任何人都不得违反。

在我国铁路上，依据运营要求，采用下列基本的信号：

(1)要求停车的信号。

(2)要求注意或减速运行的信号。

(3)准许按规定速度运行的信号。

上述要求停车的信号，一般叫作禁止信号或简称停车信号；要求注意或减速运行的信号和准许按规定速度运行的信号，一般叫作进行信号。

一、信号显示制度

在铁路上所采用的信号显示制度，各个国家不完全一样。但从总的原则上来看，不外乎进路制和速差制两种。

（一）进路制

按列车运行的进路，分别装设信号机；或者按列车运行进路的性质，分别由不同的信号机来防护。在图1-99(a)中，进路1、Ⅱ、3各有专用的信号机，这些信号机的排列顺序与进路的排列顺序相同，即信号机1用来防护进路1，信号机2和3分别用来防护进路Ⅱ和3。在图1-99(b)中，信号机柱上有两个水平位置的臂板，臂板Ⅱ用来防护进路Ⅱ（正线），而臂板1/3是用来防护进路1和3的。进路1和3所以能由同一臂板防护，是因为它们都是站线（一般也叫作侧线）。

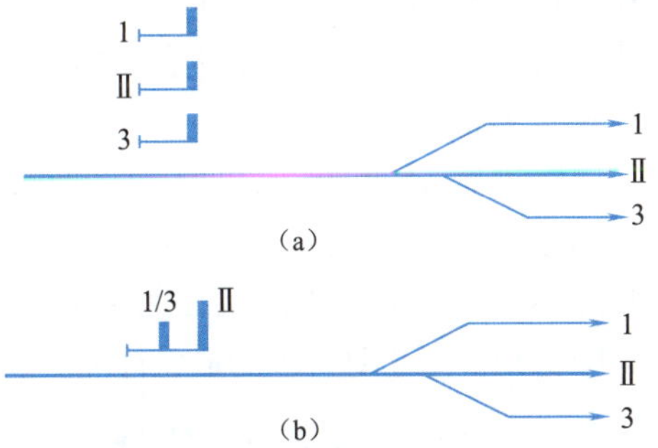

图1-99　进路制信号显示

在进路制信号显示制度中，信号机所指示的进路方向很明确，这是它的突出优点。但是这种信号显示制度，其准许信号的含义，只指示列车准许越过它运行，不包括对速度的限制。这样，对高速的列车来说，司机为保证行车安全，就势必在任何情况下都要降低速度通过准许信号。显然，由此会降低运输效率。另一方面，在同一地点有几个信号，就会出现同时在同一地点给出红灯和绿灯，由于红灯较绿灯显示远些，所以当列车在接近信号时，可能先看见红灯后看见绿灯，这也会影响速度。在着红灯和绿灯的情况下，准许列车通过红灯，这对信号显示的意义来说也是不够严肃的。

（二）速差制

在同一地点，只装设一架信号机来防护列车运行的进路，根据不同进路的运行条件，在这架信号机上给出各种不同速度的信号。速差式是建立在速度等级概念基础上的，应尽量使每个速度等级所需的制动距离大致相同，这样就便于确定最小闭塞长度。

在速差式信号显示制式中实质上有两大基本要素：一是区分运行前方进路上道岔的侧向限速，指示列车不能超速；二是满足列车对制动距离的需求，当列车按信号指示的速度意义进入信号机后能来得及在下一架信号机前停车或降至规定的速度。速差式信号显示是采用预告式，预告信号机内方的空闲情况，预告越过该信号机的允许速度。

二、信号显示距离

信号的显示距离，是指从机车上能够连续确认的显示距离。其前提条件是列车运行速度不超过120 km/h时，紧急制动距离应不大于800 m。

因此，进站、通过、接近、遮断信号机的显示距离规定为不小于1 000 m，是考虑了800 m列车的紧急制动距离和200 m司机确认信号时间和开始制动列车走行的距离，如列车以70～80 km/h运行时，200 m的走行时间需要10 s左右，这10 s可供司机确认信号和开始制动之用。这样在信号机显示红灯时，司机确认信号后可以保证在信号机前停车。

高柱出站和高柱进路信号机因前方已有进站或进路信号机起到预告显示的作用，同时，这些信号机都设在站内，站内地形、地物影响，妨碍信号瞭望视线。所以对其显示距离规定不得小于 800 m。

预告信号机本身没有停车信号的显示，仅仅是预告其主体信号机的显示状态，所以显示距离规定不得小于 400 m。

驼峰信号机，因调车速度较低，所以显示距离规定不得小于 400 m。

驼峰辅助信号机，它的显示距离与驼峰信号机相同，因此也规定不得小于 400 m。

调车信号机，因调车速度较低；复示信号机是一种附属性质的信号，重复主体信号机的显示；容许信号和引导信号是在司机未看到其显示之前，已经看到了主体信号机的显示。所以规定这些信号的显示距离不得小于 200 m。

在不办理通过列车的到发线上，由于容易确认信号，装设的矮型出站、矮型进路信号机，其显示距离规定不得小于 200 m。

各种表示器，只是起到表示的作用，不是绝对信号，并受机体构造的限制，所以显示距离规定不得小于 200 m。

对进站、通过、接近、遮断信号机的显示距离应当严格要求。在装设此类信号机时，应选择适当地点，尽可能使其显示距离达到标准。但因条件限制，如在山区弯道多、曲线半径小、隧道接连不断等最坏情况下，实在无法达到标准时，考虑到此类信号机均设有预告信号机，因此允许降低到不小于 200 m 的最低标准。预告信号机的显示距离在最坏条件下，不得小于 200 m。

三、铁路信号的种类

视频

铁路信号

(一)按感官的感受方式分

1. 视觉信号

视觉信号是以颜色、形状、位置、灯光数目和状态等表达信号。如用信号机、信号旗、信号灯、信号牌、信号表示器、信号标志及火炬等显示的信号，都属视觉信号。

视觉信号的基本颜色及其基本意义是：

红色——停车。

黄色——注意或减低速度。

绿色——按规定速度运行。

视觉信号分为：

(1)昼间(从日出至日落)信号：根据信号设备的不同形状、数目、颜色或位置来表示信号意义，如臂板信号机的臂板、道岔表示器的标板等。

(2)夜间(从日落至日出)信号：根据信号设备的不同灯光颜色、灯的数目来显示信号意义，如臂板信号机及道岔表示器的灯光。

(3)昼夜通用信号：昼夜信号显示方式一致，如色灯信号机的灯光显示，灯列信号的排列位置、灯的数目等的灯光显示。

在昼间遇有降雾、暴风雨雪及其他情况，影响信号显示，调车信号及手信号达不到本条规定的显示距离时，应及时使用夜间信号。因为昼间信号是以物体的形状、位置为显示方式，它要借助其他光源(主要是太阳光)的反射。当遇有上述情况，其他光源照度降低，信号的形状、位置信息的反射效果变差。而夜间信号为一点光源，不需反射其他光源的光，而能清晰地看到，为保证行车安全，提高运输效率，故需使用夜间信号。

因隧道内无阳光照射，光线较暗，用昼间信号机不易瞭望，故规定隧道内采用夜间信号或昼夜通用信号，以提高信号显示距离。在条件许可、有较好的供电条件时，应优先采用昼夜通用信号。夜间点灯的信号（自动点灯的除外），由车务作业人员负责按时点灯，以保证不间断地使用。

良好的信号显示条件，除设备固有技术条件外，背景及信号与确认人之间的物体是影响信号显示的重要条件。因此，在铁路沿线和车站内，为防止行车有关人员误认信号，禁止设置妨碍确认信号的红、黄、绿的装饰彩布、标语和灯光，有些灯光在不同介质条件下，常常呈现黄、绿颜色，有的光太强，影响行车人员确认。对这样的灯光，应予拆除或采取遮光措施。

信号显示必须达到规定距离，这是对信号设备性能的基本要求。因此，在司机视野范围内，不得有任何物体和树木遮挡信号显示。种植树木涉及部门较多，其处理方法，应由铁路局集团公司规定，并应明确规定在任何情况下均不得影响信号显示。

在电气化区段，接触网支柱的设置也不得影响信号的显示距离。

2. 听觉信号

听觉信号是以不同器具发出的音响的强度、频率和音响的长短时间等表达的信号。如机车、动车组、自轮运转特种设备的鸣笛声，都属听觉信号。

听觉信号是以声音长短来表示的，长声及短声的音值长度都有相应的规定，长声为 3 s，短声为 1 s，音响间隔为 1 s。同一听觉信号重复鸣响时，须间隔 5 s 以上。机车、动车组、自轮运转特种设备鸣笛鸣示方式见表 1-5。口笛、号角鸣示方式见表 1-6。

表 1-5　机车、动车组、自轮运转特种设备鸣笛鸣示方式表

名　称	鸣示方式		使用时机
注意信号	一长声	—	接近鸣笛标、行人时
退行信号	二长声	— —	列车、机车车辆、单机开始退行，遇通信设备联系不通时
召集信号	三长声	— — —	要求防护人员撤回，遇通信设备联系不通时
牵引信号	一长一短声	— •	途中本务机车要求补机牵引运行，遇通信设备联系不通时；补机应以同样信号回答
惰行信号	一长二短声	— ••	本务机车要求补机惰力推进或要求补机断开主断路器，遇通信设备联系不通时；补机应以同样信号回答
途中降弓信号	一短一长声	• —	电力机车双机牵引中，本务机车司机要求补机降下受电弓，遇通信设备联系不通时；补机应以同样信号回答
途中升弓信号	一短二长声	• — —	电力机车双机牵引中，本务机车司机要求补机升起受电弓，遇通信设备联系不通时；补机应以同样信号回答
呼唤信号	二短一长声	•• —	1. 机车要求出入段，遇通信设备联系不通时 2. 在车站要求显示信号，遇通信设备联系不通时
警报信号	一长三短声	— •••	发现线路有危及行车安全的不良处所时
试验自动制动机及复示信号	一短声	•	1. 试验制动机开始减压，遇联系不通时 2. 接到试验制动结束的手信号，回答试风人员，遇联系不通时 3. 调车作业中，表示已接受调车长所发出的手信号，遇联系不通时

续上表

名　　称	鸣示方式		使用时机
缓解及溜放信号	二短声	●●	1. 试验制动机缓解，遇联系不通时 2. 要求列车乘务组缓解人力制动机，遇通信设备联系不通时 3. 复示溜放调车信号，遇通信设备联系不通时
拧紧人力制动机信号	三短声	●●●	1. 要求列车乘务组拧紧人力制动机，遇通信设备联系不通时 2. 要求就地制动，遇通信设备联系不通时
紧急停车信号	连续短声	●●●●●●●●●	司机发现(或接到通知)邻线发生障碍，向邻线上运行的列车发出紧急停车信号时。邻线列车司机听到此种信号后，应紧急停车

表 1-6　口笛、号角鸣示方式

用途及时机	鸣示方式	
发车、指示机车向显示人反方向移动	一长声	—
指示机车向显示人方向移动	一短一长声	● —
试验制动机减压	一短声	●
试验制动机缓解	二短声	●●
试验制动机结束及安全信号	一短一长二短声	● — ●●
一道	一短声	●
二道	二短声	●●
三道	三短声	●●●
四道	四短声	●●●●
五道	五短声	●●●●●
六道	一长一短声	— ●
七道	一长二短声	— ●●
八道	一长三短声	— ●●●
九道	一长四短声	— ●●●●
十道	二长声	— —
二十道	二短二长声	●● — —
十、五、三车距离信号：十车	三短声	●●●
十、五、三车距离信号：五车	二短声	●●
十、五、三车距离信号：三车	一短声	●
连结及停留车位置	一长一短一长声	— ● —
停车	连续短声	●●●●●●●
要求司机鸣笛	二长三短声	— — ●●●
试拉	一短声	●
减速	连续二短声	●● ●●
溜放	三长声	— — —
取消	二长一短声	— — ●
再显示	二长二短声	— — ●●
列车接近通报信号：上行	二长声	— —
列车接近通报信号：下行	一长声	—

目录

项目一　认知铁路基础知识 …… 001

任务一　认知铁路车站及工作 …… 001

任务二　认知铁路机车、车辆、列车及其运用工作 …… 058

任务三　认知铁路信号 …… 079

项目二　正常行车组织作业 …… 141

任务一　段内与出段作业 …… 141

任务二　途中作业 …… 149

任务三　终到作业 …… 167

项目三　非正常行车组织作业 …… 171

任务一　认知列车被迫停车相关处理办法 …… 171

任务二　认知信号机故障时的行车办法 …… 178

任务三　路票的使用 …… 189

任务四　认知施工特定行车办法 …… 194

项目四　行车安全与事故调查 …… 198

任务一　认知行车安全 …… 198

任务二　认知铁路事故 …… 210

参考文献 …… 220

前言

本书是北京市职业院校特色高水平实训基地建设——中铁天佑工程师学院建设项目成果之一。在内容形式上采用新型活页式教材的编写方式，符合教、学、做一体化的教学理念。

本书针对铁道机车运用与维护、电力机车运用与检修专业学生的培养目标，依据企业工作任务和岗位能力要求，基于行动导向教学方法设计项目模块。项目编写强调针对性、实用性和创新性，内容遵循学生认知规律和职业成长规律，重点强调专业基础知识，包括认知铁路基础知识、正常行车组织作业、非正常行车组织作业、行车安全与事故调查。各项目设置的任务衔接有序，对接最新职业标准、行业标准和岗位规范，紧贴《铁路技术管理规程(普速铁路部分)》《铁路信号显示规范》等相关规章规范，强调岗位职责、技能要求、职业素养。

本书配套资源丰富，配有丰富的视频、微课等教学资源，教学资源库平台上还有大量的PPT、图片、题库、音视频、动画、微课等资源，供教学者使用。

本书由北京铁路电气化学校李伶伶、郑州铁路职业技术学院李建龙担任主编，北京铁路电气化学校郤书军、郑州铁路职业技术学院党建猛担任副主编。中国铁路济南局集团有限公司济南机务段职教科吴伟、中国铁路乌鲁木齐局集团有限公司乌鲁木齐机务段职教科赵子俊主审。具体编写分工如下：李伶伶编写项目一任务一、任务三及项目四；中国铁路济南局集团有限公司济南机务段吴卓青编写项目一任务二；李建龙、党建猛编写项目二；郤书军编写项目三。

在本书编写过程中得到了中国铁路北京局集团有限公司、中国铁路济南局集团有限公司、中国铁路郑州局集团有限公司、中国铁路乌鲁木齐局集团有限公司等的大力支持，在此表示诚挚的谢意！

由于编者水平有限，书中难免有疏漏和不足之处，敬请广大读者批评指正。

编　者

2024 年 12 月

本书配套视频资源索引

序　号	名　称	页　码
1	车站的位置、性质、等级	002
2	区段站	009
3	编组站	011
4	铁路线路	018
5	股道的编号	019
6	线路全长、有效长	021
7	调车作业人员规定、责任分工及相关要求	036
8	列车基本定义	065
9	换算长度	067
10	铁路信号	082
11	信号机的设置	091
12	进站信号机的设置及显示意义	092
13	出站信号机显示意义	106
14	通过信号机显示意义	114
15	行车基本闭塞法	122
16	半自动闭塞接发车作业程序	131
17	机车信号机显示含义	136
18	列车运行限制速度要求	152
19	救援列车开行	152
20	限界	175

项目一
认知铁路基础知识

学习情境

铁路是我国社会和经济发展的先行企业，是国民经济的大动脉，是交通运输行业的骨干。为更好完成运输任务，铁路拥有大量的技术设备，如线路、桥梁、隧道、站场、通信、信号、机车、车辆等。这些设备主要由车务、机务、车辆、电务、工务等部门运用、管理和维修。机车乘务员作为从事行车有关作业的关键岗位之一，必须具备全面、广泛且精准的专业基础知识，深刻了解和熟悉有关设备的特点和性能，正确操纵和合理使用各种行车设备，以确保行车组织效率的提高和安全生产。

本项目以副司机小王的视角，跟随师傅小张，驾驶 HXD_2 型电力机车，担当某区段货运列车牵引任务，区段内含有车站、线路、信号等设备设施情况，通过了解区段内设备设施情况，构建铁路基础知识的认知系统，重点学习相关知识的基本定义及相关要求，掌握机车乘务员岗位的部分相关法律法规，并剖析其与基础知识的关联性，汇总知识点与绘制知识树。

任务一　认知铁路车站及工作

任务描述

通过对站细编制表、某车站平面示意图及车站接发列车工作、调车工作等相关知识学习，分析各站的性质、等级、站型、作业等，熟悉车站的相关知识，能够认知车站的性质及工作内容，结合《铁路技术管理规程(普速铁路部分)》(以下简称《技规(普速铁路部分)》)的相关规定，理解铁路车站对行车工作的意义。

任务目标

1. 掌握区间与分界点概念。

2. 熟悉车站的性质。
3. 掌握车站的等级。
4. 熟悉线间距的规定。
5. 掌握线路的有效长。
6. 了解警冲标设置含义。
7. 了解接发列车作业流程。
8. 掌握接发列车作业基本原则。
9. 了解接发列车作业基本项目。
10. 掌握调车作业的基本原则。
11. 掌握调车作业的基本项目。
12. 熟知调车作业常用场景的基本要求。

活动一　认知铁路车站性质

问题导入

通过观察站细编制表(表 1-1),思考车站的相关问题。

表 1-1　某站站细编制表

1. 本站技术性质为 编组 站,业务性质为 营业 站。
2. 本站技术性质为线路所。
3. 本站为接轨站(过轨站、交接站),所接×岔线(地方铁路、专用铁路、合资铁路)产权单位名称: ×××× 。
4. 本站为电气化区段车站。
5. 本站为 特 等站。
6. 本站布置为 单 向 三 级 三 场 纵列 式。

问题 1:铁路车站类型有哪些?
问题 2:铁路车站的几级几场如何设定?
问题 3:什么是编组站?

相关知识

车站是办理旅客运输与货物运输的基地,旅客乘降、货物装卸及其有关作业都是在车站上进行的。车站是铁路运输的基本生产单位。在车站,除了办理客货运输各项作业外,还办理和列车运行有关的各项作业。如:列车的接发、会让与越行;车列的解体与编组;机车的换挂与整备;车辆的检查与修理等。因此车站的性质是指车站办理技术作业时的技术性质和办理客货营业时的业务性质。

视频

车站的位置、性质、等级

一、车站的分类

由于车站所担负的任务量、业务性质不同,其办理的作业、服务的对象及重点也有所不同。因此,车站有不同的分类。

按业务性质分为:营业站、非营业站,营业站分为客运站、货运站、客货运站。不办理客货运业务的车站，简称非营业站。

按技术作业性质分为：中间站、区段站、编组站。

按其担负的客、货运量和改变作业量的大小，以及在政治、经济和铁路网上所处的地位分为：特等站和一、二、三、四、五等站，见表 1-2。

表 1-2　车站类型

车站类型	分类标准	特等站	一等站	二等站	三等站	四等站	五等站
单向业务车站	日均发、到及中转旅客数 k/人	$k \geqslant 60\ 000$ 且运输进款≥300 万元	$k \geqslant 60\ 000$（运输进款<300 万元）或 $15\ 000 \leqslant k < 60\ 000$	$5\ 000 \leqslant k < 15\ 000$	—	—	会让站与越行站
	日均装卸车数 h/辆	$h \geqslant 750$	$350 \leqslant h < 750$	$200 \leqslant h < 350$			
	日均有调车作业车数 d/辆	$d \geqslant 700$	$3\ 000 \leqslant d < 7\ 000$	$1\ 500 \leqslant d < 3\ 000$			
综合性车站（具备三项中两项）	日均发、到及中转旅客数 k/人	$k \geqslant 20\ 000$	$8\ 000 \leqslant k < 20\ 000$	$4\ 000 \leqslant k < 8\ 000$	$2\ 000 \leqslant k < 4\ 000$	不具备三等站条件者	
	日均装卸车数 h/辆	$h \geqslant 400$	$200 \leqslant h < 400$	$100 \leqslant h < 200$	$50 \leqslant h < 100$		
	日均有调车作业车数 d/辆	$d \geqslant 4\ 500$	$2\ 000 \leqslant d < 4\ 500$	$1\ 000 \leqslant d < 2\ 000$	$500 \leqslant d < 1\ 000$		

注：经综合平衡、考虑车站所在地的政治、经济、文化、外事和运输布局等情况的需要，可适当酌情调整车站等级；特、一、二等综合业务站不达标，但具备单项业务站条件时，可按单项业务站核定等级。

二、客运站、货运站的相关概念

（一）客运站

客运站是专门办理铁路旅客运输业务的基层生产单位。它的主要任务是保证旅客安全、迅速、准确、方便地上下车；办理行包、邮件的装卸搬运；组织旅客列车安全、正点到发和客车车底取送；为旅客提供舒适的服务条件。

1. 客运站的作业

客运站的作业主要分为三类：客运服务作业、客运业务和技术作业。

客运服务作业包括旅客上下车、候车、问询、小件寄存，以及对旅客文化、饮食、住宿、购物和卫生方面的服务等。

客运业务包括车票发售，行包承运、装卸、保管和交付，邮件装卸和搬运等。

技术作业按列车种类不同可分为以下几种：

(1)始发、终到列车作业：包括列车接发、机车摘挂、列车技术检查、车底取送、个别客车甩挂及餐车整备等。

(2)通过列车作业：包括列车接发、机车换挂或整备、列车技术检查、客车上水等。

(3)市郊(通勤)列车作业：包括列车接发、机车摘挂、列车技术检查及车底取送等。

(4)在某些客运站还办理少量货物列车的到发和通过作业。

2. 客运站布置

客运站的布置按线路配置的不同分为通过式、尽端式和混合式三种。

(1)通过式客运站布置。

通过式客运站的旅客列车到发线为贯通式,设有两个咽喉区,站房在正线一侧,高架候车室为跨线式,基本站台与中间站台用地道相连,如图 1-1 所示。

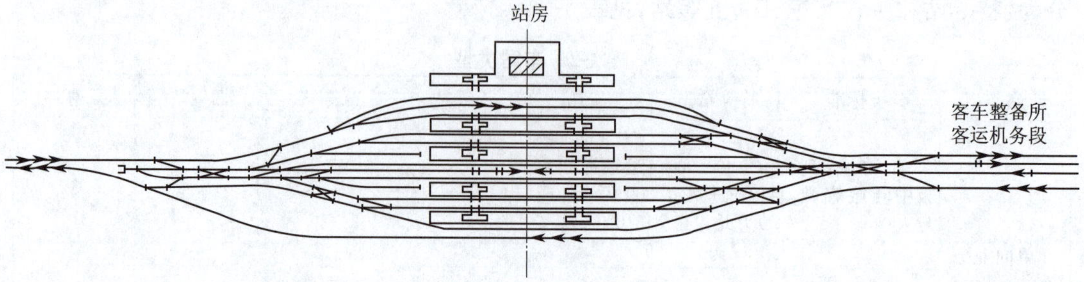

图 1-1　通过式客运站布置

通过式客运站的优点是车站有两个咽喉区,能分别办理接、发车作业,到发线使用机动灵活,通过能力大,运营条件好。其缺点是与城市干扰较大,占用城市用地较多。

(2)尽端式客运站布置。

尽端式客运站的旅客列车到发线为尽头式,站房设在到发线一端或一侧,中间站台用分配站台相连接,如图 1-2 所示。

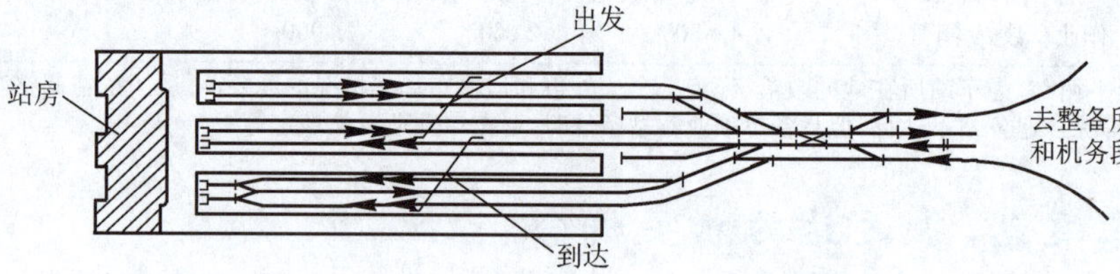

图 1-2　尽端式客运站布置

尽端式客运站的优点是车站容易深入市区中心,旅客出行乘车方便,可缩短出行时间;与城市道路交叉干扰少、占用城市用地少。其缺点是车站作业集中在一端咽喉区进行,进路交叉干扰大,车站通过能力小;旅客进、出站走行距离长,与行包搬运流线有交叉。

(3)混合式客运站布置。

混合式客运站的特点是一部分线路为贯通式,另一部分线路为尽头式,如图 1-3 所示。贯通式线路供接发长途旅客列车用,尽头式线路可供接发市郊旅客列车用。

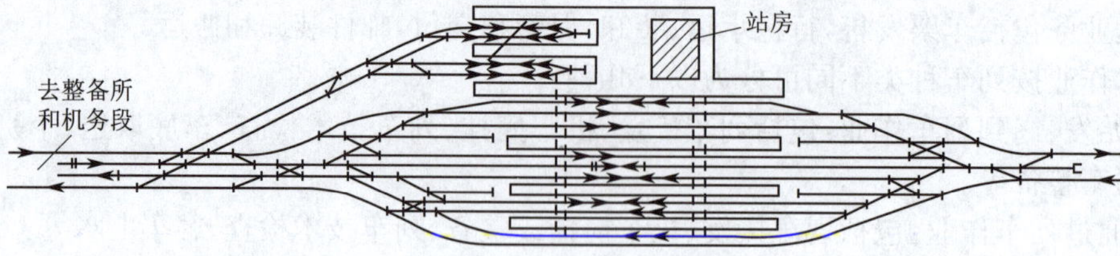

图 1-3　混合式客运站布置

3. 客运设备

客运设备包括客运线路、旅客站房、站场、站前广场等。

客运线路有正线、旅客列车到发线，货物列车到发线、机车走行线、机待线、行包装卸线、停留线等线路。

旅客站房包括为旅客服务的各种用房（售票处、行李房和候车室等）、技术作业办公用房、车站行政用房、职工生活用房和建筑设备用房等。

站场是列车通过和停靠的场地，也是旅客和行包的集散地点。站场内应设置站线、旅客站台、检票口、雨棚和跨线设备等设施。

站前广场是客运站与城市的接合部，包括站房平台、旅客车站专用场地、旅客活动地带、人行通道、车行道和公交站点、绿化与景观用地等。

4. 客车整备所

在配有大量旅客列车车底的始发、终到站，或者有大量长途旅客列车的折返站，以及有大量市郊旅客的始发站、终到站上应设置客车整备所。客车整备所对客车进行技术整备和客运整备作业。

(1)技术整备作业：

①客车车底取送（或到发）、改编、停留待发，备用车停留及个别客车转向。

②客车车底技术检查、日常维修和摘车维修，防寒、防暑的整备，以及外段车辆故障处理等。

③办理厂、段修客车的回送。

④客车暖气管道预热、排气、排水及充电等。

(2)客运整备作业：

①客车车底内外部清扫、洗刷和排污。

②客车上燃料、上水、上餐料和换卧具。

5. 客运站与客车整备所的相互位置

客运站与客车整备所的相互位置有纵列式布置[图 1-4(a)、(b)]和横列式布置[图 1-4(c)]两种。

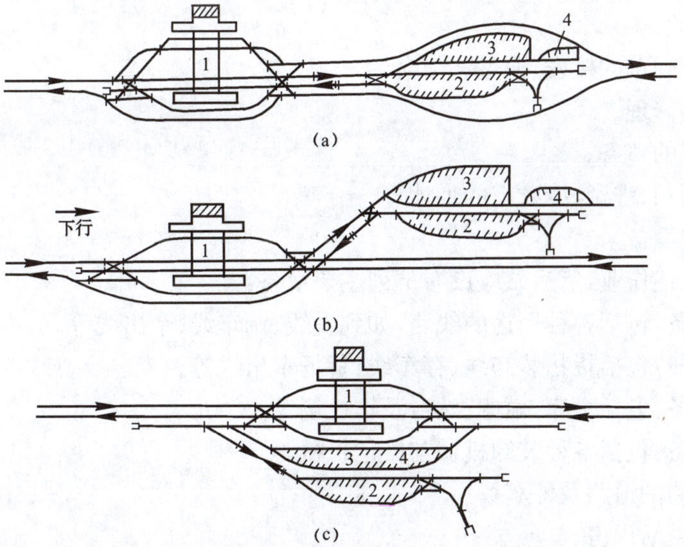

1—客运站；2—机务段；3—客车整备所；4—客车车辆段。

图 1-4　客运站与客车整备所的相互位置

(二)货运站

凡专为办理各种货运作业(包括办理货物的承运、保管、交付、货物装卸作业等)及因货物联运或换装作业而设置的车站,称为货运站。货运站多设在大城市、工业区及河海港湾。

1. 货运站的分类

按其工作性质分为装车站、卸车站和装卸站。

按其办理货物的种类分为综合性货运站(办理多种不同品类货物作业)和专业性货运站(办理单一品类、大宗货物及危险货物作业)。

按其服务对象分为公共货运站、换装站(为不同铁路轨距之间货物换装服务)、工业站和港湾站。

2. 货运站的作业

综合性货运站是铁路枢纽内为城市居民和企业服务并办理多种货物作业的车站。它主要办理下列作业:

(1)运转作业:

①办理从编组站开来的小运转列车,或从衔接区间开来的直达列车的接车作业。

②按装卸点选编车组、调送车组及按货位配置车辆。

③收集各装卸点装卸完毕的车组,并在调车线上进行集结。

④编组小运转列车或直达列车,向编组站或衔接区间发车。

(2)货物作业:

①货物的托运和交付。

②货物的装卸和保管。

③货运票据的编制。

④货物的检斤、分类、搬运、堆码,以及换装、加固、检查装载限界等。

⑤办理铁路与其他运输部门的联运。

(3)兼办作业:

①部分客货列车的接发、通过和交会。

②不良车的修理。

③调车机车的整备。

④车辆的清扫、洗刷,冷藏车的加冰等。

3. 货运站的设备

为了完成上述作业,货运站应设有下列主要设备:

(1)运转设备:包括各种用途的线路,如到发线、调车线、牵出线等。

(2)货场配线:包括货物装卸线、存车线、货场牵出线等。

(3)场库设备:包括仓库、雨棚、站台及堆放场等。

(4)装卸设备:包括各种装卸机械与搬运机械等。

(5)取送货物的道路及停车场。

(6)办公及生活用房。

(7)给排水设备及消防设备。

(8)必要时还应设有轨道衡、加冰设备、牲畜饮水设备等。

此外，货运站还可根据作业需要设置旅客站台、机车整备、车辆检修，以及货车消毒、洗刷集装箱及托盘的维修保养设备、篷布维修设备、加冰设备、货物检斤设备和量载设备等设备。

4. 货运站布置

货运站按其与枢纽内铁路线衔接方式的不同，可分为尽端式货运站和通过式货运站。

尽端式货运站布置如图 1-5 所示。该布置图站坪长度短、用地经济。

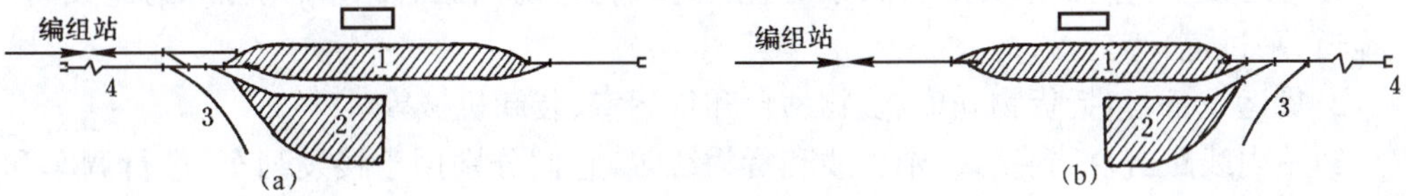

1—运转车场；2—货场；3—专用线；4—牵出线。

图 1-5　尽端式货运站布置

作业量较大的通过式货运站布置如图 1-6 所示。其正线是贯通的，货场和车场均设在正线的一侧，可减少站内作业对正线的干扰，保证通过货物列车的顺利通行。

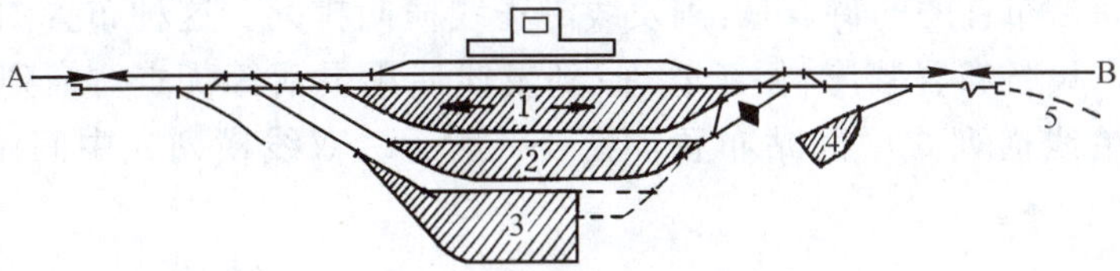

1—到发场；2—调车场；3—货场；4—车辆检修设备；5—专用线。

图 1-6　通过式货运站布置

三、中间站、区段站、编组站的相关概念

（一）中间站

中间站是铁路上数量最多的车站，对提高铁路区段通过能力，保证行车安全，以及联系工农业、加强城乡人民的往来和物资交流起着重要作用。中间站如有工业企业线接轨或者是加力牵引起终点，以及机车折返站时，还需办理工业企业线的取送车、补机的摘挂、待班和机车整备、转向等作业。在客货运量较大的个别中间站，还有始发、终到旅客列车及编组始发货物列车的作业。

在《铁路车站及枢纽设计规范》规定中，会让站和越行站包括在中间站之内。会让站设在单线铁路上，主要办理列车的到发和会让，也办理少量的客货运业务。会让站应铺设到发线、旅客乘降设备及信号设备等。越行站是先到的列车在本站停车，等待后一个同方向的列车通过本站或到达本站停车后先开。越行站设在双线铁路上，主要办理同方向车的越行业务。越行站应铺设到发线、旅客乘降设备及信号设备等。

1. 中间站的作业

（1）列车的到发、通过、会让和越行。

（2）旅客的乘降和行李、包裹的承运、保管装卸与交付。

(3)货物的承运、装卸、保管与交付。

(4)摘挂列车的车辆摘挂和到货场或专用线取送车辆的调车作业。

有的中间站如有工业企业线接轨或加力牵引起终点及机车折返时,尚需办理工业企业的取送车、补机的摘挂和机车整备等作业。

2. 中间站的设备

为了完成上述作业,中间站应根据作业的性质和工作量大小而设置以下设备:

(1)客运设备:包括旅客站舍(售票房、候车室、行包房)、旅客站台、雨棚和跨越设备(天桥、地道、平过道)等。

(2)货运设备:包括货物仓库、货物站台和货运室、装卸机械等。

(3)站内线路:包括到发线、牵出线和货物线等,它们分别用于接发列车、进行调车和货物装卸作业。

(4)信号及通信设备。

此外,某些中间站还设有机车整备设备和列车检查设备等。

3. 中间站布置

中间站布置按到发线的相互位置,主要分为横列式和纵列式两种。

横列式中间站布置图的特点是:到发线沿正线横向排列。这种布置图具有站坪长度短,工程投资省;设备布置紧凑,便于管理;到发线使用灵活等优点。横列式中间站一般被广泛采用。单线横列式中间站布置如图 1-7 所示。双线横列式中间站布置如图 1-8 所示。

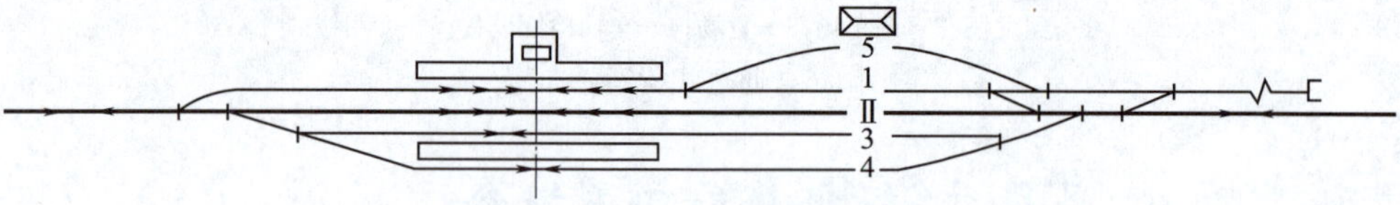

图 1-7 单线横列式中间站布置

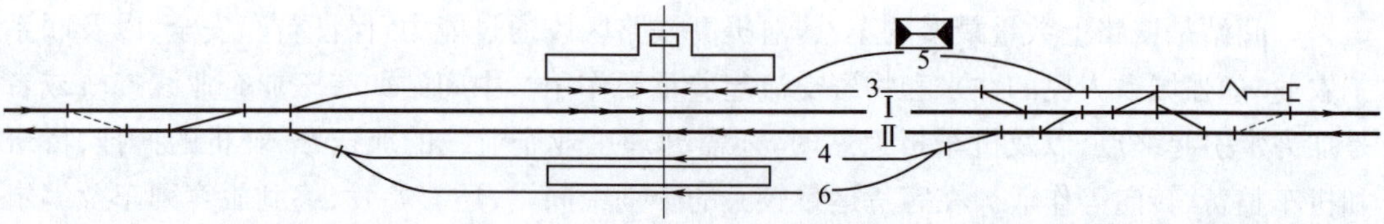

图 1-8 双线横列式中间站布置

纵列式中间站布置图的特点是:到发线沿正线纵向排列,通常逆运转方向错移一个货物列车到发线的有效长。纵列式中间站布置图有利于组织列车不停车会车,提高区间通过能力;适应重载列车到发的需要;便于车站值班员与司机交接行车凭证。但这种图形站坪长度长、工程投资大,且增加了中间咽喉,车站定员多,管理也不方便;瞭望信号确认进路也不方便。因此一般只在山区因地势陡窄或需组织不停车会让时才采用。纵列式中间站布置如图 1-9 所示。

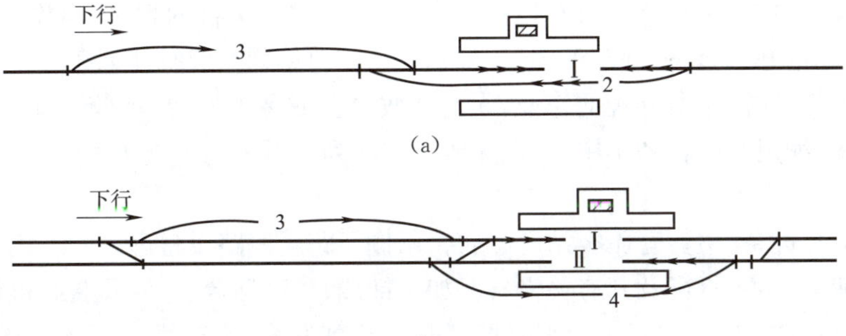

图 1-9　纵列式中间站布置

(二)区段站

视频

区段站

区段站设置于机车牵引区段两端，一般为机务段(折返点)所在站，主要办理无调车作业中转列车的技术作业，机车的更换或整备，乘务组的换班，区段列车和摘挂列车的编解作业，以及直达、直通列车的补减轴作业，也担当部分列车的编、解作业。始发、终到旅客列车较多的客运站、客货运站，进行大量机车换挂等技术作业，也属于区段站。

1. 区段站的分类

(1)按作业性质及作业量分：

①无解编作业区段站。这种区段站只办理与无改编中转列车有关的作业，没有列车改编任务，或仅担任零摘列车的整编作业。

②有解编作业区段站。这种区段站除办理与无改编中转列车有关的作业外，还担任区段、零摘列车和少量直通、直达列车的解编作业。

(2)按图型分：

横列式区段站、纵列式区段站、客货纵列式区段站。

2. 区段站的作业与设备

区段站的作业和设备尽管在数量和规模上都不是最大的，但其作业和设备的种类却是比较齐全的。

(1)区段站的作业：

①客运业务：与中间站办理的客运业务基本相同，只是数量较大。

②货运业务：与中间站办理的货运业务大致一样，但作业量要大。

③运转作业：包括与旅客列车和货物列车有关的运转作业。

与旅客列车有关的运转作业：主要办理通过旅客列车的接发作业；有的车站还办理铁路局集团公司管内或市郊旅客列车的始发、终到作业及个别车辆的甩挂作业。

与货物列车有关的运转作业：主要办理无改编中转货物列车的接发和有关作业；对区段列车和摘挂列车，要进行解体和编组作业；同时还办理向货物线、工业企业线取送作业车等。某些区段站还担当少量的始发直达列车的编组任务。

④机车业务：主要是换挂机车和更换乘务组，对机车进行整备、修理和检查等。

⑤车辆业务：办理列车的技术检查和车辆的检修任务。在少数设有车辆段的区段站上，还办理车辆的段修业务。

所有到达区段站的货物列车，按它在该站所进行的作业性质，可以分为两类：一类是到达本站不解体，只作技术检查和机车换挂等作业，然后继续运行的列车，叫作无改编中转列车；一类是到达本站后，要将列车解体，这种列车叫作改编列车或解体列车。

由上述可知，区段站所办理的作业，无论从数量上或种类上，都远较中间站繁多。而在所办理的解体、编组及中转列车中，又以无改编中转列车所占的比重为大。

(2)区段站的设备：

①客运业务设备：主要有旅客站房、站台、雨棚及跨越线路设备等。

②货运业务设备：货场及其有关设备。如装卸线、货物站台、仓库及装卸机械等。

③运转设备：主要有旅客列车到发线；货物列车到发线、调车线、牵出线（有时设简易驼峰）、机车走行线等。

④机务设备：机务段或机务折返段。在机务段所在的区段站上，如采用循环运转制时，在到发场应设有机车整备设备。采用长交路轮乘制时可设置机车运用段或换乘点。

⑤车辆设备：包括车辆段、列车检修所和站修所等。

除上述设备外，还有信号、通信、照明、办公房舍等设备。

3. 区段站布置

(1)横列式区段站布置。

当上、下行到发线（场）平行布置在正线一侧，调车场在到发场的一侧时，称为横列式区段站布置，如图 1-10 所示。这种布置宜在单线铁路上采用。

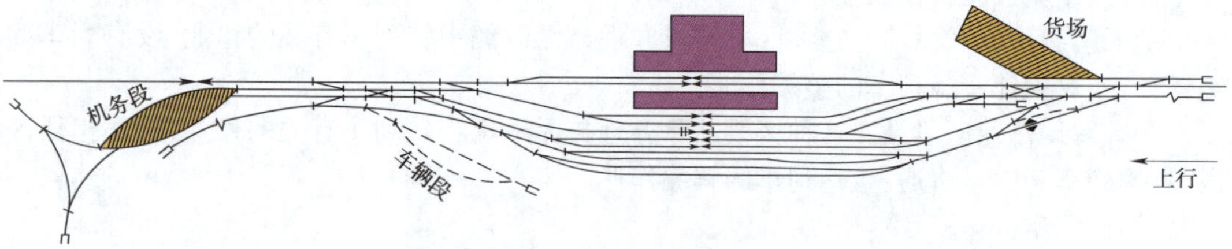

图 1-10　单线铁路横列式区段站布置

横列式区段站的优点是：布置紧凑，站坪长度短，占地少，设备集中，管理方便，作业灵活性大，对各种不同地形的适应性强。它的缺点是：一个方向的列车机车出入段走行距离长，对站舍同侧的货物取送车和正线有交叉干扰。

(2)纵列式区段站布置。

在许多双线铁路上，往往客货运输任务繁重，为了减少站内两端咽喉区上下行客、货列车进路的交叉干扰区段站可采用纵列式布置。

纵列式区段站布置是上、下行两个方向的到发场分设在正线两侧，并逆运行方向全部错移，在其中一个到场一侧，设一个双方向共用的调车场，如图 1-11 所示。这种布置宜在运量较大的双线铁路上采用。

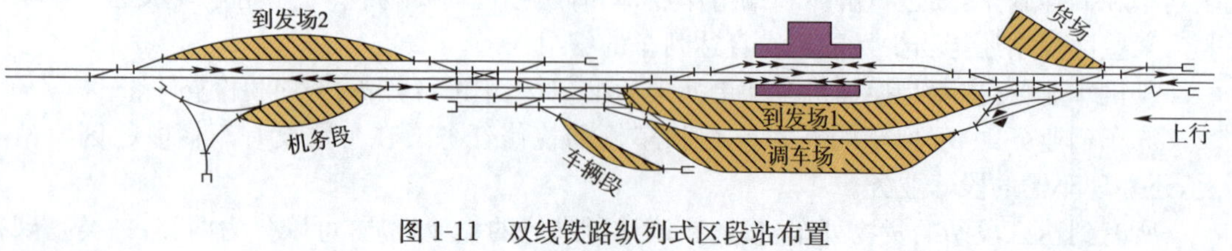

图 1-11　双线铁路纵列式区段站布置

纵列式区段站的优点是：作业上的交叉干扰较横列式少；机车出入段走行距离短，当机车采用循环运转制时，到发线上的整备设备比较集中；对站舍同侧的支线或工业的接轨也比较方便。它的缺点是：站坪长度长，占地多；设备分散，投资大；定员较多，管理不便；一个方向货物列车的机车出入段要横切正线。

(3)客货纵列式区段站布置。

客货纵列式区段站布置是客运运转设备(主要指旅客列车到发场)与货运运转设备(主要指货物列车到发场)纵向配列，如图 1-12 所示。此种布置多是既有的横列式区段改建时逐步形成的。其优、缺点与纵列式区段站布置大致相同。

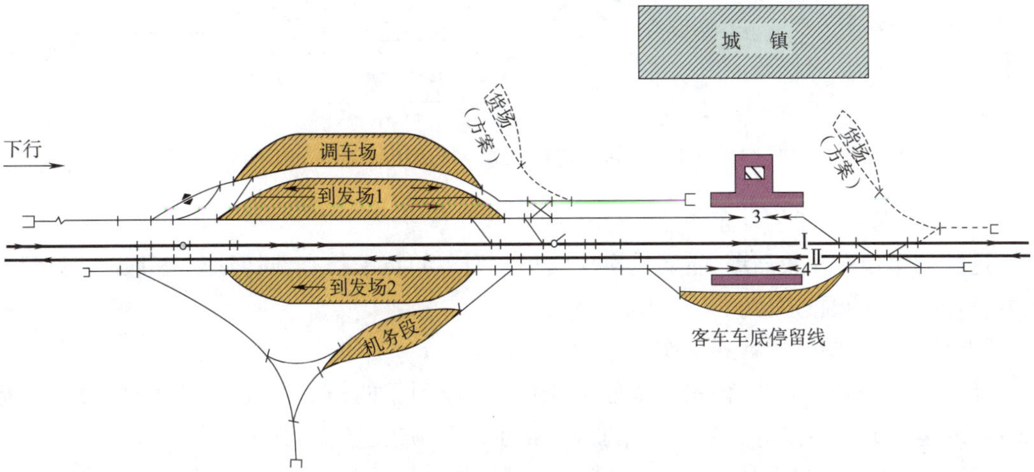

图 1-12　客货纵列式区段站布置

(三)编组站

视频

编组站

编组站是铁路网上办理大量货物列车解体和编组作业，并设有比较完善调车设备的车站。编组站是按照编组计划要求，编解各种类型的列车，多数是直达列车和直通列车，为合理的车流组织服务。编组站实际上就是一个编组列车的工厂。

1. 编组站的作业

(1)改编中转货物列车作业。

改编中转货物列车作业主要包括解体列车的到达和解体作业；始发列车的集结、编组和出发作业。这几项作业的数量既多又复杂，列车是分别在不同地点和车场办理的。它主要包括以下两种情况：

①到达和解体列车：

列车到站后，在到达(到发)场进行到达技术作业(包括车辆技术检查和货物装载安全检查，以下同)，然后列车解体，车辆进入调车场，列车即行消失。其中的部分车辆可能需在本站(或本枢纽)装(卸)车，部分车辆需转入其他衔接线路方向继续运行。这部分需继续转线运行的车辆(称为改编中转车流)则在调车线上集结待编。

②自编出发列车：

自编出发列车指本站根据编组计划要求，将集结车辆编组成列发出的列车。这种列车车辆的组成，一部分是本地区装出重车或排出空车，另一部分由上述转线改编车流集结而成。

改编中转车流在编组站的作业流程，以单向三级三场编组站为例（图 1-13）：到达解体列车进入到达场后进行到达技术作业→上驼峰解体→调车场固定组号的调车线上集结→按编组计划要求编组成列→转入出发场进行出发技术作业→发车。这项作业是编组站的主要作业，占用了调车设备的大部分能力。所以组织好改编中转货物列车作业是改善车辆运用指标，加速货车周转和提高编组站效率的关键。

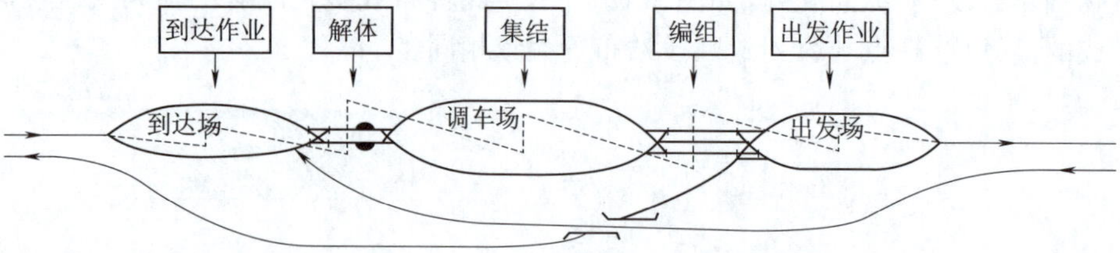

图 1-13　改编中转车流在三级三场编组站的作业流程

（2）无改编中转货物列车作业。

这种列车作业比较简单，主要是换挂机车和列车的技术检查，时间短，办理地点只限于到发场（或专门的通过车场）。

（3）部分改编中转货物列车作业。

部分改编中转货物列车除进行无改编中转货物列车的作业外，还要变更列车重量、运行方向或进行成组甩挂等少量调车作业，一般在到发场或通过车场进行。

（4）本站作业车的作业。

本站作业车是指到达本站及工业企业线或段管线内进行货物装卸或倒装的车辆。作业过程比改编中转列车增加了送车、装卸及取车三项作业，其中重点是取送车作业。

（5）机务作业。

这项作业与区段站相同，包括机车出段、入段、段内整备及检修作业。

（6）车辆检修作业。

编组站上的车辆作业包括在到发线上进行的车列技术检查及不摘车维修；列检或调车过程中发现车辆损坏送往车辆段或站修所进行修理（即站修）；根据任务扣车送车辆段维修（即段修）。

（7）其他作业。

①客运作业，主要是旅客乘降作业。

②货运作业，主要包括货物装卸换装等作业。

③军运列车供应作业。

2. 编组站主要设备

（1）调车设备。

调车设备是编组站的核心，包括调车驼峰、调车场、牵出线、辅助调车场等几部分，用以办理列车的解体和编组作业。

（2）行车设备。

编组站的行车设备是指办理货物列车作业的到发线，用以办理货物列车的到达和出发作业。根据其作业量的大小和不同的作业性质可设置到发场或到达场、出发场(包括通过车场)。

(3)机务设备。

编组站的机务设备即机务段。编组站一般应设机务段，且规模比较大，供本务机车和调车机车办理检修和整备作业。为了减少另一方向列车机车出入段走行距离，必要时，还可修建第二套整备设备。

(4)车辆设备。

编组站的车辆设备包括列检所、站修所和车辆段。

(5)货运设备。

编组站一般不设专门的货运设备，按照具体情况可设换装站台等设备。

(6)其他设备。

①客运设备。编组站的客运业务很少，一般利用正线办理旅客列车到发(通过)。旅客列车较多时，也可以设置1～2条到发线及1～2个旅客站台。

②站内外连接线路设备。如进出站线路、站内联络线和机车走行线等。

此外，编组站还必须有信号、联锁、闭塞、通信和照明的设备。

3. 编组站布置图及主要类型

编组站的各项作业过程(到达、解体、集结、编组和出发)都是在各个车场里完成的。因此，按照调车设备的数量与规模及各车场的相互位置，就构成了编组站不同形式的布置图。

(1)按照调车设备的套数及调车驼峰方向分类：

①单向编组站：只有一个调车场，上、下行合用一套调车设备(包括驼峰，调车场、牵出线)。其驼峰溜车方向一般顺主要改编车流运行方向。

②双向编组站：有两个调车场，上、下行各有一套调车设备。一般情况下，两系统的调车驼峰应朝向各自的上行和下行调车方向。

(2)按照一套系统内车场的相互位置和数目分类：

我国编组站布置图的基本类型有：单向横列式、单向纵列式、单向混合式、双向横列式、双向纵列式、双向混合式六种，其他类型都是在这个基础上派生的。

此外，我国铁路现场对编组站图型，在习惯上称为“几级几场”。“级”是指同一调车系统中到达场、调车场、发车场纵向排列(纵向数)，一级式就是指车场横列，二级式就是指到达场、调车场纵列，而三级式是指到达场、调车场、发车场顺序纵列。“场”是指车场，车站有几个车场，就叫作几场。例如“一级三场”“三级三场”或“三级六场”。

①横列式编组站布置：上、下行到发场与调车场并列配置，如图1-14所示。

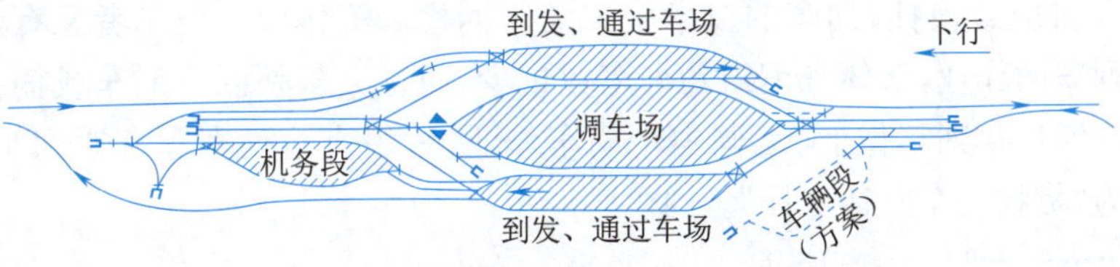

图1-14　单向横列式编组站(一级三场)

②纵列式编组站布置：到达场、调车场、出发场等主要车场顺序纵向排列布置，如图1-15和图1-16所示。

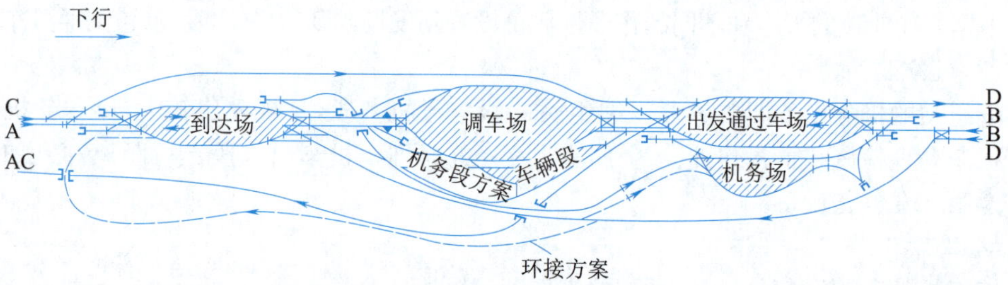

图 1-15　单向纵列式编组站(三级三场)

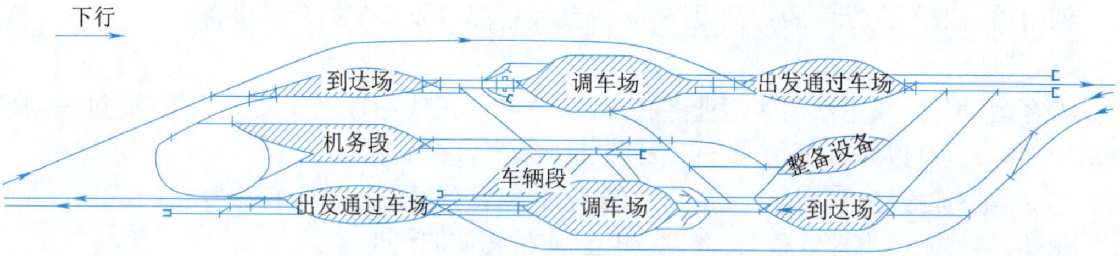

图 1-16　双向纵列式编组站(三级六场)

单向三级三场纵列式编组站布置,各衔接方向共用的到达场、调车场、出发场依次纵列配置。

单向三级三场编组站的主要优点是:各方向改编列车在站内的到、解、集、编、发作业过程都是"流水式"的;车站改编能力及通过能力均较大;车站只有一套调车系统且同类车场集中布置,有利于实现编组站现代化。其主要缺点是:反向改列车走行里程较长;车站站坪长度较长。

③混合式编组站布置:部分主要车场纵列、另一部分车场横列配置,如图 1-17 所示。

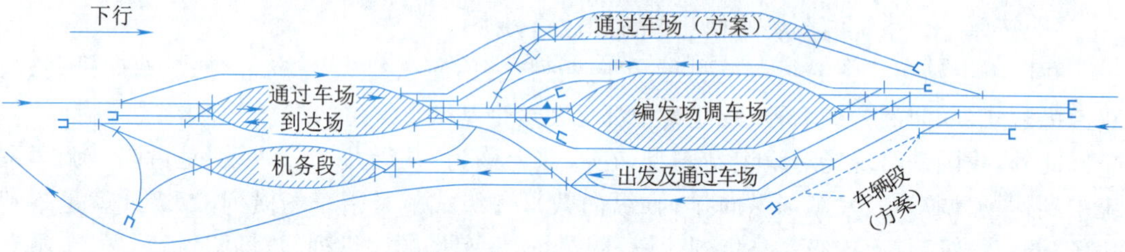

图 1-17　单向混合式编组站(二级四场)

编组站和区段站统称为技术站。从技术作业上看,编组站和区段站都要办理列车的接发、解编,机车供应或换挂,列车的技术检查及车辆检修等作业。但二者又有区别,区段站要办理中转列车的作业,解体和编组的列车数量少,而且大多是区段列车或摘挂列车;编组站主要办理改编货物列车作业、无调中转列车作业、编组直达列车和直通列车等。所以编组站又被称为"货物列车制造工厂"。

测一测

一、名词解释

1. 区段站:

2. 编组站：

3. 中间站：

二、简答题

1. 简述车站的分类。

2. 按业务性质车站分为哪几类，它们相关的任务是什么？

三、填空题

1. 丰台西站技术性质为（　　　　）站，业务性质为（　　　　）站。

2. 丰台西站为（　　　　）等站。

3. 丰台西站布置为（　　　　）向（　　　　）级（　　　　）场（　　　　）式。

四、综合题

1. 中间站、区段站、编组站的主要任务是什么？有哪些作业和设备？

2. 区段站和编组站布置图的类型有哪些？各有何种特点？

3. 绘制车站分类知识树。

知识拓展

铁路枢纽

在铁路网上，几条铁路干线相互交叉或接轨的地点，需要修建一个联合车站，或修建几个专业车站，以及连接这些车站的联络线、进站线路、跨线桥等设备，由这些车站和设备组成的整体称为铁路枢纽，如图 1-18 所示。

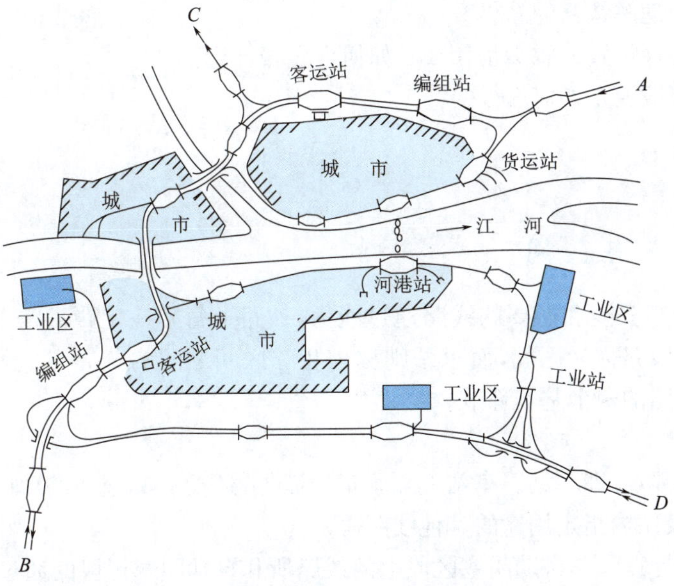

图 1-18　铁路枢纽示意

活动二　认知铁路线路种类

问题导入

结合图 1-19，利用网络搜集资料并思考问题，初步了解车站线路相关内容。

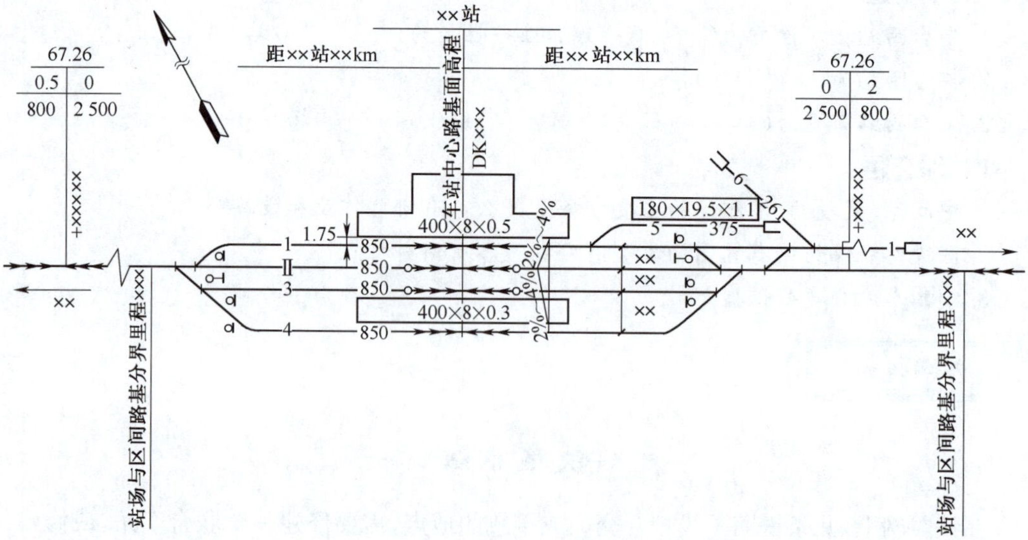

图 1-19　车站线路示意

问题 1：铁路车站线路的类型有哪些？

问题 2：如何理解铁路的站界？

问题 3：警冲标设置的意义是什么？如何设置警冲标？

问题 4：线路股道是如何编号的？

相关知识

一、分界点与区间

为了保证行车安全和必要的线路通过能力，铁路上每隔一定距离需要设置一个车站。两相邻车站间的线路称为区间，而车站则称为相邻区间之间的分界点。因此，区间和分界点是组成铁路线路的两个基本环节。

1. 分界点

有配线的分界点，即车站。车站上除了正线以外，还配有其他线路（如到发线、调车线、牵出线、货物线及站内指定用途的其他线路等）。

无配线的分界点。非自动闭塞区段上的线路所和自动闭塞区段的通过色灯信号机。

2. 区间

车站和线路所把铁路线路划分成若干个长度不等的段落，这些段落叫作区间，如图 1-20 所示。两相邻技术站间，包含若干个区间和分界点的铁路线段，称为区段。自动闭塞区段上通过色灯信号机之间的路段称为闭塞分区。

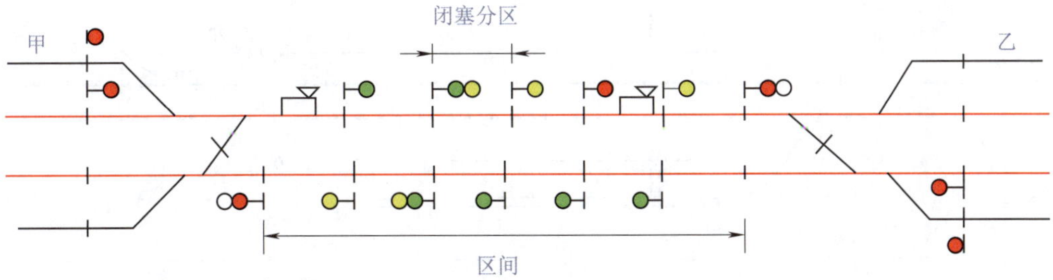

图 1-20　区间

依据分界点的不同,区间也有不同的分类。车站与车站之间的区间称为站间区间,车站与线路所及线路所与线路所之间的区间称为所间区间,如图 1-21 所示。

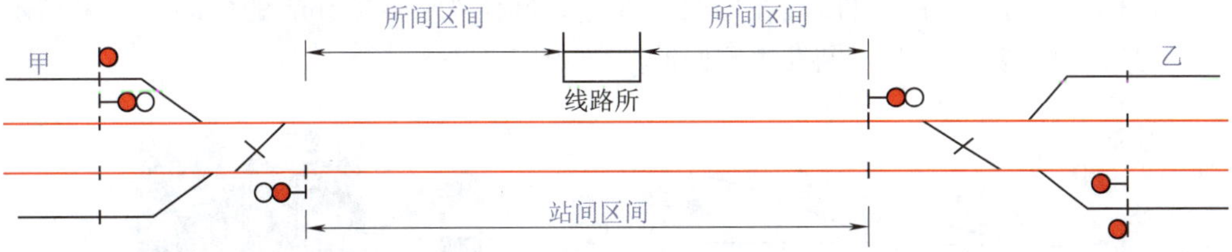

图 1-21　站间区间与所间区间

二、线间距、站界及警冲标

1. 线间距

线间距是指两相邻线路中心线之间的距离。线间距的大小根据铁路限界,线路是否通过装载超限货物的列车及是否装设信号机等设备,并留有余地来确定。站内正线与到发线之间、正线和到发线与其他站线之间的最小线间距为 5 m。

2. 站界

为了保证行车安全和分清工作责任,车站和它两端所衔接的区间应有明确的界限,通常称为站界。

在单线铁路车站,站界的范围以车站两端进站信号机柱的中心线为界,外方是区间,内方则属于车站范围,如图 1-22(a)所示。

在双线铁路车站,站界则按上、下行正线分别确定,即一端以进站信号机柱中心线为界,另一端以站界标中心线为界,如图 1-22(b)所示。

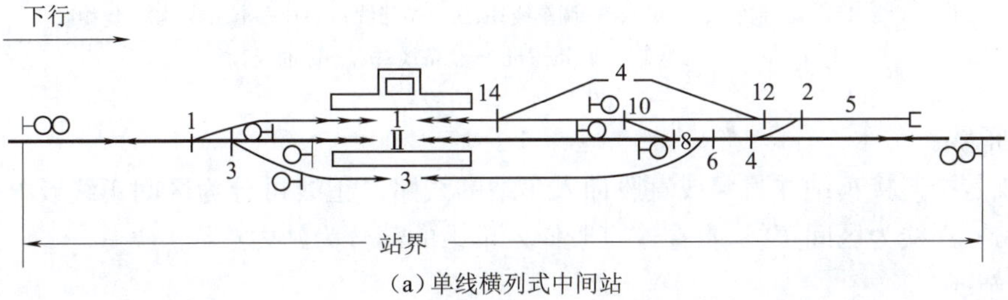

(a)单线横列式中间站

图　1-22

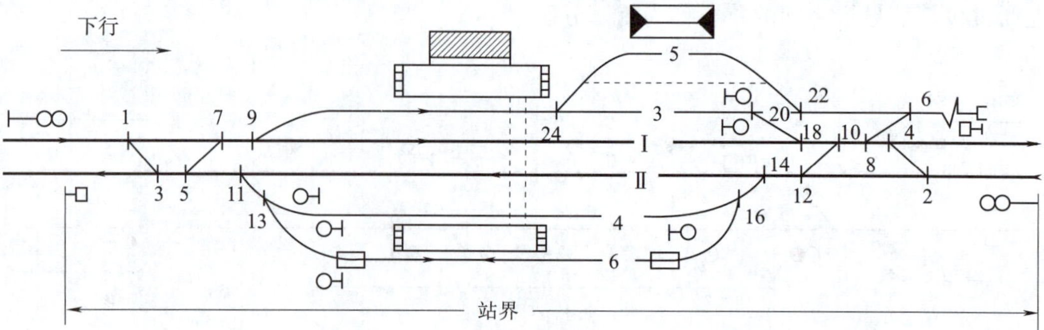

(b)双线横列式中间站

图 1-22　站界

3. 警冲标

警冲标是信号标志的一种，设在两会合线路线间距为 4 000 mm 的中间。用来指示机车车辆停留位置，防止机车车辆发生侧面冲突，如图 1-23 所示。

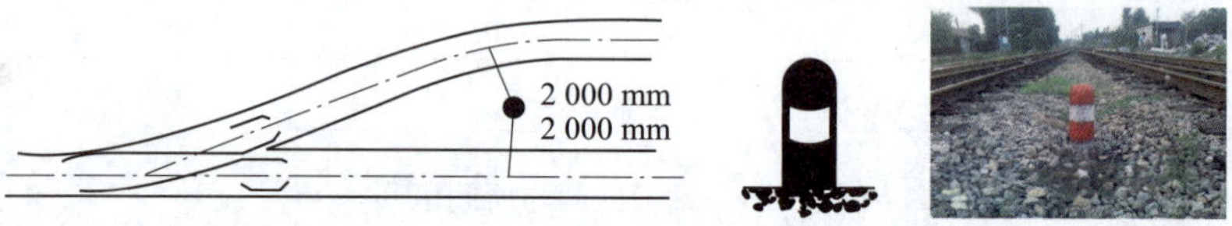

图 1-23　警冲标

视频

铁路线路

三、铁路线路

1. 铁路线路的分类

铁路线路按用途分为正线、站线、段管线、岔线、安全线及避难线，如图 1-24 所示。

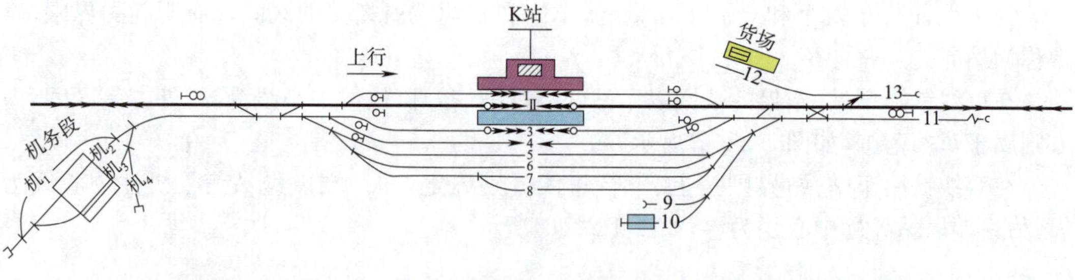

Ⅱ—正线；1、3、4—到发线；5、6、7、8—调车线；9、10—站修线；11、13—牵出线；12—货物线；

机$_1$—机车走行线；机$_2$、机$_3$—整备线；机$_4$—卸油线。

图 1-24　车站线路

(1)正线。

正线是指连接车站并贯穿或直股伸入车站的线路。正线可分为区间正线及站内正线。连接车站的正线为区间正线，贯穿或直股伸入车站的部分为站内正线。

(2)站线。

车站内除设有正线外，还根据业务性质、运量大小及技术作业的需要，分别铺设其他配线，这些配线统称为站线，如到发线、调车线、牵出线、货物线及站内指定用途的其他线路等。

到发线是指供列车到达、出发使用的线路。

调车线是指进行列车编组与解体作业使用的线路。

牵出线是指专供车列解体、编组及转线等牵出使用的线路。

货物线是指专供办理货物装卸车使用的线路。

站内指定用途的其他线路，是指机车走行线、机车整备线、车辆站修线、驼峰迂回线及驼峰禁溜线等。

(3)段管线。

段管线是指由机务、车辆、供电、工务、电务等段专用，并由其管理的线路。

(4)岔线。

岔线是指在区间或站内接轨，通向路内外单位(厂矿企业、砂石场、港湾、码头及货物仓库)的专用线路。

(5)安全线。

安全线是为防止列车或机车车辆从一进路进入另一列车或机车车辆占用的进路而发生冲突的一种安全隔开设备，为特殊用途线，如图 1-25 所示。

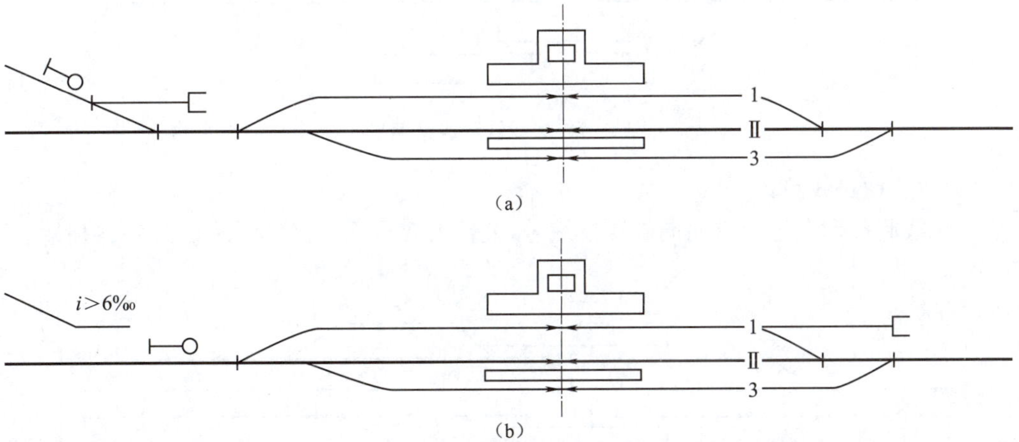

图 1-25　安全线设置位置

其中，图 1-25(a)为各级铁路线、岔线与站内正线接轨情况下的安全线。图 1-25(b)为进站信号机制动距离内超过 6‰的下坡道，为满足相对方向同时接车和同方向同时发、接列车的需要，应在车站接车方向的末端设置安全线。

(6)避难线。

避难线是在长大下坡道上能使失控列车安全进入的线路(图 1-26)，是为防止长大下坡道上失去控制的列车发生冲突或颠覆而设置的。

2. 线路编号

视频

股道的编号

铁路线路的编号原则是，正线用罗马数字，其他线路用阿拉伯数字。

(1)单线铁路线路：

从靠近站房的线路起，向站房对侧依次顺序编号(包括正线在内)。位于站房左右或后方的线路，在站房前的线路编完后，再由正线起，向远离正线顺序编号，如图 1-27 所示。

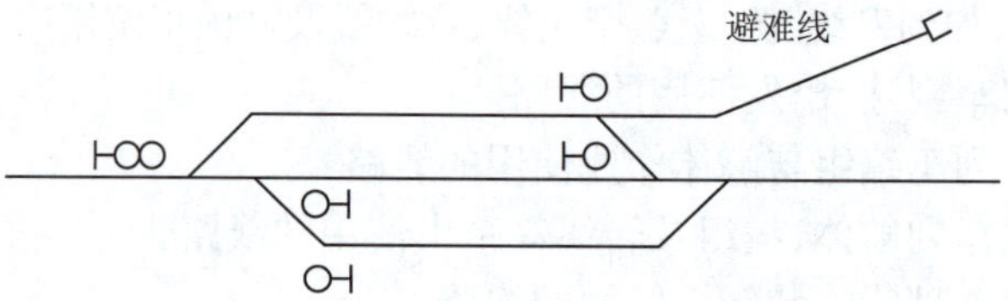

（a）避难线设在接车方向末端

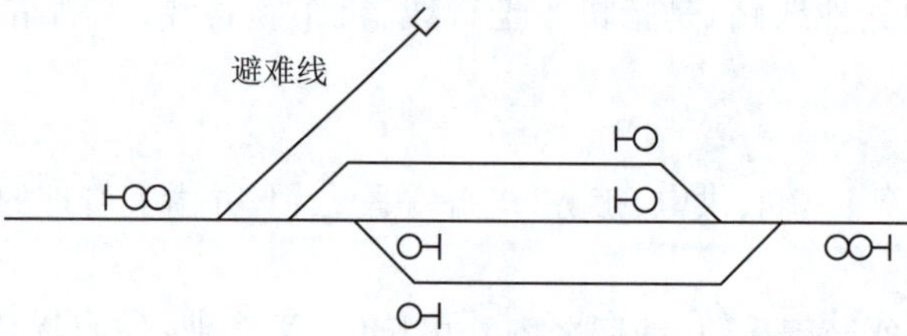

（b）避难线设在进站一端

图 1-26　避难线设置示意

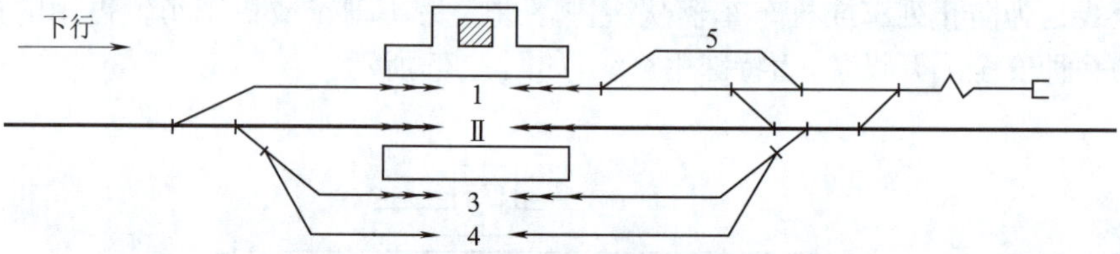

图 1-27　单线铁路线路编号

(2)双线铁路线路：

从正线起按列车运行方向向外顺序编号，上行为双号，下行为单号，如图 1-28 所示。

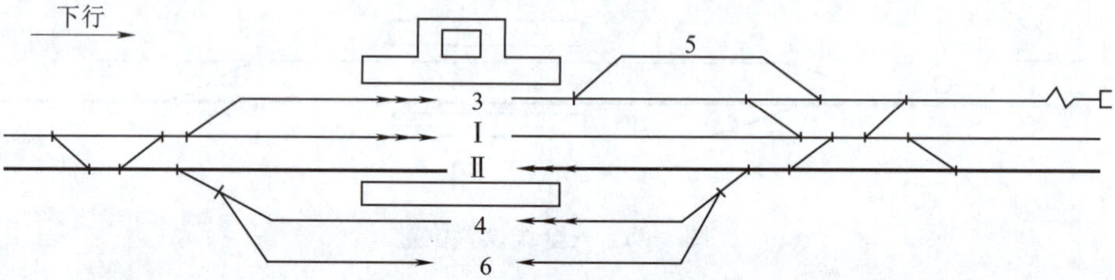

图 1-28　双线铁路线路编号

双线铁路横列式区段站的线路，不适宜按列车运行方向分别编号，可比照单线铁路线路编号方法编号。

(3)尽头式铁路线路：

站房位于线路一侧时，由靠近站房的线路起，向站房对侧由近向远顺序编号。站房位于线路终点处时，线路号码应向终点方向由左向右顺序编号，如图 1-29 所示。

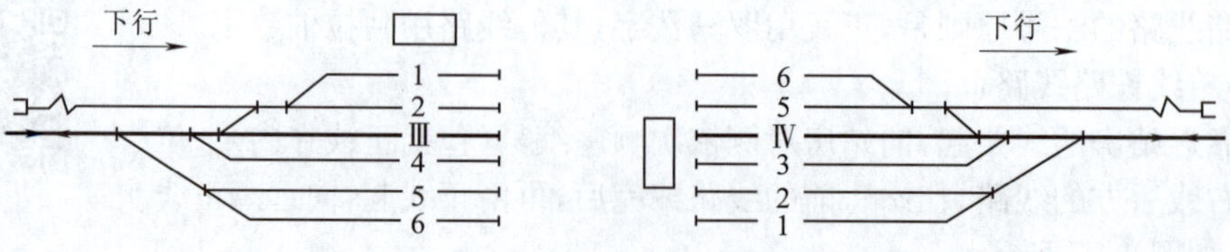

图 1-29　尽头式铁路线路编号

大型车站有数个车场时，分别从车场靠近站房（信号楼）的线路起，向站房（信号楼）对侧由近向远顺序编号。车场线路编号用阿拉伯数字，在线路编号前冠以罗马数字。如无站房（信号楼）的车场，则顺公里标增加方向从左向右编号。

3. 道岔编号

从车站两端开始，由外向内、由主（主要进路）到次（次要进路）依次用阿拉伯数字编号。上行列车进站一端用双号，下行列车进站一端用单号，站内道岔以站房中心划分上、下行区域，若站房远离车站中心时，以车站或车场中心线划分，如图 1-30、图 1-31 所示。

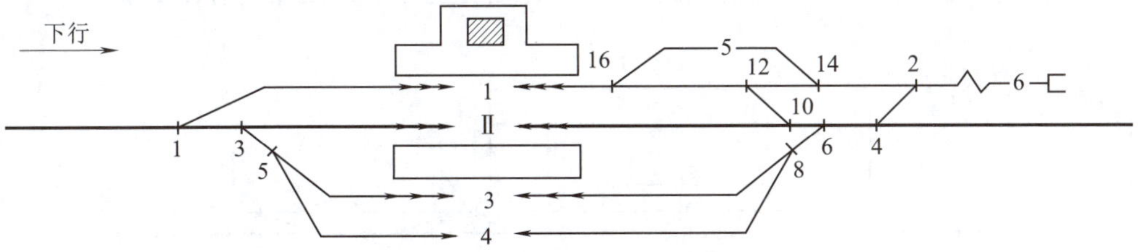

图 1-30　单线车站道岔编号

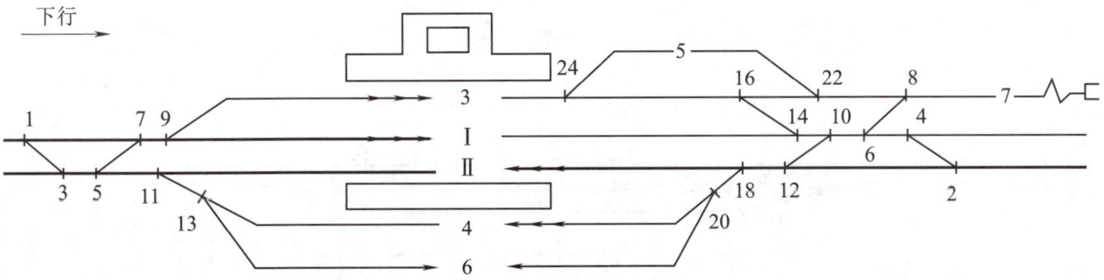

图 1-31　双线车站道岔编号

同一渡线或梯线上的道岔，应编为连续的双号或单号。

尽端式车站的道岔向线路终端方向顺序编号，如图 1-32 所示。

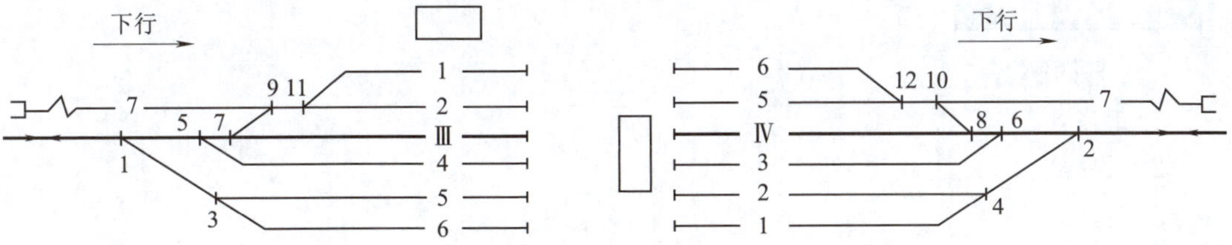

图 1-32　尽端式车站道岔编号

车站一端衔接两个及以上方向，有上行又有下行时，应按主要方向编号。

4. 线路的长度

铁路线路的长度分为全长和有效长两种。

全长是指铁路线路一端的道岔基本轨接头至另一端道岔基本轨接头的长度。例如尽头式铁路线路，指道岔基本轨接头至车挡的长度，如图 1-33 所示。

全长减去该线路上所有道岔的长度，叫作铺轨长度。

视频

线路全长、有效长

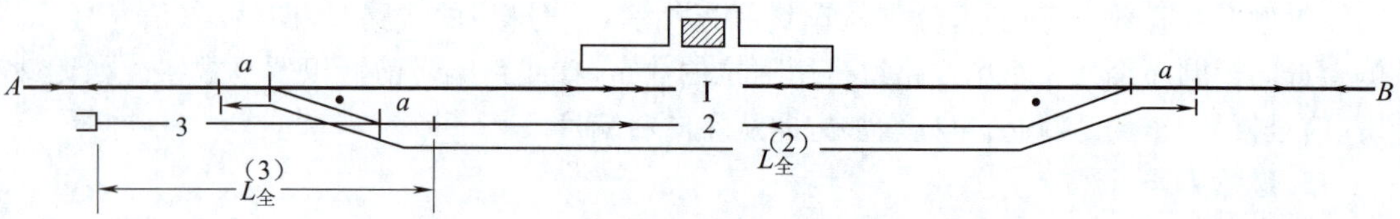

图 1-33　铁路线路的全长

有效长是指在线路全长范围内可以停留机车车辆而不妨碍信号显示、道岔转换及邻线行车的部分，如图 1-34 所示。确定线路有效长，主要是为了确定线路的容车数。

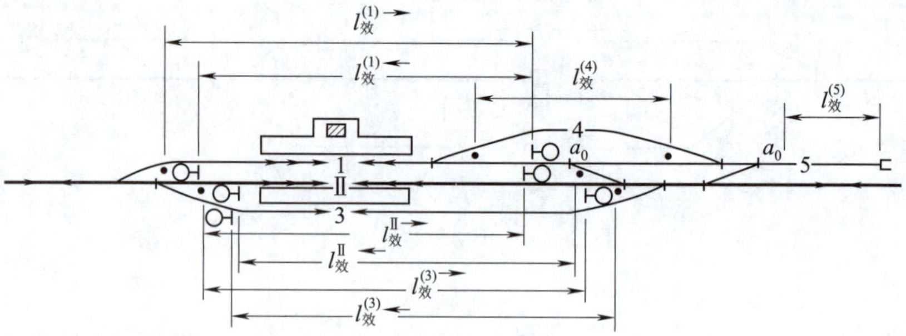

（a）无轨道电路

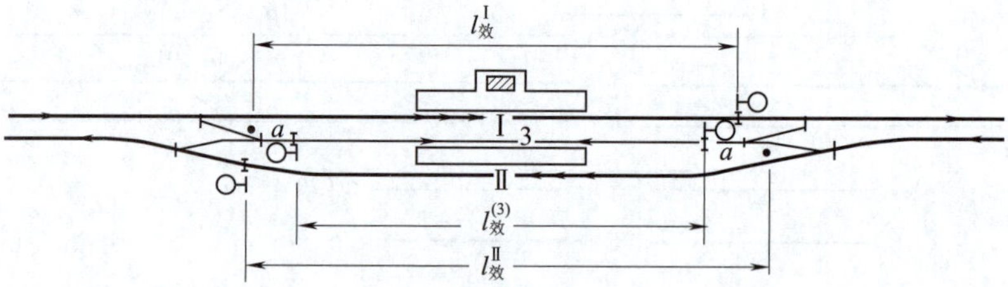

（b）有轨道电路

图 1-34　铁路线路的有效长

测一测

一、名词解释

1. 正线：
2. 到发线：
3. 调车线：
4. 牵出线：
5. 货物线：
6. 段管线：
7. 岔线：
8. 安全线：
9. 避难线：
10. 站界：
11. 警冲标：

12. 线间距：

二、简答题

1. 铁路线路按用途分为哪几类？

2. 简述铁路道岔编号的原则。

3. 简述铁路线路编号的原则。

三、综合题

绘制车站线路分类知识树。

知识拓展

车站中心里程

车站中心里程是指车站行车室在铁路线上垂直于铁路正线的中心线所处的坐标位置。

线路容车数

线路容车数是在线路有效长内所能容纳的机车辆数。

活动三　认知车站接发列车工作

问题导入

××日××时，××次在某线A站机故，因尾部压道岔未通过警冲标，而站内已接了下行两列车，造成站内无空闲线路。那么，车站接发列车作业有何规定？

利用网络搜集资料并思考问题，初步了解接发列车作业相关内容。

问题1：接发列车作业流程是什么？

问题2：接发列车作业基本项目主要包括哪些？

相关知识

列车除在区间运行外，还要在车站到、发和通过。保证安全、不间断地接发列车，严格按列车运行图行车，是车站行车组织工作的基本任务。正确组织车站接发列车工作，对保证铁路运输畅通无阻，安全正点和质量良好地完成运输任务，具有十分重要的意义。

车站接发列车工作由车站值班员统一指挥。在采用调度集中设备的区段，各站的接发列车工作由列车调度员直接指挥和办理，但转为车站控制时由车站值班员指挥。在实行行车指挥自动化的条件下，列车的运行和接发列车工作通过计算机和远程控制系统，在列车调度员的监视下，实现自动控制。

一、接发列车作业基本原则

接发列车应在正线或到发线上办理，应遵循下列原则：

(1)旅客列车或挂有超限货物车辆的列车，应接入规定线路。

旅客列车在安全和速度方面要求较高。同时，为便于旅客乘降、行包装卸及客车上水等工作，办理客运业务的旅客列车应接入靠近站台等《车站行车工作细则》(以下简称《站细》)规定的线路。

超限货物的宽度或高度超出机车车辆限界，与邻近的设备、建筑物或邻线的机车车辆有刮撞的可能，为保证列车安全运行和货物完整，不损坏设备和建筑物，所以规定必须将挂有超限货物车辆的列车接入符合《站细》规定的线路。

(2)动车组列车在车站办理客运业务时，须固定股道、固定站台、固定停车位置。

动车组列车运行速度及等级高，因此对在车站办理客运业务的动车组列车均须明确固定股道、固定站台、固定停车位置。遇设备故障、自然灾害、列车晚点等不可抗力原因必须调整动车组列车固定股道时，必须经调度所值班主任(值班副主任)准许，不发布调度命令。

(3)动车组列车、特快旅客列车因运行要求高，应在正线上办理通过，其他通过的列车原则上应在正线上办理通过。

因正线道岔一般处于直向位置，线路条件好，允许通过的速度较高，可以保证司机有良好的瞭望条件，直向通过道岔，能减少轮缘磨耗，保证列车的高速运行和安全。

(4)原规定为通过的旅客列车由正线变更为到发线接车时，列车要从经道岔直向改为经道岔侧向运行。经道岔直向运行时允许速度高，而经侧向运行时允许速度低，如司机没有思想准备，列车由正线经道岔直向通过改为到发线经道岔侧向接车，可能难以降低到要求的速度，容易超速运行，带来安全隐患。动车组列车、特快旅客列车较其他旅客列车运行速度和等级高，应按基本进路办理，当车站因特殊原因必须变更基本进路时，列车运行进路上的速度要求可能会发生变化，应告知司机提前作好准备。

因此，为保证旅客列车运行安全，原规定为通过的旅客列车由正线变更为到发线停车、通过及动车组列车、特快旅客列车遇特殊情况必须变更基本进路时，必须经列车调度员准许，并预告司机，以便司机做好降低速度的准备。如来不及预告司机时，不得开放进站信号，使列车在站外停车后再开放进站信号，把列车接入站内。

二、正线、到发线停留车辆的基本规定

正线是列车通过车站的主要经路，如不保持经常空闲，就可能导致列车经到发线通过车站，降低通过速度，影响运输效率，因此，规定正线上不应停留车辆，但尽端式车站不办理列车通过，其正线可按到发线掌握使用。

到发线的使用直接关系到干线的畅通和列车的运行安全，因此，到发线的运用，必须统一由车站值班员掌握和指挥。如占用到发线不经过车站值班员准许，就可能影响接发列车工作，也存在危及行车安全的隐患。中间站经常因调整列车运行而进行列车会让，所以停留车辆占用到发线时，除经车站值班员准许外，还要取得列车调度员的准许。

未装轨道电路的中间站，到发线停留车辆时，应将两端道岔扳向不能进入该线的位置并加锁。这是因为未装设轨道电路的到发线，如果停有车辆，当道岔开通该线时，还能开放进站信号，可能造成列车或其他机车、车辆进入该线，发生列车冲突事故。

三、列车在站内线路上停留位置的规定

列车进站后，应停于接车线警冲标内方，以防止侧面冲突及影响邻线接发列车和调车作业。在设有出站信号机的线路上，列车头部不得越过该信号机，因为出站信号机起着防护前方道岔和区间的作用。

列车进站后，车站应确认列车尾部是否进入警冲标内方或是否过轨道绝缘。如没有进入警冲标内方或压轨道绝缘时，应使用列车无线调度通信设备等通知司机或向司机显示向前移动信号，指挥列车移动到警冲标或轨道绝缘内方停车。

当超长列车尾部停在警冲标外方，相对方向需接入列车时，而在进站信号机外制动距离内为超过 6‰的下坡道，接车线末端又无隔开设备时，为了防止对向列车进站后由于司机操纵不当越过出站信号机或警冲标，与超长列车发生冲突，所以规定必须使对向列车在站外停车后，再接入站内，如图 1-35 所示。

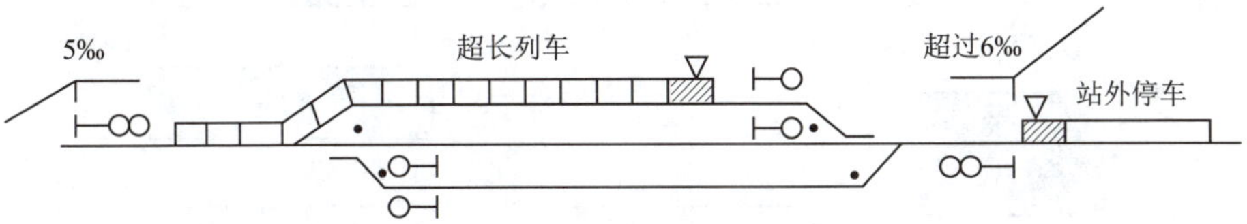

图 1-35　超长列车在规定条件下会车示意

当超长列车尾部停在警冲标外方，其邻线未设调车信号机，又无隔开设备(指安全线、避难线及平行进路和能起隔开作用的有联锁的防护道岔)，由相对方向进行调车时，必须派人以停车手信号进行防护，防止调车车列与超长列车尾部发生侧面冲突。

四、接发列车作业流程

下面以双线自动闭塞集中联锁(设信号员)情况接发列车作业程序进行说明。[注意：本书中信号员指助理值班员岗位中负责执行《铁路接发列车作业》(TB/T 30001—2020)信号员技术作业的人员]

1. 接车(含通过)作业程序(图 1-36)

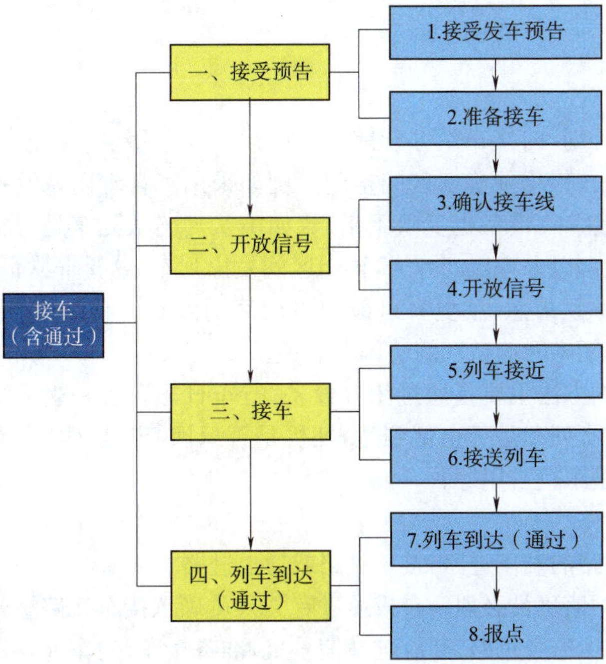

图 1-36　接车作业程序

2. 发车作业程序(图 1-37)

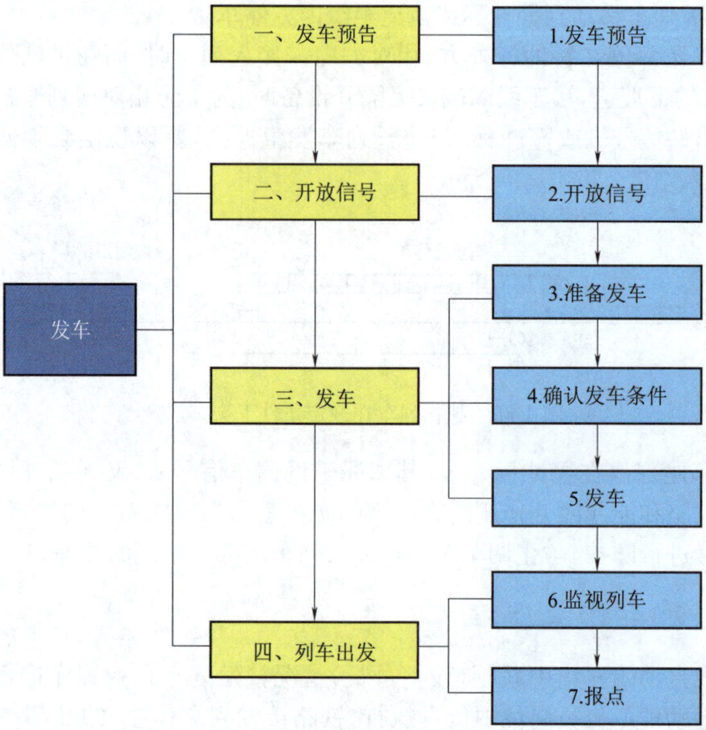

图 1-37 发车作业程序

五、接发列车作业基本项目

1. 办理闭塞(预告)

根据列车运行计划,向接车站办理闭塞(预告)。除采用自动闭塞法行车外,车站值班员在办理闭塞(预告)时,均须确认区间空闲。例如采用半自动闭塞设备,因区间无轨道电路,一旦列车在区间丢车,设备也反映不出来,如不认真确认列车是否整列到达,待列车压过接车轨道电路,就可以办理区间开通,再向区间发出列车,这是非常危险的。至于电话闭塞,因无设备控制,一旦疏忽,就更有可能向占用区间发车。车站值班员在接发列车工作中,首先要把好办理闭塞时确认区间空闲这一关。

确认区间空闲的方法主要是通过闭塞设备"行车日志"、各种表示牌,以及有关人员的情况报告等,确认前次列车是否全部到达,补机是否返回,出站(跟踪)调车是否完毕,以及有无区间封锁和轻型车辆占用等。

2. 布置进路

(1)布置列车进路的发车进路、接车进路或通过进路。

(2)接车前,车站值班员必须亲自或通过有关人员确认接车线路空闲、影响进路的调车作业已经停止后,方可准备进路、开放进站信号机,准备接车;发车前,必须亲自或通过有关人员确认影响进路的调车作业已经停止后,方可准备进路、开放出站信号机,交付行车凭证，在旅客上下、行包装卸和列检作业等完了后发车。

(3)确认接车线路空闲。

(4)确认影响进路的调车作业已停止。

(5)车站值班员下达接发列车进路命令时，必须简明清楚、正确及时，讲清车次和占用线路(一端有两个及其以上列车运行方向或双线反方向行车时，应讲清方向、线别)，并要受令人复诵，核对无误。助理值班员、扳道员做到相应规定要求。

3. 开闭信号

(1)信号机的开放时机：

根据列车等级、列车运行速度、区间运行时分、办理所需要的作业等，确定接发列车时开放信号的时机。具体开放时机应按《站细》规定执行。

(2)信号机的关闭时机：

集中联锁车站的进站、进路、出站信号机，通过信号机，当机车或车辆第一轮对越过该信号机后自动关闭。

引导信号应在列车头部越过信号机后及时关闭。

非集中联锁车站的进站信号机及线路所通过信号机，在列车进入接车线轨道区段后自动关闭，出站信号机应在列车进入出站方面轨道区段后自动关闭。

4. 行车凭证

行车凭证是列车占用区间或闭塞分区的许可。采用基本闭塞法行车时的行车凭证：自动闭塞为出站信号机或通过信号机显示的允许运行的信号；自动站间闭塞、半自动闭塞为出站信号机或线路所通过信号机显示的允许运行的信号。当使用电话闭塞或其他特殊情况行车时，使用的书面行车凭证如下。

(1)路票如图 1-38 所示。

路　票

电话记录第　　　号

车　次__________

延　安 ➡ 延安北

延安站(站名印)　　　　编号　1 2 3 4 5 6

注：1. 路票为预先印好区间(即站名)和编号的硬卡片；　　(规格 75 mm×88 mm)

2. 加盖(副)字戳记者，为路票副页。

图 1-38　路票

(2)绿色许可证如图 1-39 所示。

许　可　证

第______号

在出站(进路)信号机故障、未设出站信号机、列车头部越过出站(进路)信号机的情况下,准许第______次列车由______线上发车。

站(站名印)车站值班员(签名)

年　　月　　日填发

注:1. 绿色纸,复写一式两份,司机一份,存根一份;　　(规格 90 mm×130 mm)

2. 不用的字句抹消。

图 1-39　绿色许可证

(3)红色许可证如图 1-40 所示。

许　可　证　　第______号

现在一切电话中断,准许第______次列车自______站至______站,本列车前于______时______分发出的第______次列车,邻站到达通知已/未收到。

通　知　书

1. 第______次列车到达你站后,准接你站发出的列车。

2. 于______时______分发出第______次列车,并于______时______分再发出第______次列车。

站(站名印)车站值班员(签名)

年　　月　　日填发

注:1. 红色纸,复写一式两份,司机一份,存根一份;　　(规格 90 mm×130 mm)

2. 不用的字句抹消。

图 1-40　红色许可证

(4)调度命令如图 1-41 所示。

调　度　命　令

……年……月……日……时……分　第……号

受令处所		调度员姓名	
内　　容			

(规格 110 mm×160 mm)　　　受令车站……车站值班员……

图 1-41　调度命令

(5)出站/跟踪调车通知书如图 1-42 所示。

**出站
跟踪 调车通知书**

对方站承认的号码第……号，

准许 自
至 时　分 起
止 ……机车由车站向……区间 出站
跟踪 调车。

站(站名印)车站值班(扳道)员(签名)

年　　月　　日填发

注：不用的字句抹消。　　　(规格 90 mm×130 mm)

图 1-42　出站/跟踪调车通知书

(6)书面通知如图 1-43 所示。

书面通知

第__________次司机：

监督器上不能确认第一个闭塞分区空闲，以在瞭望距离内能随时停车的速度，最高不超过 20 km/h，运行至第一架通过信号机，按其显示的要求执行。

站(站名印)车站值班员(签名)

年　　月　　日填发

注：白色纸，复写一式两份，司机一份，存根一份。（规格 90 mm×130 mm）

图 1-43　书面通知

(7)半自动闭塞发车进路通知书如图 1-44 所示。

半自动闭塞发车进路通知书

第__________号

1. 在列车头部越过发车进路信号机的情况下，准许第__________次列车由__________线发车。

2. 在__________发车进路信号机故障的情况下，准许第__________次列车越过该发车进路信号机。

站(站名印)车站值班员(签名)

年　　月　　日填发

注：1. 白色纸，复写一式两份，司机一份，存根一份；（规格 90 mm×130 mm）
2. 不用的字句抹消。

图 1-44　半自动闭塞发车进路通知书

5. 接送列车

接发列车时，接送车人员应携带列车无线调度通信设备、持手信号旗(灯)，站在规定地点接送列车，注意列车运行和货物装载状态，发现问题时及时处置和报告。列车接近车站、进站和出站时，接送车人员应及时向车站值班员报告列车进出站的情况(能从设备上确认的除外)。

对动车组列车，可不接送列车，自轮运转特种设备及不挂车的单机可取消室外接送列车作业。

6. 发车

（1）动车组列车：

由列车长确认旅客上下完毕后，通知司机关闭车门；按钮不在司机操作台上的，由列车长通知随车机械师关闭车门。如自动开关门装置故障或特殊情况需单独开关车门时，由司机通知列车工作人员手动开关车门。

动车组列车在车站出发，动车组司机在确认行车凭证和开车时间，车门关闭后，即可起动列车。

（2）动车组以外的列车：

①发车进路准备妥当，行车凭证已交付，出站（进路）信号机已开放，发车条件完备后，车站值班员（助理值班员）方可显示发车信号。

②司机必须确认行车凭证及发车信号显示正确后，方可起动列车。

③语音记录装置良好的车站，准许使用无线调度通信设备发车。

测一测

一、简答题

1.《技规（普速铁路部分）》对接发列车工作有哪些基本要求？

2. 简述双线自动闭塞集中联锁（设信号员）情况接车作业程序。

3. 简述双线自动闭塞集中联锁（不设信号员）情况发车作业程序。

4. 列车在运行中使用到的行车凭证有哪些？

二、综合题

绘制车站接发列车作业知识树。

知识拓展

发车权取得的条件

闭塞过程包括占用区间的权力即发车权的取得、列车出发占用区间、列车由区间出清、区间重新空闲全过程。无论采用哪种闭塞方式，其最终目的都是解决发车权问题。发车权的取得必须满足以下条件：

（1）在单线区间，为了保证同一时间内、同一个区间只有一列列车占用，发车站必须在确认区间空闲的条件下，取得相邻车站同意接车的通知，并办理规定的闭塞手续，取得发车权后，方可向区间发出列车。

（2）双线区间的行车，采用上、下行列车分别固定在上下行运行线路上运行的办法，即双线正方向运行时，由闭塞设备控制，发车权归发车站所有。发车站只要在确认区间空闲即可发车。自动闭塞区段，通过车站控制台监督器确认第一、第二闭塞分区空闲后不必征得接车站的同意，即可发出双线正方向运行的列车。

（3）无双线反方向运行闭塞设备的车站，开行反方向运行列车时，必须确认区间空闲，同时还必须取得列车调度员的同意改变基本闭塞法的调度命令，征得邻站同意接车，办理电话闭塞手续取得发车权后方可发出反方向运行的列车。

活动四　认知调车工作

问题导入

××日，××调车场调五机车计划自××专用线返回后三场12道交车，交车完毕后调三作业，此时调三在三场13道待避。扳道员根据计划将310号道岔开通12道后该计划变更，调五交车取消。那么，如何理解调车计划的变更？

利用网络搜集资料并思考问题，初步了解调车工作相关内容。

问题1：调车作业的内容有哪些？

问题2：调车作业的速度有哪些规定？

问题3：调车作业时人身安全要求有哪些具体规定？

相关知识

调车工作是铁路运输生产的主要组成部分，是车站行车组织工作的重要内容，对车站及时编解列车取送车辆，压缩车辆在站停留时间，加速车辆周转，保证车站畅通，实现按列车运行图行车等都有着重要意义。

一、调车作业的基本概念和组织体系

1. 基本概念

除列车在车站到达、出发、通过及在区间运行外，凡机车车辆进行一切有目的的移动，统称为调车。如编组、解体、摘挂、取送、转场、转线、出入段、自轮运转特种设备在车站的作业等。

调车钩：机车完成连挂、摘解或遛放车辆等调车工作的数量的基本单位。

挂车钩：机车(或挂有车辆)驶往线路内连挂车辆后牵出至开始进行下一项作业地点的调车钩为挂车钩；当到达场与调车场纵列配置时，调车机车由峰顶驶往到达场挂车并推至峰顶的调车钩也为挂车钩。

推送钩：机车将车组推送至线路的预定地点摘车后，返回至开始进行下一项作业地点的调车钩称为推送钩。

溜放钩：机车用溜放方法完成摘车作业的调车钩称为溜放钩。

钩分：完成单位调车钩的时间(min)。

调车程：不变更运行方向的一次调车移动(重程为挂有车辆的调车程，空程为单机完成的调车程)。

2. 组织体系

调车作业组织体系如图1-45所示。

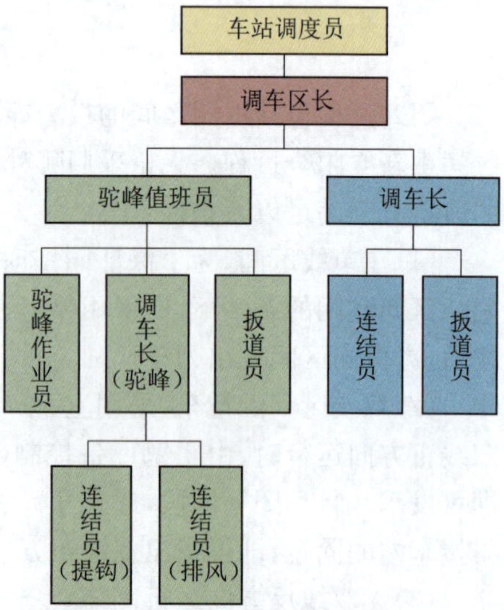

图1-45　调车作业组织体系

二、调车作业的分类

1. 按调车设备不同分

(1)平面牵出线调车作业。按操作技术可分为推送调车法和溜放调车法。

（2）驼峰调车作业。根据驼峰设备条件和配属的调车机车台数不同，驼峰作业组织不同，主要有单推单溜、双推单溜和双推双溜三种。

2. 按作业目的不同分

（1）解体调车，即将到达的车列，按车组（辆）的去向或车种，分解调移到指定的线路内。

（2）编组调车，即根据列车编组计划、列车运行图、有关规章制度和特殊要求，将车辆选编成车列或车组。

（3）取送列车，即为装卸货物、检修、洗刷消毒车辆等目的，向指定地点送车或取回车辆。

（4）摘挂调车，即为列车进行补轴、减轴、换挂车组及车辆甩挂等作业。

（5）其他调车，包括车列转线、整理车场、对货位、机车转线、机车出入段等。

三、调车工作的基本要求

及时编组、解体列车，保证按列车运行图规定的时刻发车，不影响接车。首先明确了接发车与调车的关系，即编组要保证发车、解体要不影响接车。及时编组列车，就是按规定的时间标准完成编组任务，从而保证列车按运行图规定的时刻正点发车。车站的编组列车顺序及每列车编完时间，应按列车运行图规定的各次列车发车时刻去安排。在不妨碍正常接车和解体的条件下，正确安排编组列车计划，完成列车编组任务，合理运用到发线。及时解体列车，就是到达列车完成技术作业后，及时进行解体作业。这样既可减少占用到发线时间，又可保证正常接发其他列车，并为中转车流接续和作业车的送车创造条件。调车作业除从编组解体方面保证列车接发以外，从行车组织的角度，还应严格执行在正线、到发线上作业的有关规定，保证调车作业不影响接发列车。

及时取送客货作业和检修的车辆。一是要快速取送旅客列车车底，保证车辆技术检查和客运整备作业所需时间，保证旅客列车安全正点始发；二是及时取送货物装卸和检修的车辆，确保货物装卸及车辆检修作业，缩短车辆停留时间，加速车辆周转。旅客列车始发量较大的车站，应从保证旅客列车正点始发的原则出发，加强与车辆及客运部门的联系，做到车底编组与车底取送兼顾；货物作业量较大、取送地点较多的车站，应从压缩车辆停留时间和加速货物送达的原则出发，合理安排取送车计划，兼顾取送作业与列车编解作业。检修车辆按需要应实行定点、定量、定时取送，以利于检修作业的正常进行。车站与专用线、段管线所属部门应签订取送车协议，明确各自的管理职责，加强专用线、段管线的管理，在《站细》中应明确规定专用线、段管线取送车办法。

调车工作应充分运用调车机车及一切技术设备，采用先进的作业方法，用最少的时间完成调车任务。一方面要经济合理地运用调车机车及一切技术设备，采用先进工作方法，周密计划，合理安排，做到快编、快解、快取、快送，尽可能组织平行作业，充分挖掘设备潜力，压缩各种非生产时间，提高调车效率，最大限度地发挥调车机车和技术设备的效能；另一方面要发挥调车人员的积极性，各工种间密切配合、协同动作，不断提高劳动生产率。这是对调车工作的一项基本要求，也是衡量车站行车组织工作水平的一个重要标志。

认真执行作业标准，保证调车有关人员的人身安全及行车安全。调车工作是在动态中进行的，作业组织复杂，多工种联合动作，时常面对恶劣的天气、多变的环境，影响因素诸多，多年来调车事故在行车事故中所占比重最大，所以在调车工作中，必须认真执行规章制度，落实作业标准，遵章守纪，防止一切可能发生的事故，保证调车有关人员的人身安全及行车安全。

四、调车区的划分和调车机车分工

1. 调车区划分

调车机车是调车作业的主要动力设备。出于解编列车和取送车辆等需要，在调车工作繁忙站线较多的车站，一般都配有两台以上的调车机车。为了合理有效地使用调车机车，充分发挥每台调车机车的能力，应根据运输生产的需要，将调车场划分为数个调车区。每个调车区应有固定的调车机车和调车组。规定每个调车区及调车机车担负的作业种类和工作任务，以及相互之间联系配合的制度和办法，以建立正常的作业秩序，保证作业安全，提高作业效率。

调车场划分调车区的办法有以下几种。

(1)横向划分调车区。

从调车场的中间或指定地点，用垂直线将调车场划分为左右两个调车区。两调车区之间设立不少于 20 m 的安全区，作为彼此隔开的安全措施。作业时，两端调车机车推送或连挂车辆，不得侵入安全区。越区作业时，须取得对方同意。

横向划分调车区适用于调车线较长、数量较少的车站。

(2)纵向划分调车区。

按车流大小和列车编组计划规定组号的多少，以调车线的线束或股道数的多少划分为两个调车区。如某站调车场共有 24 股道，可将 1～12 道划分为第一调车区，13～24 道划分为第二调车区。纵向划区时，在本区管辖的线路上可以进行溜放推送和连挂；越区作业时，应取得对方同意。

纵向划分调车区的优点是便于掌握调车线的使用，避免同一线路两端同时作业而产生的不安全因素；其缺点是对于线路少、车流方向多的车站，将会产生线路不足的现象，增加重复改编作业。纵向划分调车区适用于调车线较多的车站。

2. 调车机车分工

(1)调车场两端调车机车的分工。

①一端解体，一端编组；或以一端解体为主，一端编组为主。适用于调车场端设有驼峰，另端设有牵出线的车站。由驼峰负责解体，牵出线负责编组，可以充分发挥驼峰和牵出线设备的效能。

②一端负责解编某一方向的列车，另一端负责解编另一方向的列车。适用于横列式车站，调车场两端设有简易驼峰或牵出线，而且两个方向的改编作业量又大致相等的车站。其优点是可以充分利用调车设备，均衡两端调车机车负担，减少重复作业，便于采用解编结合的调车方法。

③以一端调车机车为主，另一端为辅。适用于解编作业量不大的车站。解编作业基本上由主调车机车担当，另一端机车负责车辆取送、车组甩挂作业，必要时协助主调车机车进行解编作业。

(二)按设置部位分

1. 固定信号

固定信号是设于车站和区间固定地点的信号机或信号表示器,用来防护站内进路或区间闭塞分区及道口。

2. 机车信号

机车信号设于机车驾驶室内,用来复示地面信号显示,以及逐步成为主体信号使用。

3. 移动信号

移动信号是可根据需要随时选定线路的某个地点设置或撤除的信号。一般作为施工防护或发生设备及线路故障有碍行车安全时的防护信号。

4. 手信号

手信号是由人直接挥动信号旗和信号灯来下达各种命令,通过手信号的不同显示来达到指挥列车、调车列运行等目的。

(三)按停车信号的显示意义分

1. 绝对信号

绝对信号是指当显示禁止信号时,在没有引导信号的情况下,绝对禁止列车越过它,所有站内信号机的禁止信号显示均为绝对信号。

2. 非绝对信号

非绝对信号是指列车在列车信号机显示红灯、显示不明或灯光熄灭时允许列车限速通过,并准备随时停车的信号。

四、信号装置的种类

(一)信号机

信号机是表达固定信号显示所用的机具,用来防护站内进路,防护区间,防护危险地点,具有严格的防护意义。

1. 按构造分

(1)色灯信号机。

色灯信号机是以灯光的颜色、数目和亮灯状态来表示信号。色灯信号机可分为探照式、透镜式、组合式和 LED 信号机。

探照式信号机又称为单灯式信号机,依靠单灯继电器转动有色玻璃来变换信号显示,一组透镜和一个光源可以显示最多三种颜色的灯光。由于其结构复杂,而且易发生卡阻引起信号升级显示,因此这种信号机已经停止生产,仅有少量保留使用。

透镜式信号机又称为多灯式信号机,每一种颜色的灯光都需设一组透镜和一个光源。其主要优点是结构简单,便于维修,因而广泛应用,但其光源利用率低,而且在曲线上不能保证连续显示。

组合式信号机增加偏光镜,保证信号在曲线上连续显示,同时,信号机构采用组合形式,是信号机一种比较理想的更新换代产品。

LED 信号机利用 LED 发光二极管取代白炽灯泡和透镜组,采用铝合金机构组合而成,经过不断完善,已形成了系列产品。其显示距离远,寿命长,安全可靠,是节能、免维护的新型信号机。

(2)臂板信号机。

臂板信号机按用途分为进站臂板信号机、出站臂板信号机、通过臂板信号机、预告臂板信号机、电动臂板复示信号机等,其通过白天用臂板的不同位置,夜间用不同颜色的灯光显示信号。

例如进站臂板信号机,其昼间红色主臂板及黄色通过臂板下斜45°角,红色辅助臂板与机柱重叠;夜间两个绿色灯光,表示出站信号机在开放状态,进路上的道岔均开通直向位置,如图1-100所示。

图1-100 进站臂板信号机

2. 按地位分

(1)主体信号机。

主体信号机是独立地显示信号,指示列车或调车列运行条件的信号机,如进站、出站、进路、通过、驼峰、调车等信号机。

(2)从属信号机。

从属信号机是本身不能独立存在,只能附属于某种信号机的信号机,如预告信号机从属于进站信号机、所间区间的通过信号机、遮断信号机;复示信号机从属于进站、进路、驼峰、调车等信号机。

3. 按安装方式分

(1)高柱信号机。

高柱信号机的信号机构安装在信号机柱上,具有显示距离远等优点。为保证安全和提高效率,进站、正线出站、接车进路、通过、接近、预告等信号机必须采用高柱信号机。设置在岔线入口处、牵出线上的调车信号机等也应采用高柱信号机。除此之外,进站复示信号机及所有臂板信号机均应采用高柱信号机。

(2)矮型信号机。

矮型信号机设置在位于建筑接近限界下部外侧的信号基础上,应用于显示距离要求不远的信号机上。一般情况下到发线出站、发车进路及调车信号机等采用矮型信号机。

因受限界限制，不能安装信号机柱时，可采用信号托架或信号桥，如图 1-101 所示。装设在信号托架或信号桥上的信号机，可设置于线路左侧，也可设于所属线路的中心线上方。

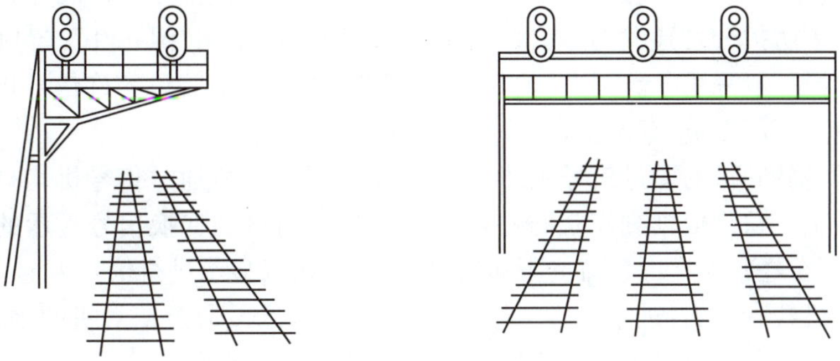

(a) 信号托架　　(b) 信号桥

图 1-101　信号托架和信号桥

信号机还可按防护用途的不同分为进站、出站、通过、进路、预告、接近、遮断、驼峰、驼峰辅助、复示、调车信号机。

(二)信号表示器

信号表示器是对行车人员传达行车或调车意图的，或对信号进行某些补充说明所用的器具，没有防护意义。信号表示器按用途又分为发车表示器、调车表示器、进路表示器、发车线路表示器、道岔表示器、脱轨表示器等。

五、信号机的定位

信号机的定位是指无列车运行的条件下，信号机经常保持的位置或状态。使用完毕后须立即恢复到规定的位置，即定位。

进站信号机、接车进路信号机、接发车进路信号机、调车信号机、驼峰信号机及驼峰辅助信号机、线路所的通过信号机的显示是指示列车由区间进入分界点(车场)或防护处所起防护作用的信号机。

出站信号机、发车进路信号机是起防护作用的信号机，其显示是指示列车能否向区间(或车场)发车。

调车信号机是起防护作用的信号机，其显示是指示调车车列能否向信号机防护的进路调车。

上述各种信号机，对行车安全有着重要作用，所以规定均以显示停车信号为定位。

通过信号机主要有两类：自动闭塞区段一般的区间通过信号机、线路所(辅助所)的通过信号机。

自动闭塞区段一般的通过信号机设于闭塞分区的分界处，不防护区间道岔，一般采用“绿—红—黄”三灯位机构型式，可能装设容许信号机构。一般未加特殊说明者，“通过信号机”所指即为该类。

线路所(辅助所)的通过信号机设于所间区间的分界处，用于防护线路所(辅助所)。该线路所(辅助所)既可能位于非自动闭塞区段的站间区间，也可能位于自动闭塞区段的站间区间;既可能设有分歧道岔,也可能没有分歧道岔。

区间设有分歧道岔时,可实现列车转线运行;非自动闭塞区段两相邻车站之间距离较长时,增设通过信号机可提高运输效率。防护分歧道岔时采用进站信号机的机构型式(封闭引导信号);不防护分歧道岔时,在非自动闭塞区段一般采用“绿—红”二灯位机构型式,在自动闭塞区段一般采用“绿—红—黄”三灯位机构型式,均不装设容许信号机构。该类通过信号机应由列车调度员(车站值班员)办理方可开放允许信号。

除线路所(辅助所)的通过信号机外,自动闭塞区段的一般通过信号机均是其后方信号机的预告信号机。它是根据列车运行在不同闭塞分区而自动变换信号显示的。为提高通过能力,保证列车经常能在绿色灯光下运行,故该信号机以显示进行信号为定位。

预告信号机共有三类:进站预告信号机、非自动闭塞区段通过信号机的预告信号机、遮断预告信号机。前两者以显示注意信号为定位,后者常态不点灯。

接近信号机、进站预告信号机及通过臂板,均附属于主体信号机,仅能表示主体信号的显示状态。因主体信号机以显示停车信号为定位,故它们均以显示注意信号为定位。

线路所(辅助所)通过信号机的预告信号机亦以显示注意信号为定位。

为提高区段通过能力,减少车站值班员办理进路的次数,在自动闭塞区段内的车站(线路所),当进站信号机、正线出站信号机及其直向进路内的进路信号机转为自动动作时,该信号机即以显示进行信号为定位。此处“直向进路”是指从进站信号机到正线出站信号机的进路内无道岔或道岔均开通直向位置。

停车信号也称禁止信号,是指禁止列车或调车车列越过信号机的信号。

注意信号是指准许列车以准备在前方预定地点停车的速度运行的信号。

进行信号也称允许信号,是指准许列车或调车车列运行的各种信号显示的总称。

六、信号机的关闭时机

信号机的关闭时机,对行车安全、运输效率有直接关系。

在自动闭塞区段或集中联锁车站,均设有轨道占用检查装置(如轨道电路),当机车车辆第一轮对越过进站信号机、进路信号机、出站信号机、通过信号机[包括线路所(辅助所)的通过信号机和自动闭塞区段一般的通过信号机]等列车信号机,进入其内方轨道区段时,信号机即自动关闭,以确保行车安全。

调车作业比较复杂,经常有推送作业,调车机车司机瞭望运行前方的调车信号机显示应处于开放状态,因此调车信号机应在调车车列全部越过调车信号机后自动关闭;取送车辆作业时,在股道、货物线上(可能未设轨道占用检查装置)会留有车辆,而设备本身无法判断“调车车列全部越过调车信号机”这一过程,因此当调车信号机外方不设轨道占用检查装置或虽设轨道占用检查装置而占用时,在调车车列全部出清调车信号机内方第一轨道区段后自动关闭。根据需要也可在调车车列第一轮对进入调车信号机内方第一轨道区段后自动关闭,例如在专用的机走线和机务段出口处及机待线上的调车信号机。

起阻挡列车运行作用的调车信号机,可能增加红色灯光(即具有红、蓝、白三个灯位)。对于此种调车信号机,当列车越过时,其蓝色灯光将自动变为红色灯光,该变化时机执行的是机车或车辆第一轮对越过。

引导信号也是指挥行车的列车信号,其关闭的时机,应在列车头部越过信号机后及时关闭。

在非集中联锁车站，道岔区一般不设轨道占用检查装置，道岔的锁闭关系是通过信号开放或关闭实现的。若关闭信号机过早，就会造成列车进路中的道岔解锁，敌对信号机可能开放，不能保证行车安全；若关闭信号机过迟，将影响续行列车的接发或调车作业，降低运输效率。所以应按规定及时关闭。在半自动闭塞区段的车站，出站信号机的开放是人工操纵的，出站信号机的关闭是自动的，因此称为半自动闭塞。当列车进入出站方面轨道区段时，出站信号机即自动关闭，实行区间闭塞，表示列车已占用区段，从而可以保证行车安全。

在非集中联锁车站，为避免半自动闭塞出站信号机的操纵手柄恢复过早，造成闭塞上的错误或进路上的道岔提前解锁，因此规定半自动闭塞出站信号机的手柄，必须在列车全部越过最外方道岔，并确认列车全部进入出站方面轨道区段后，才能恢复。

七、信号机非正常显示时的规定

进站、出站、进路和通过信号机，对车站（场）、区间或铁路线路平面交叉处所起防护作用。当防护区间、车站的信号机没有清晰准确的指示盲目进入时，将造成严重后果。所以规定当以上信号机的灯光熄灭、显示不明或显示不正确时，均应视为停车信号，列车不准越过该信号机，以保证行车安全。

进站预告信号机或接近信号机用于预告进站信号机的显示状态，当该信号机没有清晰准确的预告进站信号机是在开放状态时，应准备在进站信号机前停车，否则将可能造成严重后果。所以进站预告信号机或接近信号机的灯光熄灭、显示不明或显示不正确时，均视为进站信号机为关闭状态。非自动闭塞区段通过信号机的预告信号机的灯光熄灭、显示不明或显示不正确时，视为通过信号机为关闭状态。

八、信号机的无效标记

新设尚未开始使用及应撤除尚未撤掉的信号机，均应装设信号机无效标，并应熄灭灯光；如为臂板信号机，并须将臂板置于水平位置。

信号机无效标为白色的十字交叉板。高柱色灯信号机的无效标装在机柱上，矮型色灯信号机的无效标装在信号机构上，臂板信号机的无效标装在臂板上，如图 1-102 所示。

图 1-102　信号机无效标

在新建铁路线上，新设尚未开始使用的信号机（进站信号机暂用作防护车站时除外），可撤下臂板或将色灯机构向线路外侧扭转 90°，并熄灭灯光，作为无效。

测一测

一、简答题

1. 信号机按用途可分为哪几类?
2. 信号机和表示器有什么不同?
3. 如何理解信号机的定位?
4. 铁路信号显示制度有哪些,如何理解速差式显示制度含义?
5. 各种信号机及表示器在正常情况下的显示距离有何规定?

二、综合题

绘制铁路信号机分类知识树。

知识拓展

信号机的发展

按信号机构造,地面信号机分为臂板信号机和色灯信号机。臂板信号机又分为机械臂板信号机和电动臂板信号机。机械臂板信号机用于臂板电锁器联锁,电动臂板信号机用于电动臂板电锁器联锁。色灯信号机用于色灯电锁器联锁、继电集中联锁和计算机联锁,以及自动闭塞和驼峰。信号机随着铁路信号的发展而发展。信号机的发展过程如图 1-103 所示。

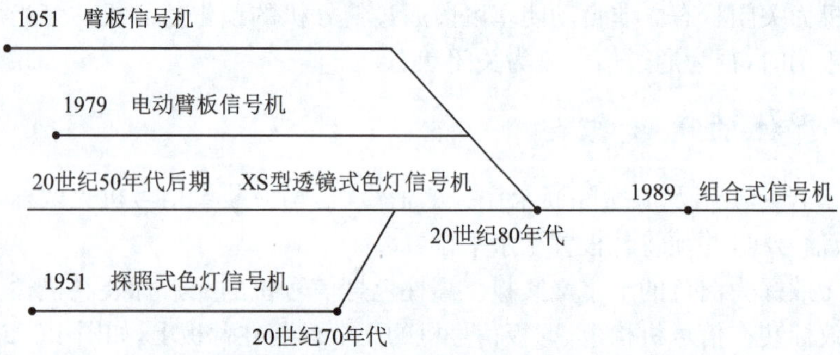

图 1-103　信号机的发展过程

目前我国铁路信号普遍采用色灯信号机,主要是组合式色灯信号机,其他类型的信号机已被淘汰。

活动二　认知铁路信号机的设置

问题导入

机车乘务员必须熟悉相关的铁路规章制度和操作规程,掌握列车的性能和操作技能,在驾驶列车时,时刻观察信号机状态,遵循速度限制和行车规则。那么,既然涉及速度就要考虑距离因素,行车中信号机设置的位置有哪些规定呢?

利用网络搜集资料并思考问题，初步了解信号机设置相关内容。

问题1：信号机按防护用途的不同分为哪几种？

问题2：各信号机都有什么作用？

相关知识

一、信号机设置原则

1. 地面信号机设置于线路的左侧

在设置信号机时，设在线路的哪一侧，主要取决于是左侧行车制还是右侧行车制。这两种行车制在世界铁路上都有采用，如坦赞铁路便是采用的右侧行车制。我国铁路采用的是左侧行车制，机车司机的位置统一设在左侧，为了便于司机瞭望信号，规定所有信号机均应设在列车运行方向的左侧。

2. 任何信号机不得侵入铁路建筑接近限界

在线路旁设置的信号机不得侵入建筑接近限界。在准许接发或通过超限货物列车的线路旁设置的信号机，也不得侵入超限限界。需要注意，设于曲线地段的信号机还应把加宽数值一并计算进去。

3. 合理选择信号机柱

为了提高通过能力及运输效率，进站、正线出站、通过、预告、接车进路信号机采用高柱信号机，进站、预告、通过信号机采用矮型信号机时必须经有关部门批准才能采用；站内调车、侧线出站采用矮型信号机。

4. 信号的设置地点应避免影响行车安全和运输效率

在特殊情况下，如线路左侧没有装设信号机的条件或因曲线、隧道、桥梁等影响，而将信号机设置在右侧比设置在左侧的显示状况较好，对行车更为有利时，经铁路局集团公司批准，信号机也可以设于右侧。在右侧设置信号机时，还应考虑是否有被邻线列车误认或被邻线列车挡住视线看不到信号的可能性，应当避开这种可能的地点。

信号机设置的地点，对信号显示距离的远近，对司机确认信号和行车安全等都有极大的关系，所以设置信号的地点要由电务部门会同运输、机务、工务等有关部门共同研究确定，经铁路局集团公司批准。

二、信号机的设置

视频

信号机的设置

（一）进站信号机

1. 作用

（1）防护车站，指示列车可否由区间进入车站；当站内接车进路未准备好或有其他危险时，不允许列车开进车站。

（2）指示列车运行条件。列车接近车站时，根据信号的显示状态，司机能清楚地知道是站外停车、引导接车，是通过车站，是进正线准备停车，还是进侧线准备停车。

（3）锁闭与接车进路有关的道岔及敌对信号，当进路有关道岔开通位置不对或敌对进路建立时，信号机不能开放；信号开放后进路道岔锁闭，敌对信号不能开放。

(4)进站信号机也是车站的站界标志。

2. 设置位置

进站信号机的具体位置应设于距列车进站时遇到的第一个道岔尖轨尖端(顺向为警冲标)不少于 50 m 的地点(图 1-104),因调车作业和制动距离的需要延长时,一般不超过 400 m。

视频

进站信号机的设置及显示意义

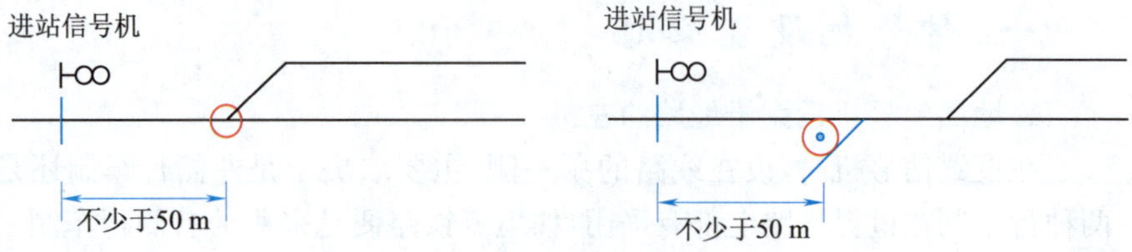

图 1-104　进站信号机设置示意

进站信号机距第一个道岔的距离为什么规定至少 50 m 呢?因为 50 m 的长度能满足一台机车挂一二辆货车由一股道转向另一股道时,不致越过进站信号机。经常利用正线进行调车作业的车站,可将进站信号机距第一位进站道岔的距离适当延长,以便调车时车列不致越过进站信号机,从而减少办理越出站界调车的手续。但此项距离延长后,不但会影响咽喉区的通过能力,而且会造成对臂板信号机操纵和瞭望的困难,以及去站外引导接车时路程较远,给管理和技术上增加了复杂性,所以延长的距离不宜太长,要求原则上不超过 400 m。

进站信号机与其后方第一架同向信号机(进路或出站信号机)间必须大于规定的制动距离,特殊情况少于规定的制动距离时,进站信号机与进站道岔的距离应适当加长,原则上不得超过 400 m,如图 1-105 所示。

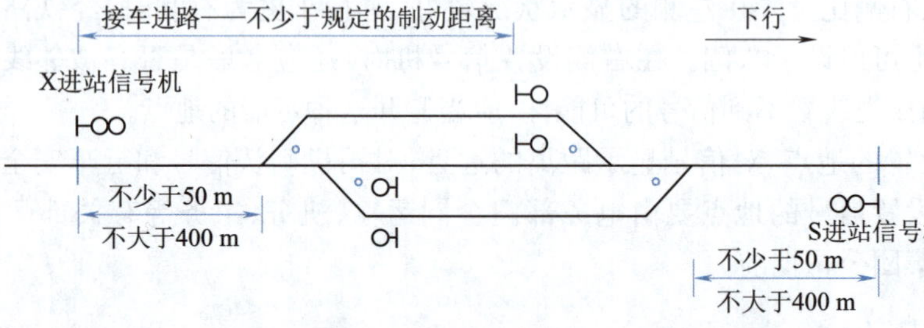

图 1-105　进站信号机外移的设置

(二)出站信号机

出站信号机是准许或禁止列车由车站开往区间或闭塞分区的信号机。在装有调车信号机的车站,发车进路的始端往往也是调车进路的始端,所以出站信号机往往也兼做调车信号机,叫作出站兼调车信号机。

1. 作用

(1)防护区间或闭塞分区,并指示列车运行条件。即在半自动闭塞区段指示列车是开往主要线路还是开往次要线路;在自动闭塞区段,还表示列车运行前方闭塞分区空闲状态。

(2)作为列车占用区间或闭塞分区的行车凭证,指示列车能否由站内进入区间。

(3)与防护的发车进路及敌对进路相联锁,信号开放后保证进路安全可靠。

(4)指示到达列车在站内所属线路上的停车位置。

2. 设置位置

(1)在无轨道电路的车站,出站信号机应设在车站正线和到发线上每发车线上的警冲标内方,对向道岔为尖轨尖端外方适当地点;顺向道岔应尽量缩短与警冲标的距离,如图 1-106所示。

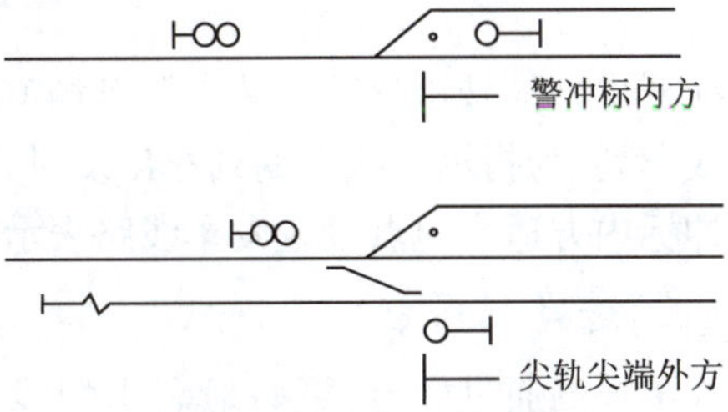

图 1-106　无轨道电路的车站出站信号机的设置

(2)在站内设有轨道电路时,出站信号机原则上应与钢轨绝缘节设在同一坐标处,不能设在同一坐标处时,钢轨绝缘节可设在出站信号机前方 1 m 或后方 6.5 m 的范围内,如图 1-107 所示。

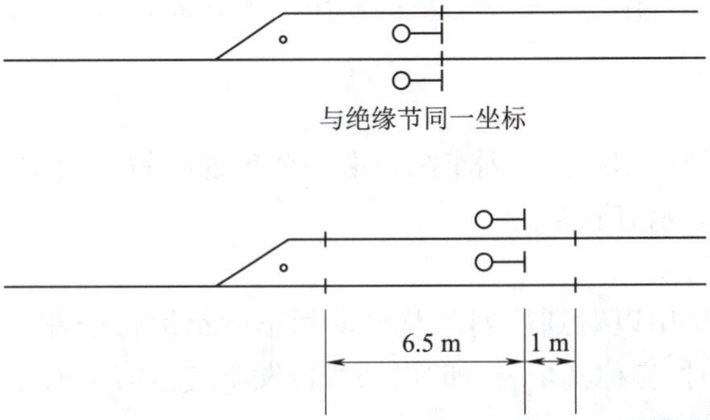

图 1-107　有轨道电路的车站出站信号机的设置

(3)在编组站,必要时可设线群出站信号机。它是为了防护发车进路和区间,指示列车能否向区间发车用的信号。

在调车场内有两条以上编组兼发车线时,原则上应按发车线处理,分别设置出站信号机,但在发车次数不多的情况下,也可以装设线群出站信号机(图 1-108),同时应按规定装设发车线路表示器。

图 1-108　线群出站信号机

设置线群出站信号机的目的,主要是减少信号机的数量和缩减电缆的用量。但在正线只能设置单独的出站信号机，因为当向车站正线接车时，司机可能将准许从任一侧线发车的线群出站信号机的显示误认为是对正线显示的信号，这可能会发生事故。

设有线群出站信号机时，应在线群每一条线路的警冲标内方适当地点设置发车线路表示器。

线群出站信号机只准许装在调车场道岔群处。因调车场线路很多，有时同时停有几个列车或车列，为指示某线上的列车出发时，防止邻线上的列车误认信号，所以规定在各线路的警冲标内方适当地点设置发车线路表示器。

（三）进路信号机

为了提高通过能力、更好地利用配线，在有几个车场的车站上需要设置进路信号机。它是为了指示列车能否由车站的一个车场到另一个车场而设置的信号机。进路信号机按用途分为接车进路信号机、发车进路信号机和接发车进路信号机。接车进路信号机对到达列车指示运行条件，而发车进路信号机则对出发列车指示运行条件。

1. 接车进路信号机

接车进路信号机的作用与进站信号机的作用基本相同，显示方式也与进站信号机的显示方式一致。

2. 发车进路信号机

发车进路信号机的作用是指示列车能否由一个车场向另一个车场经道岔出发，其信号显示与出站信号机的显示有联系。

3. 接发车进路信号机

接发车进路信号机用以对到达列车及出发列车指示运行条件。当同一信号机具有多种意义兼有多种作用时，应称其全名，如“出站兼接发车进路信号机”。

4. 进路信号机的设置

进路信号机（图 1-109）如果位于进站信号机与接车线之间时，它就是接车进路信号机（X_2）；如果位于发车线与出站信号机之间，它就是发车进路信号机（X_1，X_3）。位于正线上的进路信号机 X_{II}，对前方车场Ⅱ来说是接车进路信号机；对车场Ⅰ来说，则是发车进路信号机。因此，X_{II} 信号机又可叫作接发车进路信号机。

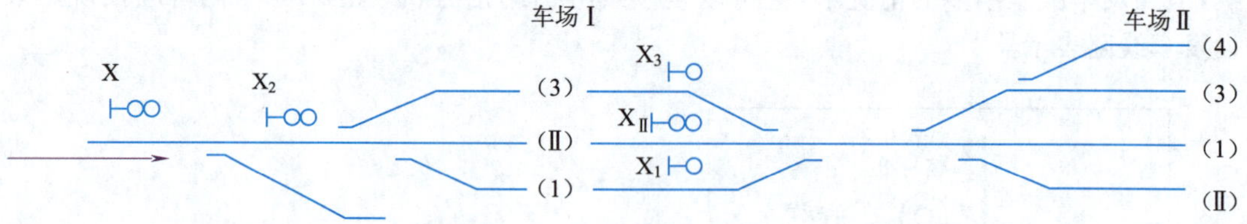

图 1-109　进路信号机的设置

进路信号机不论是接车、发车或接发车用，其设置位置均应设在其后方第一道岔尖轨尖端前方（顺向为警冲标内方）的适当地点。进路信号机与进站、出站信号机间的距离，原则上均不得少于 800 m。

（四）通过信号机

为了防护闭塞分区（自动闭塞区段两个色灯信号机之间）和所间区间（两线路所间或线

路所与车站间）而设置的信号机，叫作通过信号机。通过信号机通常设在所间区间或闭塞分区的分界处。

1. 线路所通过信号机的设置

在铁路线路上，通常当采用半自动闭塞设备的较长区间，有时为了增加区间的通过能力，在两站之间的区间里，设立线路所。在这里并不办理列车的会让及越行，只是将一个区间划分为两个（或者更多）区间，并在线路所处设立通过信号机，以提高区间通过能力，如图 1-110 所示。

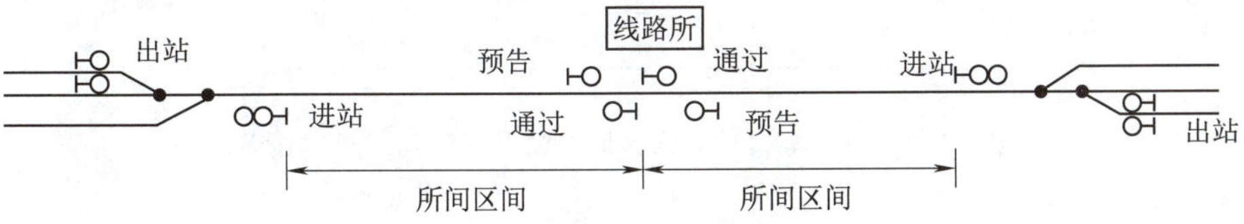

图 1-110　线路所通过信号机的设置

2. 自动闭塞通过信号机的设置

自动闭塞区段的闭塞分区入口设置通过信号机，用于指示列车能否进入信号机防护的闭塞分区。自动闭塞区段通过信号机的设置位置是根据机车牵引重量、列车运行速度、列车运行间隔时间、线路条件，并考虑列车制动距离等多种因素，由牵引计算确定的，并应满足列车运行速度规定的制动距离和线路通过能力的要求。目前我国双线区段多采用三显示自动闭塞或四显示自动闭塞，闭塞分区的长度一般在 1 000 m 以上。自动闭塞区段通过信号机设置如图 1-111 所示。

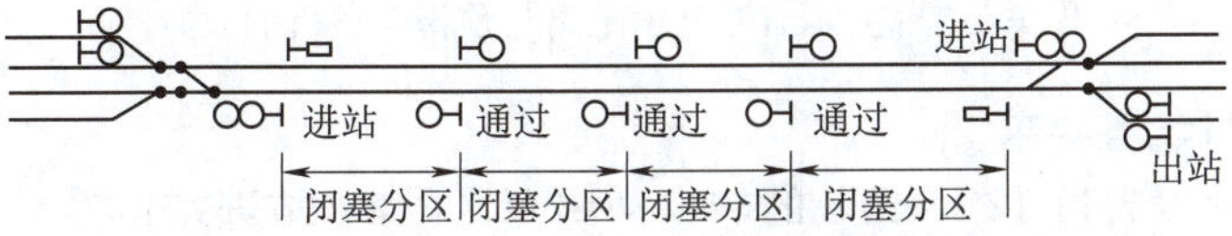

图 1-111　自动闭塞区段车站及区间信号机的设置

（五）容许信号

《技规（普速铁路部分）》第 74 条中规定："自动闭塞区段的通过信号机，不应设在停车后可能脱钩、牵引供电分相的处所，也不宜设在起动困难的地点。"

在自动闭塞区段，当货物列车在设置于上坡道上的通过信号机前停车后起动困难时，该信号机应装设容许信号，当信号机显示红灯同时再显示一个蓝灯，准许列车在该通过信号机显示红灯的情况下不停车，以不超过 20 km/h 的速度通过，运行到次一架通过信号机，并随时准备停车。进站信号机前方第一架通过信号机不得装设容许信号，以免前方列车机外停车时发生尾追事故。

（六）预告信号机和接近信号机

1. 预告信号机设置要求

在非自动闭塞区段的进站信号机、线路所通过信号机及遮断信号机前方应装设预告信号机，如图 1-112 所示，其作用是预告主体信号的显示。为满足列车制动距离要求，预告信号机通过信号机与其主体信号机间的距离不得少于 800 m。当预告信号机的显示距离不足 400 m 时，规定与其安装距离不得少于 1 000 m，确保列车司机有足够确认信号的时间，如图 1-113 所示。

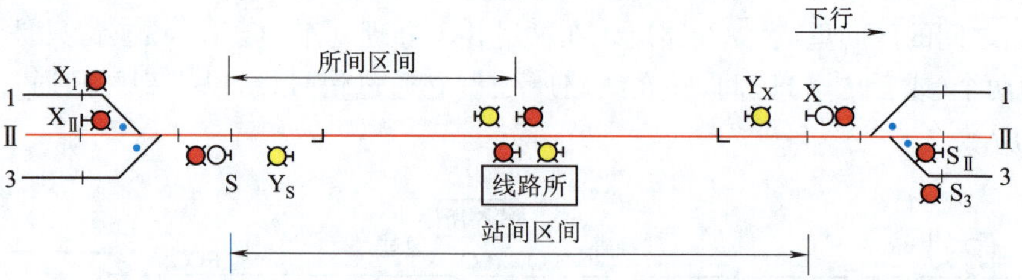

图 1-112　单线半自动闭塞区段车站及区间信号机的设置

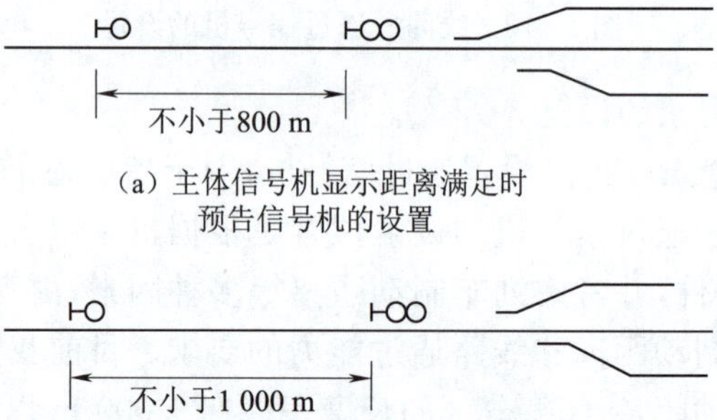

(a) 主体信号机显示距离满足时预告信号机的设置

(b) 主体信号机显示距离不足时预告信号机的设置

图 1-113　主体信号显示距离与预告信号机的设置

2. 接近信号机设置要求

在列车运行速度超过 120 km/h 的非自动闭塞区段，车站进站信号机外方设置两段轨道电路，分别称为第一接近区段和第二接近区段，两接近区段的分界处设置接近信号机，如图 1-114 所示，用于预告进站信号机显示。

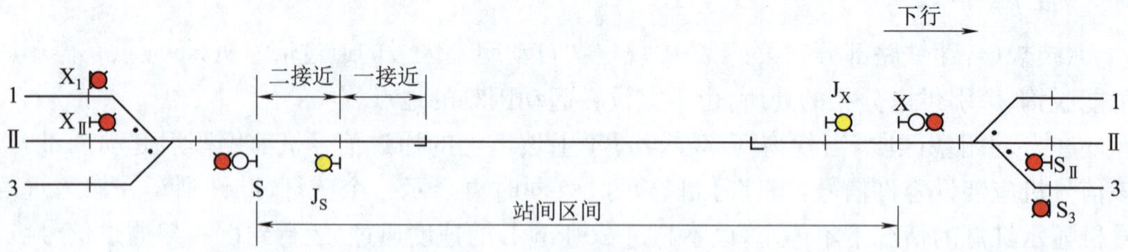

图 1-114　接近信号机的设置

(七) 调车信号机

为了满足调车作业的需要，在电气集中车站应装设调车信号机。

1. 设在调车起始处(也称尽头)调车信号机

采用集中联锁的车站，在经常进行调车作业的线路上(如车站咽喉区、到发线)，以及非联锁区（如调车场、机务段、货场、牵出线、专用线等）到联锁区的入口处，应装设调车信号机，用于指示调车机车车列能否越过调车信号机进行调车作业。

2. 咽喉调车信号机

咽喉区集中有大量道岔，是车站运转作业的关键部位，而咽喉区的调车信号又分为“折返”信号和“阻拦”信号。

（1）折返信号机。

折返信号机（又称回头信号机）是指挥调车车列折返用的。一般设在折返道岔岔首钢轨接缝处，以缩短调车径路。

（2）阻拦信号机。

阻拦信号机（又称目标信号机）是为了增加平行作业，提高车站运输效率而设置的，设置时可根据车站线路实际情况和作业需要，设在适当位置。

（3）折返兼阻拦信号机。

在大站电气集中车站，往往同一架调车信号机对于某一种调车作业是“折返”信号机，而对另一种作业却是“阻拦”信号机。也就是说一种信号机起两种作用，根据实际情况而论。

3. 信号显示距离

各种调车信号机其连续显示距离不得小于 200 m。

（八）复示信号机

1. 进站、出站、进路、调车信号机的复示信号机

进站、出站、进路、调车信号机因受地形、地物影响达不到规定的显示距离时，应在其前方适当地点设置复示信号机，以保证信号的连续显示，如图 1-115 所示。特殊情况下，进站信号机及其复示信号机的显示距离之和不足 200 m 时，可增设第二架复示信号机。

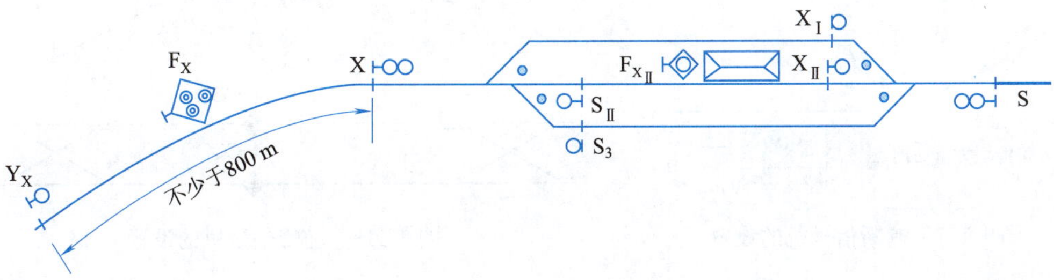

图 1-115　复示信号机的设置

2. 驼峰复示信号机

在驼峰上调车时，主要是推送车列运行，不利于调车司机瞭望信号，所以规定驼峰信号机均应装设复示信号机。到达场线路上设置的驼峰复示信号机还指示到达列车的停车位置，有的也还兼作出站和进路信号机使用。

为提高调车作业效率，机械化驼峰应装设驼峰机车自动信号。在尚未装设驼峰机车自动信号，且设置一个驼峰复示信号机仍不能满足调车作业要求时，可在到达场每一线路上设置驼峰第二复示信号机，如图 1-116 所示。

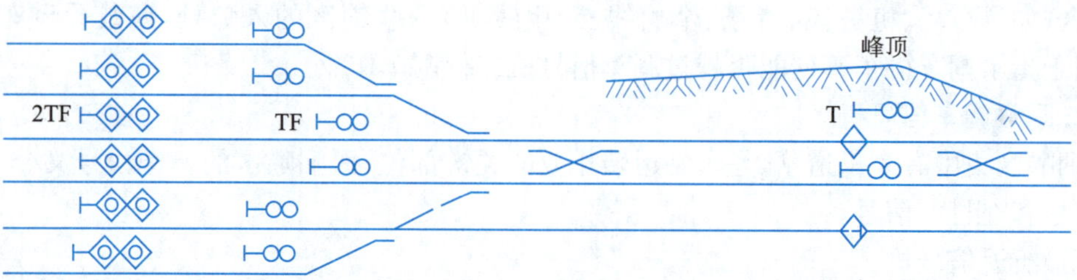

T—驼峰信号机；TF—驼峰复示信号机；2TF—驼峰第二复示信号机。

图 1-116　驼峰复示信号机的设置

(九)遮断信号机

在繁忙的道口上，行人、车、马来往频繁，汽车或拖拉机等机动车如因故障停留在道口，或是在道口上散落货物，容易影响铁路及公路行车安全。为了一旦发生危及行车安全的交通事故时，能立即指示列车在道口外方停车，设立遮断信号机。

在较大的桥隧建筑物和可能危及行车安全的坍方落石地点，一般均设有固定值班的看守人员，昼夜巡视。为了在一旦发生危及行车安全的情况时，能及时地向列车发出停车信号，要求列车在障碍地点前方停车，所以也规定需要设置遮断信号机。遮断信号机的设置位置，距其防护地点不得少于 50 m，如图 1-117 所示。

(十)驼峰信号机

驼峰信号机是为了在驼峰调车时，用来指挥调车机进行推送解体作业时的速度和方向而设置的信号机。驼峰信号机设在驼峰调车场峰顶平台处，每条推送线设一架，连续显示距离不得小于 400 m，如图 1-118 所示。

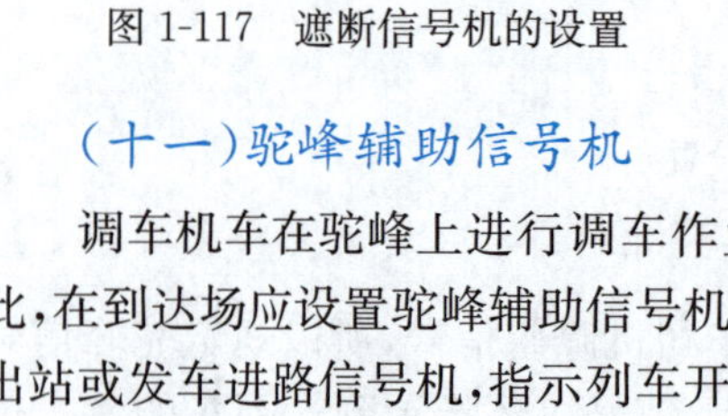

图 1-117　遮断信号机的设置

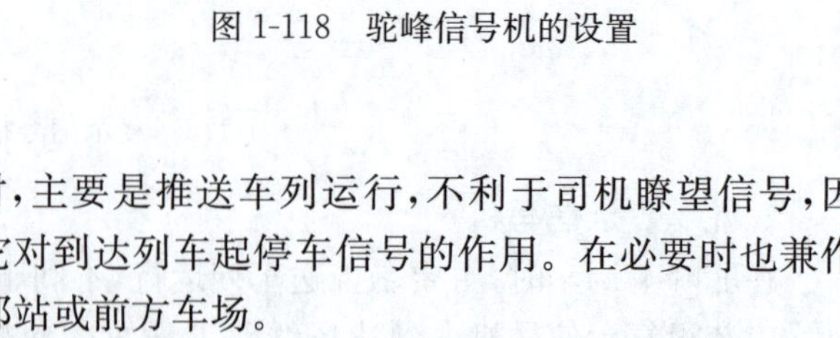

图 1-118　驼峰信号机的设置

(十一)驼峰辅助信号机

调车机车在驼峰上进行调车作业时，主要是推送车列运行，不利于司机瞭望信号，因此，在到达场应设置驼峰辅助信号机。它对到达列车起停车信号的作用。在必要时也兼作出站或发车进路信号机，指示列车开往邻站或前方车场。

1. 作用

当办理驼峰推送或预先推送后，驼峰辅助信号机可指示机车车辆预先向驼峰推送。

2. 设置位置及显示距离

驼峰辅助信号机设在到达场每条接车股道靠近驼峰一侧警冲标内方适当位置，连续显示距离不得小于 400 m，如图 1-119 中 TFZ_1～TFZ_6 所示。

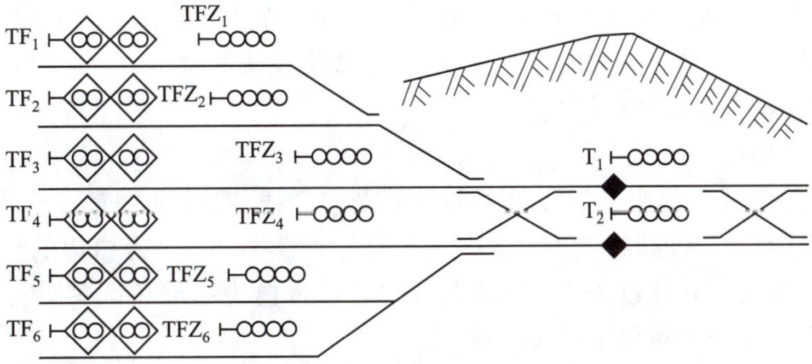

图 1-119　驼峰辅助信号机的设置

三、信号表示器的设置

信号表示器是对行车人员传达行车或调车意图，或对信号进行某些补充说明的设备，没有防护意义。信号表示器包括以下几种。

1. 进路表示器

进路表示器设在出站信号机和发车进路兼出站信号机上，用以指示发车进路开通方向。当这两种信号机需要指示两个及以上的发车方向，而信号显示本身不能分别表示运行方向时(包括两个自动闭塞方向，或双线区段反方向发车)，为使有关行车人员在信号开放后知道列车开往方向，在该信号机上应装设进路表示器。进路表示器不能单独构成信号命令，只有在出站信号机开放后才能显示白色灯光表示开往方向，如图 1-120 所示。

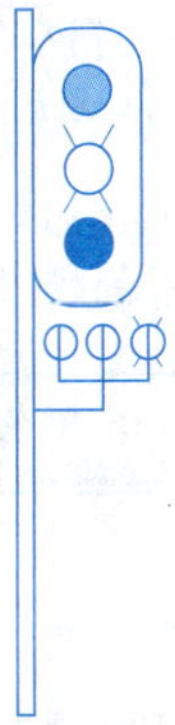

图 1-120　带有进路表示器的出站信号机

2. 发车表示器

当车站设置于弯道上或车站客流量较大，辨认发车指示信号有困难时，可根据需要在便于司机瞭望的地点设置发车表示器，用于反映列车出发时，值班员是否发出了发车信号。发车表示器平时无显示，只有出站信号开放后，车站值班员操纵专用按钮使其显示一个白灯，表示表示器的出站信号机准许发车。

3. 发车线路表示器

发车线路表示器设在调车场的编发线上，设线群出站信号机时，用于补充说明是哪条线路发车，发车线路表示器设于每条编发线警冲标内方的适当地点，如图 1-108 所示。

4. 调车表示器

在作业繁忙的调车场上，因受地形、地物影响，调车机车司机看不清调车指挥人员的手信号时，应设调车表示器。调车表示器设于牵出线的一侧，用以指挥调车车列由牵出线向调车区，或由调车区向牵出线的进退，以代替调车员的手信号。调车表示器双面均设表示灯，向调车区方向设一个，向牵出线方向设两个。在显示条件很差的车站，可连续装设几个调车表示器。

5. 道岔表示器

道岔表示器设置于道岔旁，用于反映道岔开通位置。凡非集中操纵的联锁道岔都应设道岔表示器，以便有关行车人员确认道岔位置。道岔开通直向时，表示器昼间无显示，夜间显示紫色灯光；道岔开通侧向位置时，表示器昼间显示为中央划有黑线的黄色鱼尾形牌，夜间显示为黄色灯光。在调车区为电气集中控制时，进行连续溜放作业的分路道岔应设道岔表示器。表示器平时无显示，在进行溜放作业时，道岔开通直向时表示器显示紫色灯光，道岔开通侧向时表示器显示黄色灯光。

6. 脱轨表示器

脱轨表示器设置于集中联锁以外的脱轨器及安全线、避难线的道岔上，用来表示线路在开通或遮断状态。当线路在遮断状态时，脱轨表示器昼间显示带白边的红色长方牌，夜间为红色灯光；线路在开通状态时，表示器昼间显示带白边的绿色圆牌，夜间为月白色灯光。此外，还有水鹤表示器和车挡表示器等。

测一测

一、绘图并说明

1. 画图说明进站信号机的设置。
2. 画图说明出站信号机的设置。
3. 画图说明通过信号机的设置。
4. 画图说明预告信号机的设置。
5. 画图说明接近信号机的设置。
6. 画图说明复示信号机的设置。

二、综合题

1. 简述《技规(普速铁路部分)》对各种信号机显示距离有何规定。
2. 绘制铁路信号机设置知识树。

知识拓展

线路所

线路所(图 1-121)只有正线，没有配线，一般不办理客货运业务。线路所(无管辖地段)设有通过信号机，办理列车的通过；线路所(有管辖地段)设有进站及出站信号机。线路所设有线路所值班员，与相邻车站值班员办理行车工作。在自动闭塞区段，由于区间设有通过色灯信号机，不再设置提高通过能力的线路所。但在区间内有分歧道岔的地点，亦应设置线路所，办理列车经分歧道岔运行的作业。

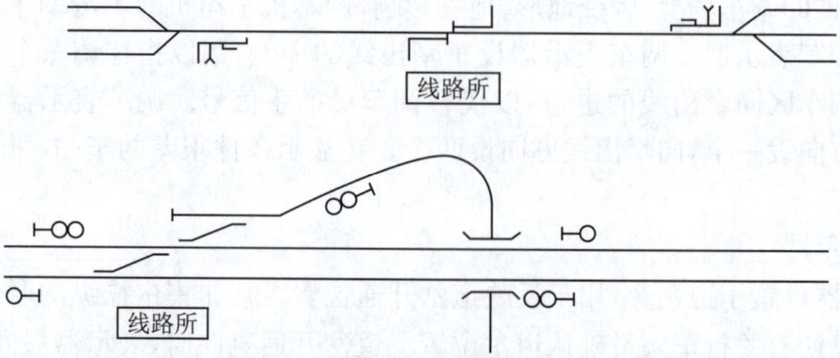

图 1-121　线路所

活动三　认知铁路信号显示方式

问题导入

××日，××机班进行一趟货物列车的牵引任务，遇到出站信号机显示红灯时，未及时作出反应，列车冒进出站信号进入区间，造成行车事故。那么，出站信号机红灯有什么含义呢？

利用网络搜集资料并思考问题，初步了解信号显示含义相关内容。

问题1：出站信号机显示红灯的意义是什么？

问题2：出站信号机有其他灯显颜色么？其含义是什么？

相关知识

色灯信号机的机构有单显示、二显示和三显示三种。单显示机构使用于遮断信号、复示信号、引导信号、容许信号。二显示和三显示可以单独使用，也可以组合（包括与单显示机构）构成各种信号显示。

一、进站色灯信号机

1. 四显示自动闭塞区段除外的

以下解释适用于半自动闭塞、自动站间闭塞和三显示自动闭塞区段。

（1）一个绿色灯光——准许列车按规定速度经正线通过车站，表示出站及进路色灯信号机在开放状态，进路上的道岔均开通直向位置，灯显机构如图1-122(a)所示、示意图如图1-122(b)所示。

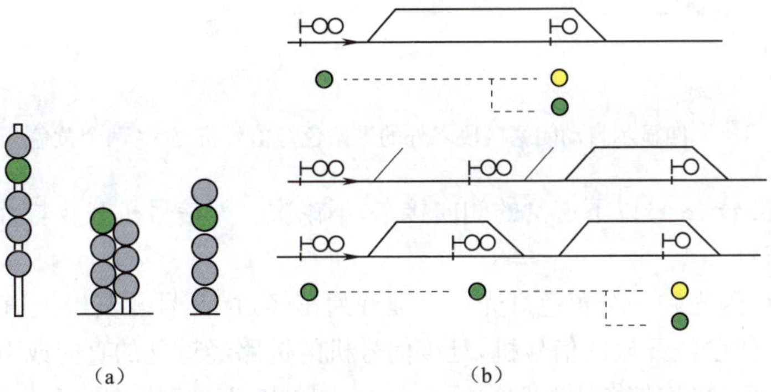

图1-122　四显示自动闭塞区段除外的进站色灯信号机显示“一个绿色灯光”

说明：进直出直，进路上色灯信号机均在开放状态，通过车站。

（2）一个黄色灯光——准许列车经道岔直向位置，进入站内正线准备停车，灯显机构如图1-123(a)所示、示意图如图1-123(b)所示。

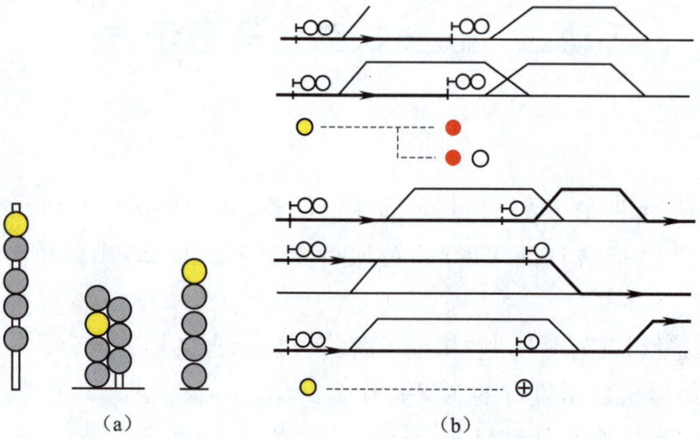

图 1-123 四显示自动闭塞区段除外的进站色灯信号机显示“一个黄色灯光”

说明：进直出弯。只要发车进路经过道岔侧向，不论道岔号（辙叉号）是多大，进站色灯信号机均显示黄灯。

(3)两个黄色灯光——准许列车经道岔侧向位置，进入站内准备停车，灯显机构如图 1-124(a)所示，示意图如图 1-124(b)所示。

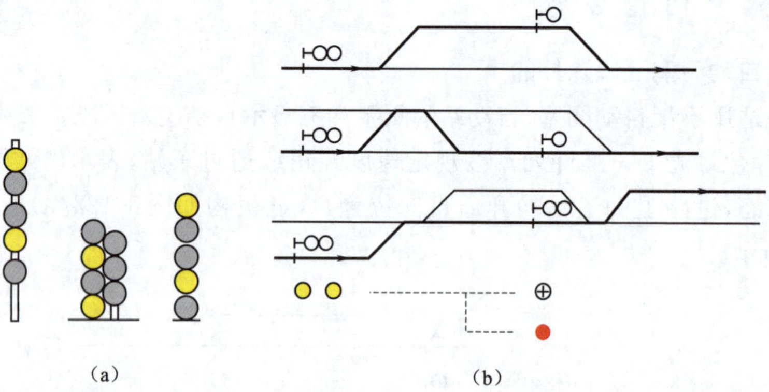

图 1-124 四显示自动闭塞区段除外的进站色灯信号机显示“两个黄色灯光”

说明：经辙叉号 18 号以下道岔的侧向接车，不论次一架信号机开放与否，进站色灯信号机均显示两个黄灯。

(4)一个黄色闪光和一个黄色灯光——准许列车经过 18 号及其以上道岔侧向位置，进入站内越过下一架已经开放的信号机，且该信号机的进路经道岔的直向或 18 号及其以上道岔的侧向位置，灯显机构如图 1-125(a)所示、示意图如图 1-125(b)所示。

说明：图中带圈道岔是指 18 号及其以上道岔，显示黄闪、黄时，必须同时满足如下条件：

①接车进路开通侧向位置的道岔必须是 18 号及其以上道岔。

②发车信号机在开放状态。

③发车进路上道岔均开通直向位置，或开通侧向位置的道岔必须是 18 号及其以上道岔。

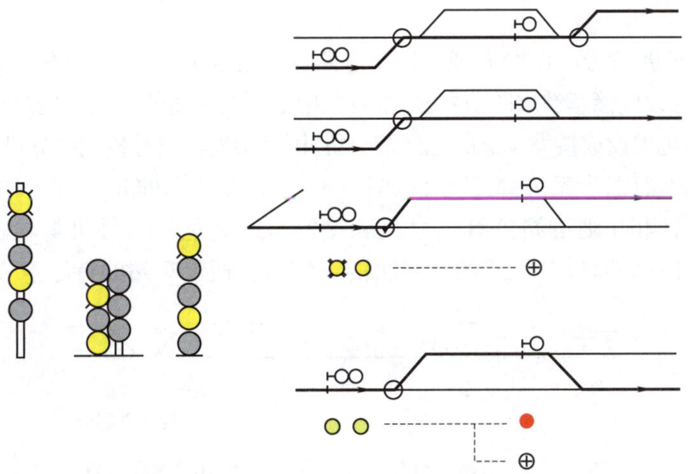

(a)　(b)

图 1-125　四显示自动闭塞区段除外的进站色灯信号机显示“一个黄色闪光和一个黄色灯光”

(5)一个红色灯光——不准列车越过该信号机，灯显机构如图 1-126(a)所示、示意图如图 1-126(b)所示。

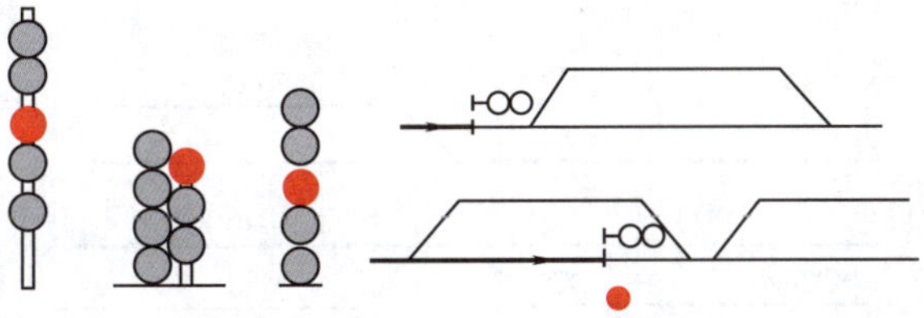

(a)　(b)

图 1-126　四显示自动闭塞区段除外的进站色灯信号机显示“一个红色灯光”

(6)一个绿色灯光和一个黄色灯光——准许列车经道岔直向位置，进入站内越过次一架已经开放的信号机准备停车，灯显机构如图 1-127(a)所示、示意图如图 1-127(b)所示。

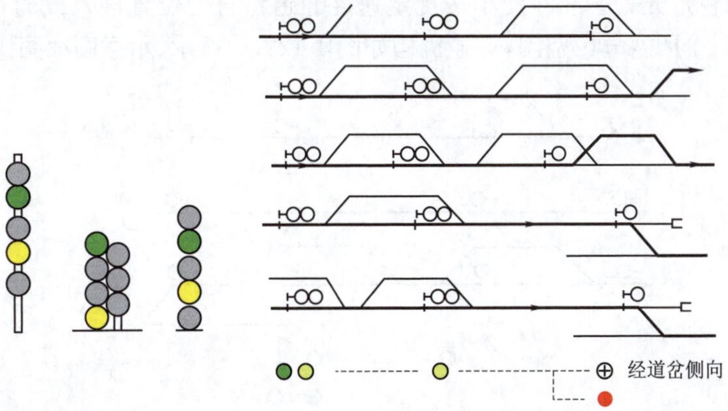

(a)　(b)

图 1-127　四显示自动闭塞区段除外的进站色灯信号机显示“一个绿色灯光和一个黄色灯光”

说明：

①下一架接车进路色灯信号机(或接发车进路色灯信号机)显示一个黄灯，注意下一架正线上的进路信号机应设成接车性质的信号机，示意图中最下面站场的正线上的进路信号机，尽管无两个黄灯的显示，也要设成接发车进路色灯信号机，因为接发车信号机能区分进路的弯与直。

②不管正线上有多少架进路信号机，只要有一架信号机(图 1-128 中的出站色灯信号机)关闭或经道岔侧向，则进站色灯信号机和接发车进路色灯信号机均显示绿黄灯。除四显示自动闭塞区段以外，接车性质的信号机的绿灯具有通过车站的特定意义。

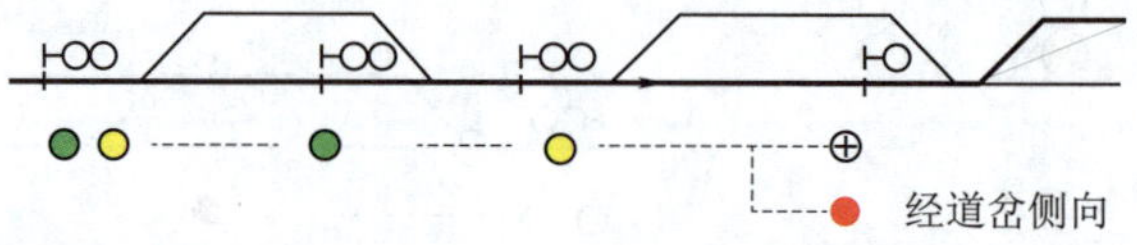

图 1-128　出站色灯信号机为关闭或经道岔侧向位置

③当下一架接车(或接发车)进路色灯信号机显示两个黄灯时，进站色灯信号机可显示绿黄灯，但两架信号机间的距离必须满足从规定速度降低到 50 km/h 的要求，不然就要降级显示。

注意：图 1-129 中进路色灯信号机衔接正线，虽然仅有两黄显示，仍应设置接发车进路色灯信号机，如此显示比较明确。

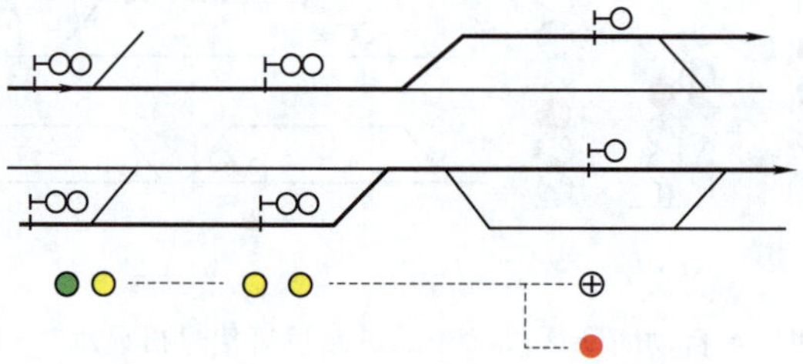

图 1-129　进路色灯信号机显示“两个黄色灯光”

2. 四显示自动闭塞区段

(1)一个绿色灯光——准许列车按规定速度经道岔直向位置进入或通过车站，表示运行前方至少有三个闭塞分区空闲，灯显机构如图 1-122(a)所示、示意图如图 1-130 所示。

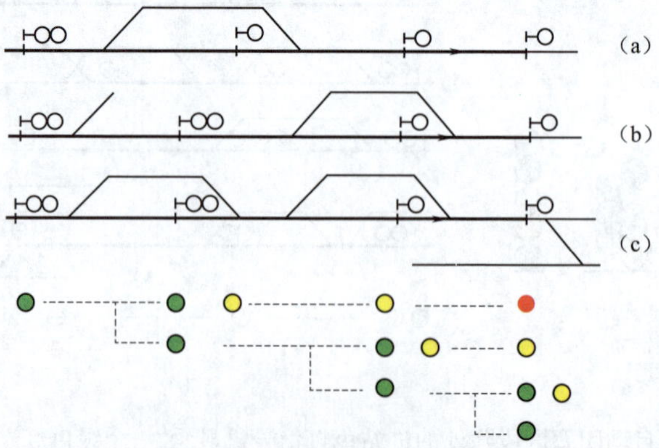

图 1-130　四显示自动闭塞区段进站色灯信号机显示“一个绿色灯光”

说明:前方空闲的三个闭塞分区上的道岔必须开通直向;通过车站不一定显示绿灯;不通过车站也可能显示绿灯;显示的速度意义较强。注意图 1-130(c),进站色灯信号机显示绿色灯光与出站色灯信号机开放与否或开通道岔直向、侧向无关。

(2)一个绿色灯光和一个黄色灯光——准许列车按规定速度经道岔直向位置进入站内,表示次一架信号机经道岔的直向位置开放一个黄灯,灯显机构如图 1-127(a)所示,示意图如图 1-131 所示。

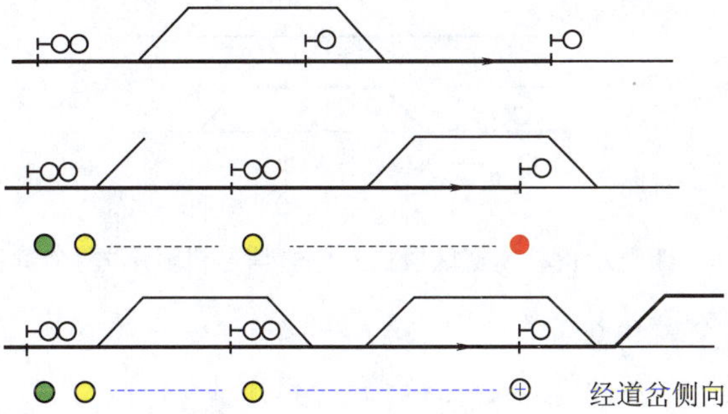

图 1-131　四显示自动闭塞区段进站色灯信号机显示“一个绿色灯光和一个黄色灯光”

说明:两个闭塞分区空闲,进路上的道岔开通直向。在四显示自动闭塞区段,绿黄灯是预告减速信号,从信号机开始要求从规定速度降到黄灯限速。

(3)一个黄色灯光——准许列车按限速要求越过该信号机,经道岔直向位置进入站内正线准备停车,灯显机构如图 1-123(a)所示,示意图如图 1-132 所示。

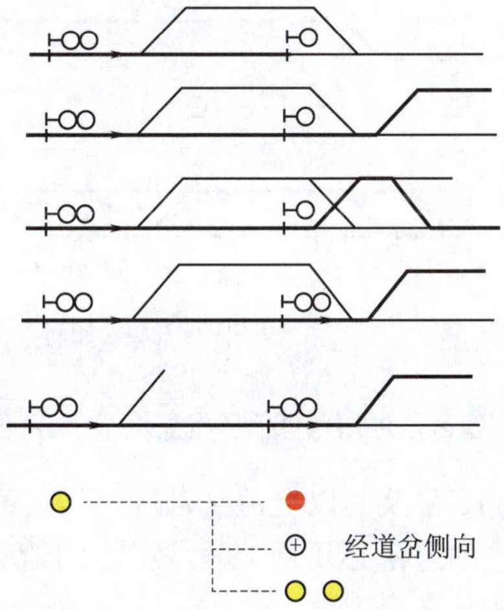

图 1-132　四显示自动闭塞区段进站色灯信号机显示“一个黄色灯光”

说明:进直出弯或进直停车显示黄灯。当前方接发车进路信号机显示两个黄灯时,进站色灯信号机也显示黄灯,因为两架信号机间距离一般只能满足从黄灯限速降到 50 km/h(或 45 km/h)。在四显示自动闭塞区段,黄灯是限速信号,通过该信号机时要求降到规定的黄灯限速。

(4)两个黄色灯光——准许列车按限速要求越过该信号机,经道岔侧向位置进入站内准备停车,灯显机构如图 1-124(a)所示,示意图如图 1-133 所示。

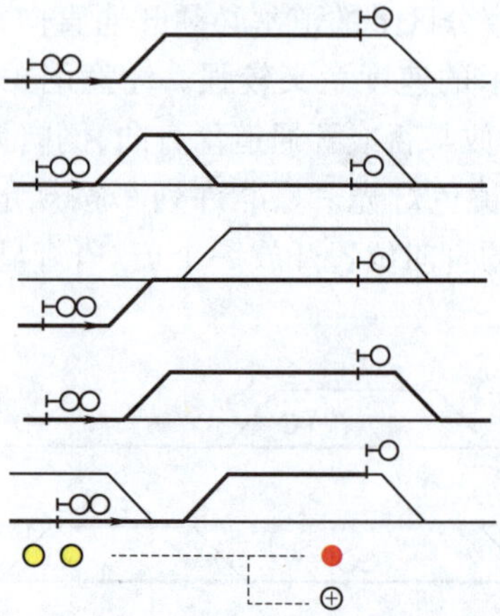

图 1-133　四显示自动闭塞区段进站色灯信号机显示“两个黄色灯光”

说明：如前面的两个黄色灯光。

(5)一个红色灯光——不准列车越过该信号机(图 1-126)。

(6)一个黄色闪光和一个黄色灯光——准许列车经过 18 号及其以上道岔侧向位置，进入站内越过下一架已经开放的信号机，且该信号机的进路经道岔的直向或 18 号及其以上道岔的侧向位置，灯显机构如图 1-125(a)所示，示意图如图 1-134 所示。

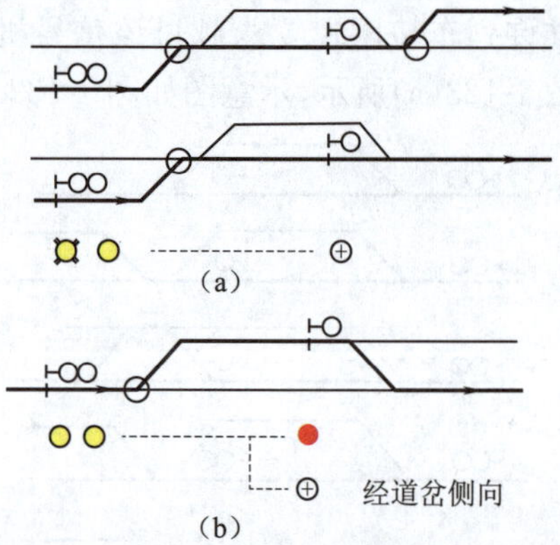

图 1-134　四显示自动闭塞区段进站色灯信号机显示“一个黄色闪光和一个黄色灯光”

说明：图中带圈道岔是指 18 号及其以上道岔，显示黄闪、黄时必须同时满足如下条件：

①接车进路开通侧向位置的道岔必须是 18 号及其以上道岔。

②发车色灯信号机在开放状态。

③发车进路上道岔均开通直向位置，或开通侧向位置的道岔必须是 18 号及其以上道岔。

视频
出站信号机显示意义

二、出站色灯信号机

1. 三显示自动闭塞区段

出站色灯信号机的信号显示与进路的曲直无关，其显示本身不能指示始端速度。正线出站色灯信号机的允许通过速度可由上一架信号机预告显示。

(1)一个绿色灯光——准许列车由车站出发,表示运行前方至少有两个闭塞分区空闲,灯显机构如图 1-135(a)所示,示意图如图 1-135(b)所示。

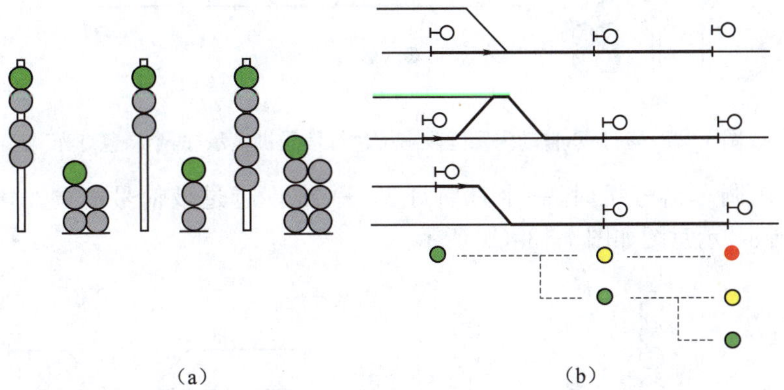

图 1-135　三显示自动闭塞区段出站色灯信号机显示“一个绿色灯光”

说明:信号显示本身不能指示始端速度,但是终端速度必须是规定速度。

(2)一个黄色灯光——准许列车由车站出发,表示运行前方有一个闭塞分区空闲,灯显机构如图 1-136(a)所示,示意图如图 1-136(b)所示。

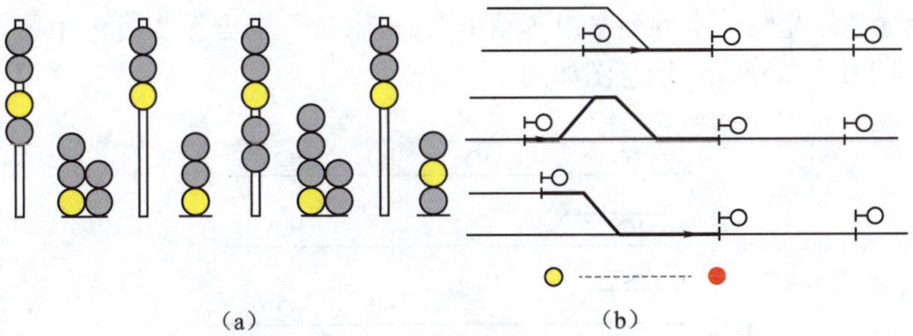

图 1-136　三显示自动闭塞区段出站色灯信号机显示“一个黄色灯光”

(3)一个红色灯光——不准列车越过该信号机,灯显机构如图 1-137(a)所示,示意图如图 1-137(b)所示。

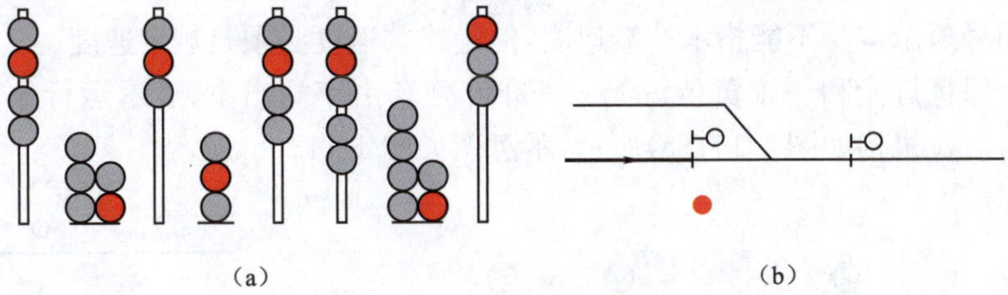

图 1-137　三显示自动闭塞区段出站色灯信号机显示“一个红色灯光”

(4)两个绿色灯光——准许列车由车站出发,开往半自动闭塞或自动站间闭塞区间,灯显机构如图 1-138(a)所示,示意图如图 1-138(b)所示。

两个绿色灯光表示开往非自动闭塞区间,但开往非自动闭塞区间不一定非要显示两个绿色灯光,若有两个以上方向也可采用进路表示器方式。

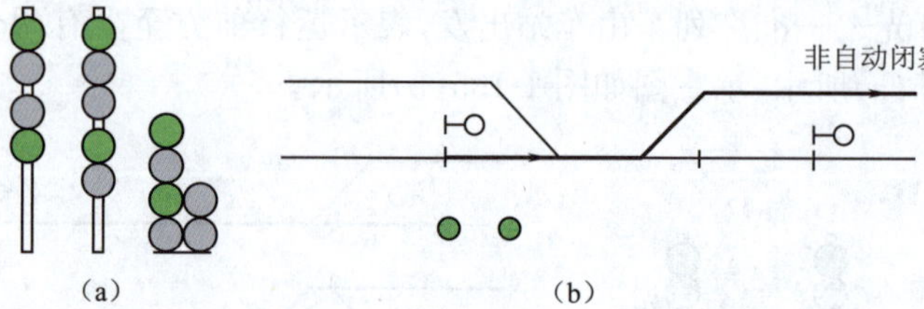

图 1-138　三显示自动闭塞区段出站色灯信号机显示“两个绿色灯光”

(5)在兼作调车信号机时，一个月白灯光——准许越过该信号机调车，灯显机构如图 1-139(a)所示，示意图如图 1-139(b)所示。

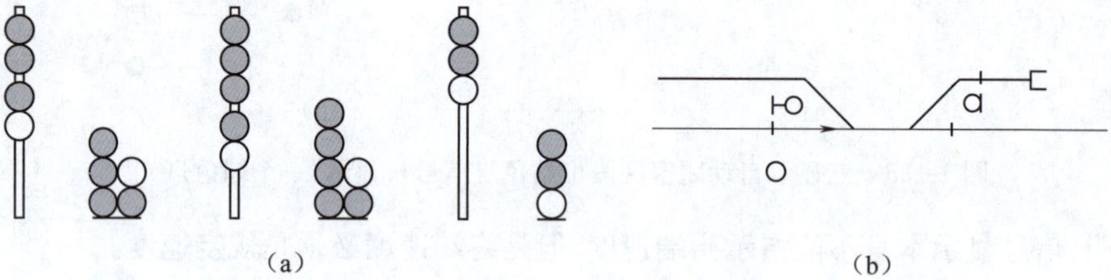

图 1-139　三显示自动闭塞区段出站色灯信号机显示“一个月白色灯光”

2. 四显示自动闭塞区段

(1)一个绿色灯光——准许列车由车站出发，表示运行前方至少有三个闭塞分区空闲，灯显机构如图 1-135(a)所示，示意图如图 1-140 所示。

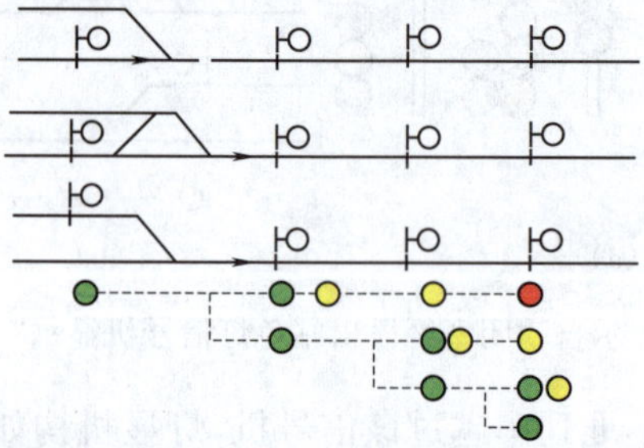

图 1-140　四显示自动闭塞区段出站色灯信号机显示“一个绿色灯光”

说明：信号显示本身不能指示始端速度，但是终端速度必须是规定速度。

(2)一个绿色灯光和一个黄色灯光——准许列车由车站出发，表示运行前方有两个闭塞分区空闲，灯显机构如图 1-141(a)所示，示意图如图 1-141(b)所示。

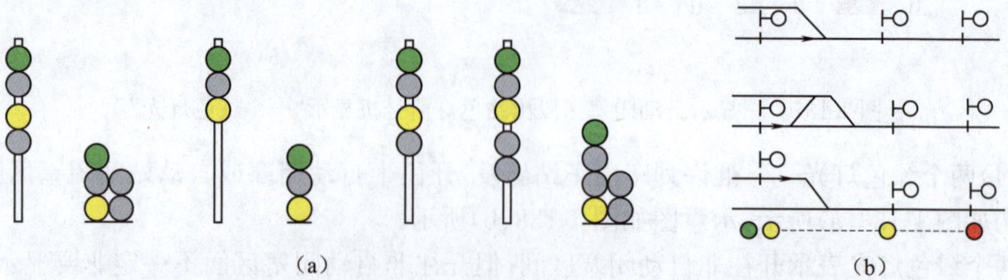

图 1-141　四显示自动闭塞区段出站色灯信号机显示“一个绿色灯光和一个黄色灯光”

(3)一个黄色灯光——准许列车由车站出发,表示运行前方有一个闭塞分区空闲,灯显机构如图 1-136(a)所示,示意图如图 1-142 所示。

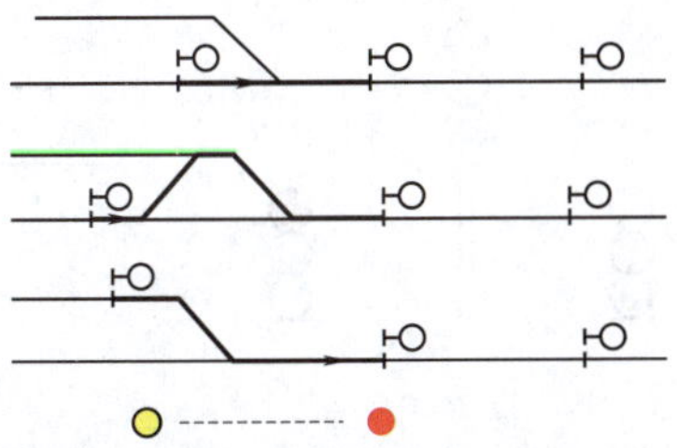

图 1-142　四显示自动闭塞区段出站色灯信号机显示"一个黄色灯光"

(4)一个红色灯光——不准列车越过该信号机,灯显机构如图 1-137(a)所示,示意图如图 1-137(b)所示。

(5)两个绿色灯光——准许列车由车站出发,开往半自动闭塞或自动站间闭塞区间,灯显机构如图 1-138(a)所示,示意图如图 1-143 所示。

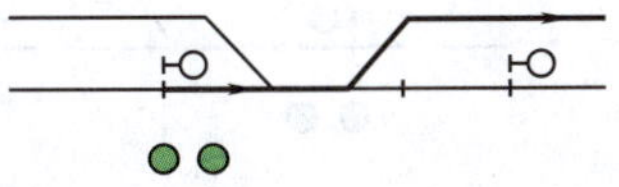

图 1-143　四显示自动闭塞区段出站色灯信号机显示"两个绿色灯光"

两个绿色灯光表示开往非自动闭塞区间;开往非自动闭塞区间不一定非要显示两个绿色灯光,若有两个以上方向也可采用进路表示器方式。

(6)在兼作调车信号机时,一个月白色灯光——准许越过该信号机调车,灯显机构如图 1-139(a)所示,示意图如图 1-139(b)所示。

3. 半自动闭塞或自动站间闭塞区段

非自动闭塞包括半自动闭塞和自动站间闭塞。对于自动站间闭塞仅在办理闭塞的操作上与自动闭塞有所区别,而对列车占用区间的凭证没有区别,因此半自动闭塞和自动站间闭塞相同。

(1)一个绿色灯光——准许列车由车站出发,灯显机构如图 1-144(a)所示,示意图如图 1-144(b)所示。

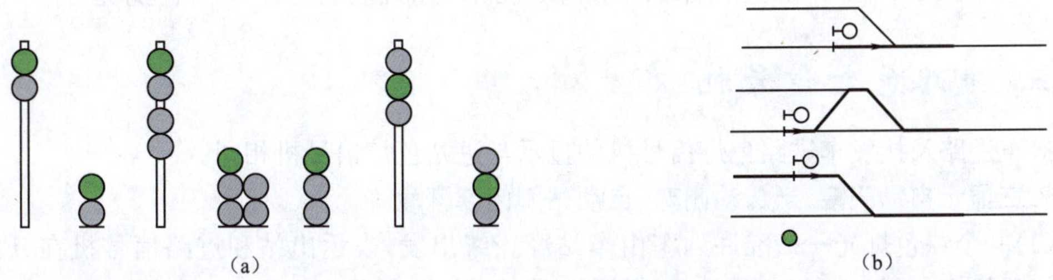

图 1-144　半自动闭塞或自动站间闭塞区段出站色灯信号机显示"一个绿色灯光"

(2)一个红色灯光——不准列车越过该信号机,灯显机构如图 1-145(a)所示,示意图如图 1-145(b)所示。

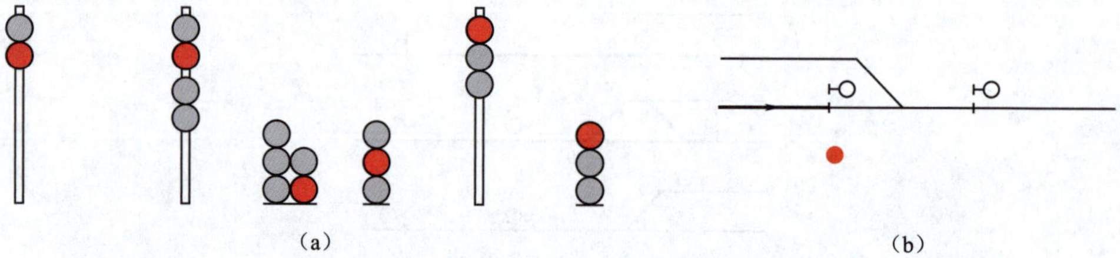

图 1-145　半自动闭塞或自动站间闭塞区段出站色灯信号机显示“一个红色灯光”

(3)两个绿色灯光——准许列车由车站出发,开往次要线路,灯显机构如图 1-146(a)所示,示意图如图 1-146(b)所示。

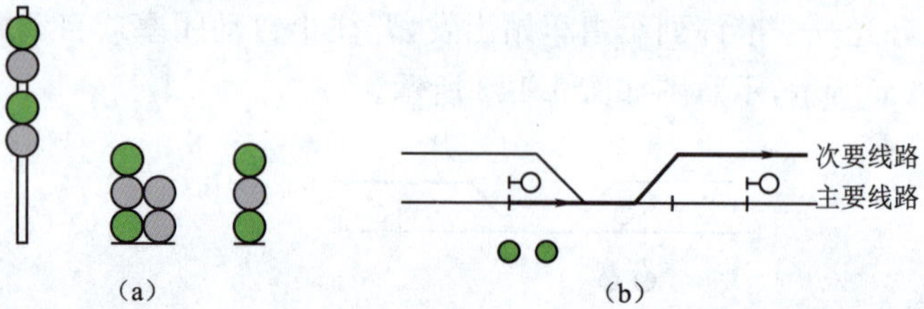

图 1-146　半自动闭塞或自动站间闭塞区段出站色灯信号机显示“两个绿色灯光”

说明:两个绿色灯光表示开往次要线路;开往次要线路不一定非要显示两个绿色灯光,若有两个以上方向也可采用进路表示器方式。

(4)在兼作调车信号机时,一个月白灯光——准许越过该信号机调车,灯显机构如图 1-147(a)所示,示意图如图 1-147(b)所示。

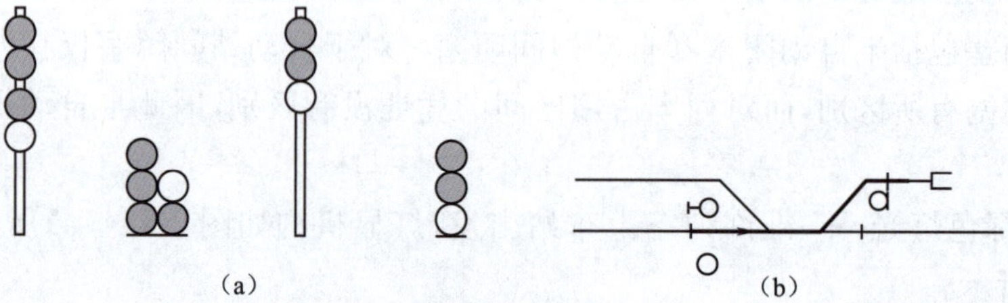

图 1-147　半自动闭塞或自动站间闭塞区段出站色灯信号机显示“一个白色灯光”

三、进路色灯信号机

接车进路及接发车进路色灯信号机的显示与进站色灯信号机相同。

1. 三显示自动闭塞、半自动闭塞、自动站间闭塞区段

(1)一个绿色灯光——准许列车由车站经正线出发,表示出站和进路信号机在开放状态。灯显机构如图 1-148(a)所示,示意图如图 1-148(b)所示。

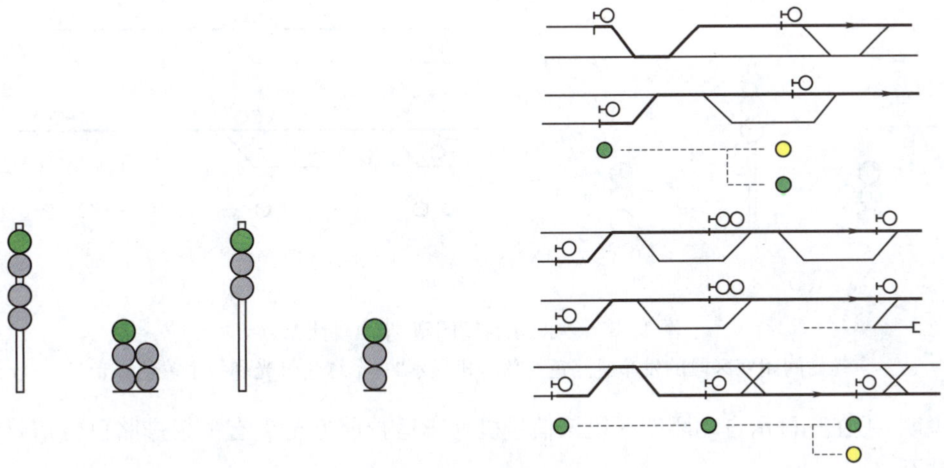

(a)　　　　(b)

图 1-148　三显示自动闭塞、半自动闭塞、
自动站间闭塞区段的发车进路色灯信号机显示“一个绿色灯光”

说明：发车进路色灯信号机的显示不指示始端速度；除本进路以外，从次一架信号机开始，进路上的道岔必须开通直向位置；在三显示自动闭塞区段出站信号机关闭或经道岔侧向，发车进路信号机不能显示一个绿灯。

(2)一个黄色灯光——准许列车运行到次一色灯信号机之前准备停车，灯显机构如图 1-149(a)所示，示意图如图 1-149(b)所示。

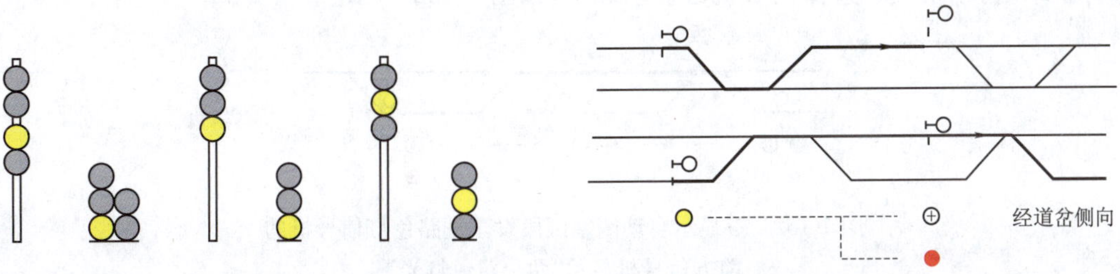

(a)　　　　(b)

图 1-149　三显示自动闭塞、半自动闭塞、
自动站间闭塞区段的发车进路色灯信号机显示“一个黄色灯光”

说明：图示为次一架信号机显示红灯，或次一架出站（或发车进路）色灯信号机经道岔侧向开通进路。若次一架接发车进路色灯信号机显示两个黄灯的情况，请见关于显示与速度、距离关系的论述。

(3)一个绿色灯光和一个黄色灯光——准许列车越过该信号机，表示该信号机列车运行前方至少有一架进路色灯信号机在开放状态。灯显机构如图 1-150(a)所示，示意图如图 1-150(b)所示。

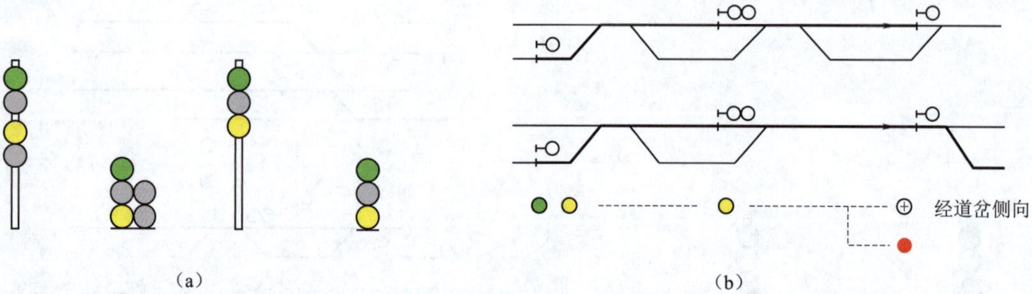

图 1-150　三显示自动闭塞、半自动闭塞、
自动站间闭塞区段的发车进路色灯信号机显示“一个绿色灯光和一个黄色灯光”

说明：①在三显示自动闭塞区段该信号机列车运行前方至少有一架进路色灯信号机在开放状态。

②在三显示自动闭塞区段该信号机列车运行前方只要有一架信号机关闭或经道岔侧向，不能给出绿灯，只能显示绿黄灯，如图 1-151 所示。

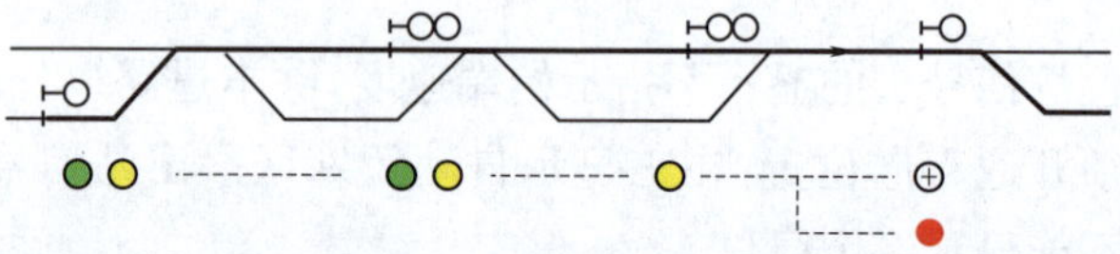

图 1-151　三显示自动闭塞区段发车进路色灯信号机的前方信号机关闭或经道岔侧向位置

③运行前方是接车进路色灯信号机，显示两个黄灯，若两架信号机间距离满足制动距离等要求时，则本发车进路信号机可显示绿黄，如图 1-152 所示。

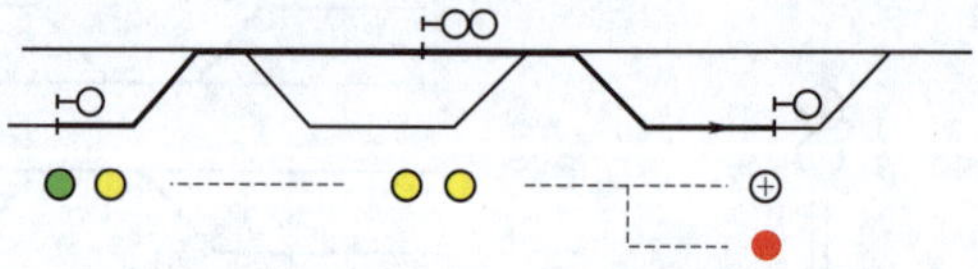

图 1-152　三显示自动闭塞区段发车进路色灯信号机的
前方信号机显示“两个黄色灯光”

(4)一个红色灯光——不准列车越过该信号机，如图 1-153 所示。

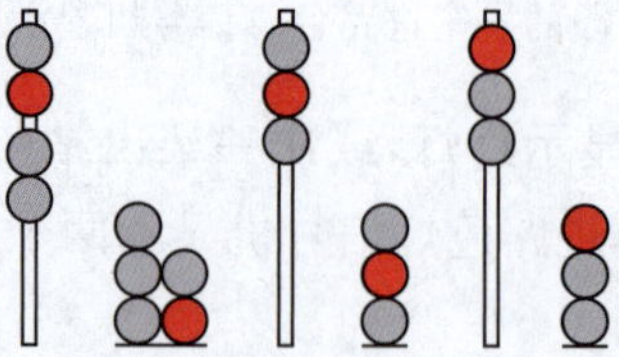

图 1-153　三显示自动闭塞、半自动闭塞、
自动站间闭塞区段的发车进路色灯信号机显示“一个红色灯光”

2. 四显示自动闭塞区段

四显示自动闭塞区段发车进路色灯信号机灯显机构与三显示自动闭塞、半自动闭塞、自动站间闭塞区段的发车进路色灯信号显示灯显机构型式相同。

(1)一个绿色灯光——该信号机列车运行前方至少有两架信号机经道岔直向位置在开放状态,如图 1-154 所示。

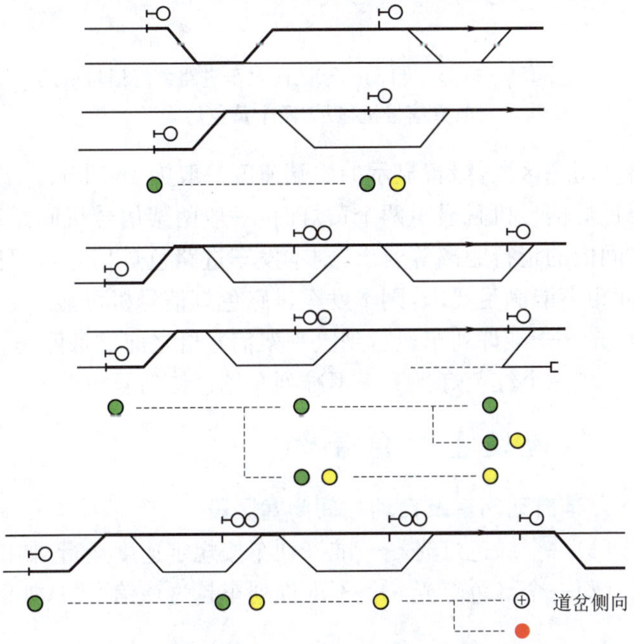

图 1-154　四显示自动闭塞区段发车进路色灯信号机显示“一个绿色灯光”

说明:在四显示自动闭塞区段,只要三个闭塞分区空闲,除本进路以外,从次一架信号机开始进路上道岔均直向,进路色灯信号机就可以显示一个绿灯。

(2)一个绿色灯光和一个黄色灯光——该信号机列车运行前方次一架信号机经道岔直向位置在开放状态,如图 1-155 所示。

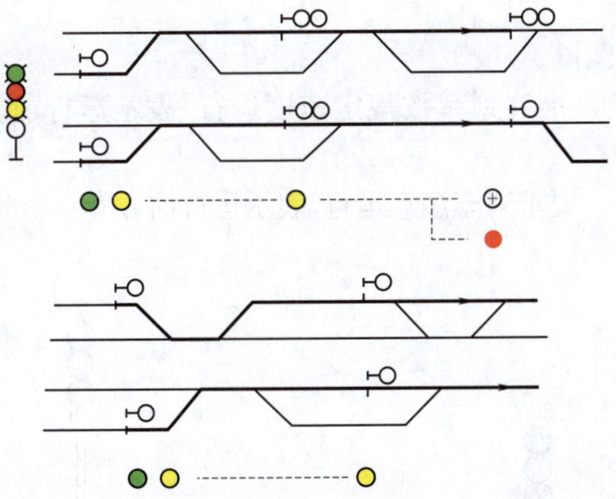

图 1-155　四显示自动闭塞区段发车进路色灯信号机显示
“一个绿色灯光和一个黄色灯光”

说明:①在四显示自动闭塞区段该信号机列车运行前方不一定有进路色灯信号机,如

图 1-156 所示。

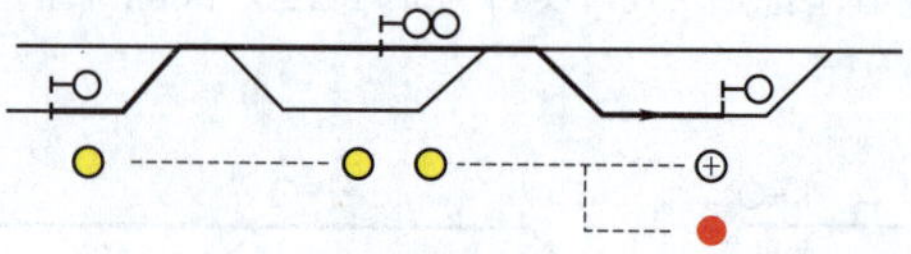

图 1-156　四显示自动闭塞区段发车进路色灯信号机的前方信号机显示“两个黄色灯光”

②在四显示自动闭塞区段，绿黄显示的始端速度一般为 160 km/h(或 140 km/h)，当运行前方是接车进路色灯信号机且显示两个黄灯时，一般两架信号机间距离可能不满足制动距离和确认信号时间内的走行距离等要求，则本发车进路色灯信号机可降级显示黄灯。当然，若两架信号机间距离能满足要求，则本发车进路色灯信号机可显示绿黄灯。

(3)一个黄色灯光——准许列车运行到次一架信号机之前准备停车。

(4)一个红色灯光——不准列车越过该信号机。

视频

通过信号机显示意义

四、通过色灯信号机

1. 半自动闭塞及自动站间闭塞区段

(1)一个绿色灯光——准许列车按规定速度运行，如图 1-157 所示。

(2)一个红色灯光——不准许列车越过该信号机，如图 1-158 所示。

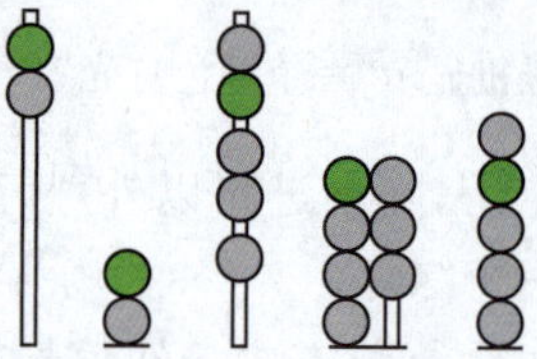

图 1-157　半自动闭塞及自动站间闭塞区段通过色灯信号机显示“一个绿色灯光”

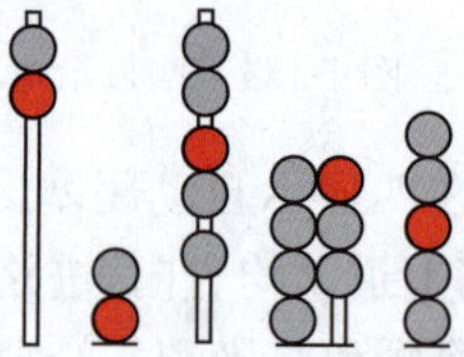

图 1-158　半自动闭塞及自动站间闭塞区段的通过色灯信号机显示“一个红色灯光”

2. 三显示自动闭塞区段

(1)一个绿色灯光——准许列车按规定速度运行，表示运行前方至少有两个闭塞分区空闲，如图 1-159 所示。

(2)一个黄色灯光——要求列车注意运行，表示运行前方有一个闭塞分区空闲，如图 1-160 所示。

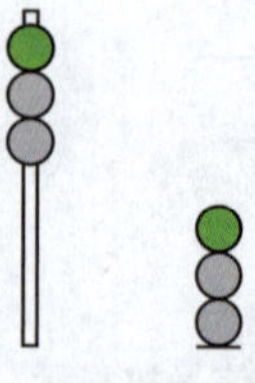

图 1-159　三显示自动闭塞区段通过色灯信号机显示“一个绿色灯光”

图 1-160　三显示自动闭塞区段通过色灯信号机显示“一个黄色灯光”

(3)一个红色灯光——列车应在该信号机前停车，如图 1-161 所示。

3. 四显示自动闭塞区段及 CTCS-2 级、CTCS-3 级线路

(1)一个绿色灯光——准许列车按规定速度运行，表示运行前方至少有三个闭塞分区空闲，如图 1-159 所示。

(2)一个绿色灯光和一个黄色灯光——准许列车按规定速度运行，要求注意准备减速，表示运行前方有两个闭塞分区空闲，如图 1-162 所示。

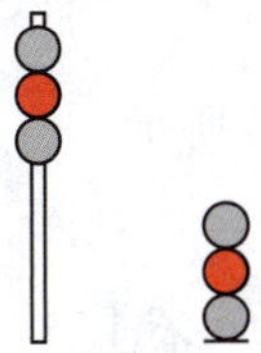

图 1-161　三显示自动闭塞区段通过色灯信号机显示“一个红色灯光”

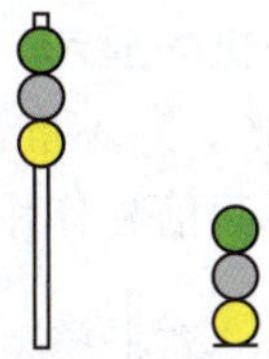

图 1-162　四显示自动闭塞区段及 CTCS-2 级、CTCS-3 级线路通过色灯信号机显示“一个绿色灯光和一个黄色灯光”

(3)一个黄色灯光——要求列车减速运行，按规定限速要求越过该信号机，表示运行前方有一个闭塞分区空闲，如图 1-160 所示。

(4)一个红色灯光——列车应在该信号机前停车，如图 1-161 所示。

4. 线路所防护分歧道岔

(1)CTCS-0 级线路：

①一个黄色闪光和一个黄色灯光——准许列车经 18 号及以上分歧道岔侧向运行，开往半自动闭塞或自动站间闭塞区间，或开往自动闭塞区间且列车运行前方次一闭塞分区空闲，如图 1-163 所示。

②两个黄色灯光——准许列车经分歧道岔侧向运行(但不满足一个黄色闪光和一个黄色灯光)，如图 1-164 所示。

图 1-163　线路所防护分歧道岔通过色灯信号机显示“一个黄色闪光和一个黄色灯光”

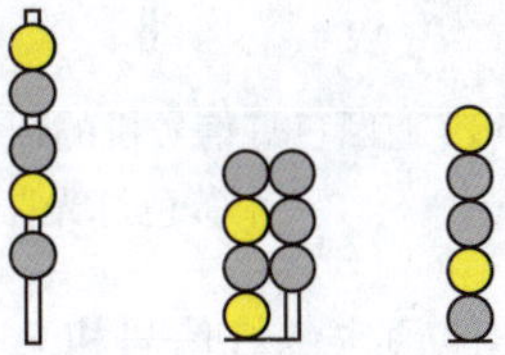

图 1-164　线路所防护分歧道岔通过色灯信号机显示“两个黄色灯光”

③其他允许灯光显示含义应符合半自动闭塞、自动站间闭塞区段、三显示、四显示自动闭塞区段的通过色灯信号机的规定。

(2)防护分歧道岔的线路所通过色灯信号机，其机构外形和显示方式应与进站色灯信号机相同；该信号机显示红色灯光时，不准许列车越过。

CTCS-0 级线路，防护分歧道岔的线路所通过色灯信号机，引导灯光应予封闭。

五、容许信号

容许信号显示一个蓝色灯光——准许列车在通过色灯信号机显示红色灯光的情况下不停车，以不超过 20 km/h 的速度通过，运行到次一架通过色灯信号机，并随时准备停车，如图 1-165 所示。

图 1-165　容许信号

六、遮断色灯信号机、预告色灯信号机及接近色灯信号机

1. 遮断色灯信号机的显示

(1)一个红色灯光——不准许列车越过该信号机，如图 1-166 所示。

(2)不点灯时，不起信号作用，如图 1-167 所示。

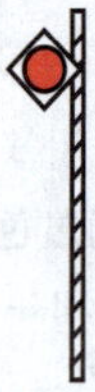

图 1-166　遮断色灯信号机显示“一个红色灯光”

图 1-167　遮断色灯信号机不点灯状态

2. 预告色灯信号机的显示

(1)遮断色灯信号机的预告信号机：

①一个黄色灯光——遮断色灯信号机显示红色灯光，如图 1-168 所示。

②不点灯时，不起信号作用，如图 1-169 所示。

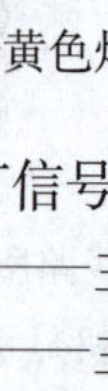

图 1-168　遮断色灯信号机的预告信号机显示“一个黄色灯光”

图 1-169　遮断色灯信号机的预告信号机不点灯状态

(2)其他预告色灯信号机：

①一个绿色灯光——主体信号机在开放状态，如图 1-170 所示。

②一个黄色灯光——主体信号机在关闭状态，如图 1-171 所示。

图 1-170　其他预告色灯信号机显示“一个绿色灯光”

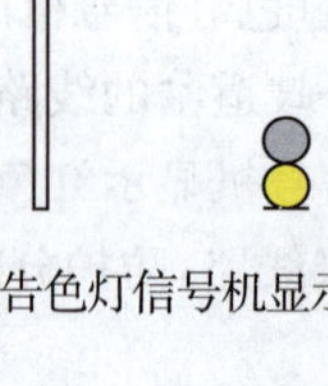

图 1-171　其他预告色灯信号机显示“一个黄色灯光”

3. 接近色灯信号机的显示

(1)一个绿色灯光——主体信号机显示一个绿色灯光，或显示一个绿色灯光和一个黄色灯光，如图 1-172 所示。

(2)一个绿色灯光和一个黄色灯光——主体信号机显示一个黄色灯光，如图 1-173 所示。

(3)一个黄色灯光——主体信号机在关闭状态，或表示主体信号机显示两个黄色灯光，或一个黄色闪光和一个黄色灯光，如图 1-174 所示。

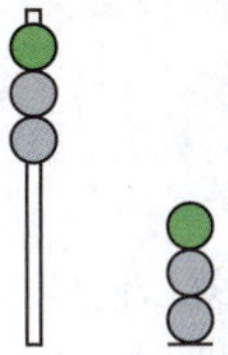

图 1-172　接近色灯信号机显示“一个绿色灯光”

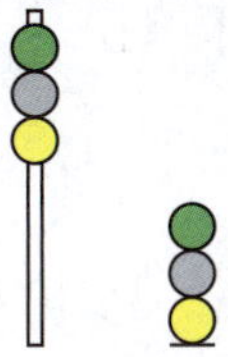

图 1-173　接近色灯信号机显示“一个绿色灯光和一个黄色灯光”

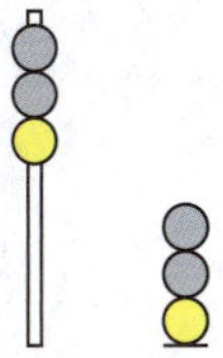

图 1-174　接近色灯信号机显示“一个黄色灯光”

七、调车色灯信号机

调车色灯信号机采用一个月白色灯光和一个蓝色灯光的机构型式；不办理闭塞的站内岔线，在岔线入口处设置的调车色灯信号机可用红色灯光代替蓝色灯光。

对列车运行起阻挡作用的调车色灯信号机，应采用带红色灯光的矮型三显示机构；当该信号机的红色灯光熄灭、显示不明或显示不正确时，应视为列车的停车信号。

调车色灯信号机显示下列信号：

(1)一个月白色灯光——准许越过该信号机调车，如图 1-175 所示。

(2)一个月白色闪光——装有平面溜放调车区集中联锁设备时，准许溜放调车，如图 1-176 所示。

(3)一个蓝色灯光——不准许越过该信号机调车，对列车无效，如图 1-177 所示。

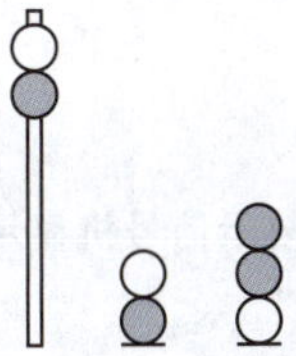

图1-175　调车色灯信号机显示“一个月白色灯光”

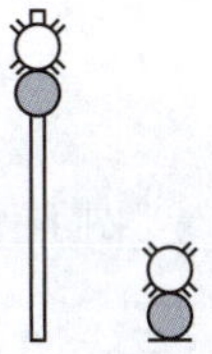

图 1-176　调车色灯信号机显示“一个月白色闪光”

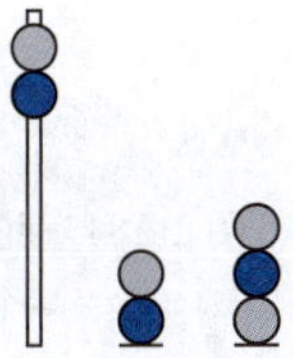

图1-177　调车色灯信号机显示“一个蓝色灯光”

(4)一个红色灯光——不准许列车及调车越过该信号机，如图 1-178、图 1-179 所示。

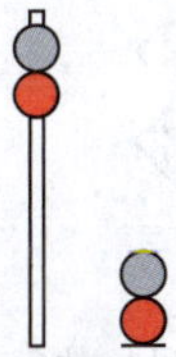

图 1-178　不办理闭塞的站内岔线入口调车色灯信号机显示“一个红色灯光”

图 1-179　对列车运行起阻挡作用的调车色灯信号机显示“一个红色灯光”

八、驼峰场的信号机

驼峰色灯信号机及其复示信号机显示下列信号：

(1)一个绿色灯光。准许机车车辆按规定速度向驼峰推进，如图 1-180、图 1-181 所示。

图 1-180　驼峰色灯信号机显示“一个绿色灯光”

图 1-181　驼峰色灯信号机的复示信号机显示“一个绿色灯光”

(2)一个绿色闪光。指示机车车辆加速向驼峰推进，如图 1-182、图 1-183 所示。

图 1-182　驼峰色灯信号机显示“一个绿色闪光”

图 1-183　驼峰色灯信号机的复示信号机显示“一个绿色闪光”

(3)一个黄色闪光。指示机车车辆减速向驼峰推进，如图 1-184、图 1-185 所示。

图 1-184　驼峰色灯信号机显示“一个黄色闪光”

图 1-185　驼峰色灯信号机的复示信号机显示“一个黄色闪光”

(4)一个红色灯光。不准许机车车辆越过该信号机或指示机车车辆停止作业，如图 1-186、图 1-187 所示。

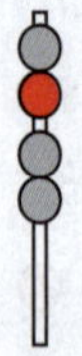

图 1-186　驼峰色灯信号机显示“一个红色灯光”

图 1-187　驼峰色灯信号机的复示信号机显示“一个红色灯光”

(5)一个红色闪光。指示机车车辆自驼峰退回,如图 1-188、图 1-189 所示。

图 1-188　驼峰色灯信号机显示“一个红色闪光”

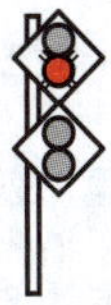

图 1-189　驼峰色灯信号机的复示信号机显示“一个红色闪光”

(6)一个月白色灯光。指示机车到峰下,如图 1-190、图 1-191 所示。

图 1-190　驼峰色灯信号机显示“一个白色灯光”

图 1-191　驼峰色灯信号机的复示信号机显示“一个白色灯光”

(7)一个月白色闪光。指示机车车辆去禁溜线或迂回线,如图 1-192、图 1-193 所示。

图 1-192　驼峰色灯信号机显示“一个白色闪光”

图 1-193　驼峰色灯信号机的复示信号机显示“一个白色闪光”

驼峰色灯信号机的复示信号机平时无显示,如图 1-194 所示;当办理驼峰推送进路后,其显示方式与驼峰色灯信号机相同。

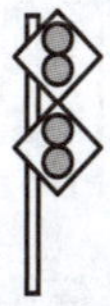

图 1-194　驼峰色灯信号机的复示信号机、驼峰色灯辅助信号机的复示信号机(无显示状态)

驼峰色灯辅助信号机及其复示信号机显示一个黄色灯光——指示机车车辆向驼峰预先推送,如图 1-195、图 1-196 所示;当办理驼峰推送进路后,其灯光显示均与驼峰信号机显示相同。

驼峰色灯辅助信号机兼作发车进路色灯信号机时,其显示含义应符合三显示自动闭塞、半自动闭塞、自动站间、四显示自动闭塞区段发车进路色灯信号机的规定。

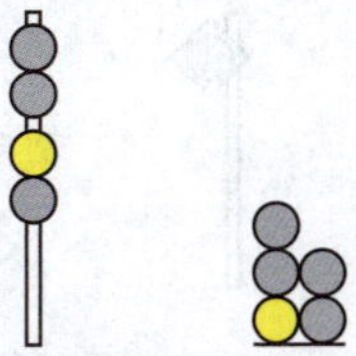

图 1-195　驼峰色灯辅助信号机显示“一个黄色灯光”

图 1-196　驼峰色灯辅助信号机的复示信号机显示“一个黄色灯光”

驼峰色灯辅助信号机平时显示红色灯光，对列车起停车信号作用。

驼峰色灯辅助信号机的复示信号机平时无显示；当办理驼峰推送进路或驼峰预先推送进路后，其显示方式与驼峰色灯辅助信号机相同。

九、色灯复示信号机

(1)进站信号机、接车进路信号机、接发车进路信号机及线路所通过信号机的色灯复示信号机采用灯列式机构，显示下列信号：

①两个月白色灯光与水平线构成60°角显示——主体信号机显示经道岔直向位置向正线接车的信号，如图1-197所示。

②两个月白色灯光水平位置显示——主体信号机显示经道岔侧向位置接车的信号，如图1-198所示。

③无显示——主体信号机在关闭状态，如图1-199所示。

图1-197　灯列式色灯复示信号机“两个月白灯光与水平线构成60°角”

图1-198　灯列式色灯复示信号机“两个月白灯光水平位置”

图1-199　灯列式色灯复示信号机无显示

(2)出站信号机及发车进路信号机的色灯复示信号机显示下列信号：

①一个绿色灯光——主体信号机在开放状态，如图1-200所示。

②无显示——主体信号机在关闭状态，如图1-201所示。

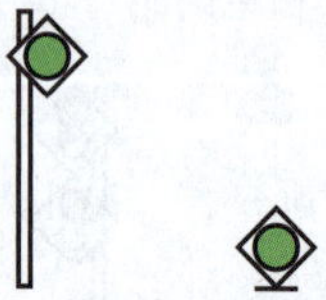

图1-200　出站信号机及发车进路信号机的色灯复示信号机显示“一个绿色灯光”

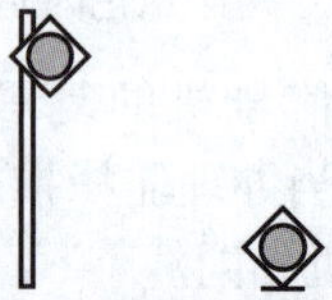

图1-201　出站信号机及发车进路信号机的色灯复示信号机无显示

(3)调车色灯复示信号机显示下列信号：

①一个月白色灯光——调车信号机在开放状态，如图1-202所示。

②无显示——调车信号机在关闭状态，如图1-203所示。

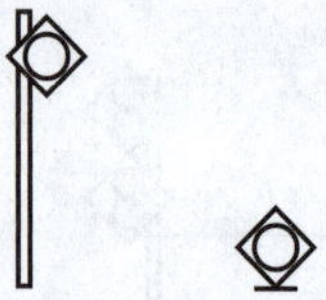

图1-202　调车色灯复示信号机显示“一个月白色灯光”

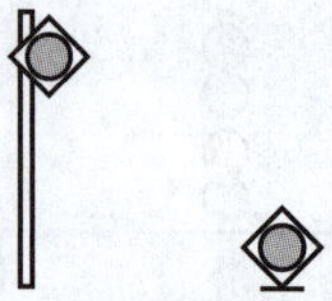

图1-203　调车色灯复示信号机无显示

测一测

一、简答题

1. 简述自动站间闭塞区段进站信号机显示的方式及含义。
2. 简述四显示自动闭塞区段进站信号机显示的方式及含义。
3. 简述半自动闭塞区段出站信号机显示的方式及含义。
4. 简述三显示自动闭塞区段出站信号机显示的方式及含义。
5. 简述自动闭塞区段通过信号机显示的方式及含义。
6. 简述预告信号机的显示方式及含义。
7. 简述接近信号机的显示方式及含义。

二、综合题

绘制铁路知识信号显示方式知识树。

知识拓展

列车运行控制系统

列车运行控制系统是根据列车在铁路线路上运行的客观条件和实际情况，对列车运行速度及制动方式等状态进行监督控制和调整的技术装备。它利用地面设备向运动中的列车传送各种信息，使司机了解地面线路状态并控制列车速度，同时保证行车效率。

根据线路条件、列车特性、运行速度等运输需求，我国列车运行控制系统分为 CTCS-0 级、CTCS-1 级、CTCS-2 级、CTCS-3 级 CTCS-4 级五个等级。

CTCS-0 级主要面向 120 km/h 以下的区段，由通用机车信号(JT-A/B)和列车运行监控装置(LKJ)构成。

CTCS-1 级面向 160 km/h 以下的区段，由主体机车信号(JT-C)和安全型列车运行监控装置组成，在既有设备基础上强化改造，达到机车信号主体化要求，增加点式设备，实现列车运行安全监控功能。

CTCS-2 级是面向提速干线和客运专线，适用于各种限速区段，是基于轨道传输信息的列车运行控制系统。

CTCS-3 级适用于 250 km/h 及以上线路，是基于无线传输信息并采用轨道电路等方式检查列车占用的列车运行控制系统。

CTCS-4 级面向高速新线或特殊线路，是基于无线传输信息的列车运行控制系统。CTCS-4 级基于无线通信传输平台，可实现虚拟闭塞或移动闭塞。CTCS-4 级由无线闭塞中心(RBC)和车载验证系统共同完成列车定位和列车完整性检查。CTCS-4 级地面不设通过信号机，机车乘务员凭车载信号行车。CTCS-4 级是面向未来的列车运行控制系统。

活动四　认知铁路基本闭塞

问题导入

1949 年，我国铁路有 72%的线路没有闭塞设备，大部分铁路采用的是电话、电报闭塞。

20 世纪 50 年代基本上采用路签、路牌闭塞，到 21 世纪初，全部淘汰。20 世纪 60 年代，普遍采用继电半自动闭塞，部分线路构成自动站间闭塞。20 世纪 80 年代，大量建造自动闭塞。自动闭塞原为双线单方向运行，2000 年均改为双线双方向运行。原为三显示自动闭塞提速改造为四显示自动闭塞。那么，如何理解闭塞的含义呢？

利用网络搜集资料并思考问题，初步了解基本闭塞相关内容。

问题 1：行车基本闭塞法有哪些类型？

问题 2：闭塞分区的界限如何设定。

相关知识

视频

行车基本闭塞法

一、基本概念

为保证列车运行的安全，使同方向列车不致发生追尾冲突，对向列车不致发生迎面相撞，列车运行必须有间隔；同时，在满足列车长度、速度、密度、制动力和信号显示距离等条件下，划分列车运行间隔有利于提高铁路通过能力。

（一）列车运行间隔的划分

空间间隔法——以车站、线路所划分的区间，自动闭塞区间的通过信号机所划分的闭塞分区，作为两列车间隔的行车方法。即在正常情况下，每个区间（或闭塞分区），在同一时间内，只准有一个列车占用。

时间间隔法（又称隔时续行法）——按一定的时间间隔开行续行列车。即第一列车发车后，经过一定的时间，再发出下一列列车。

（二）区间及闭塞分区的界限划分

1. 站间区间

站间区间即车站与车站间的线段。站间区间分为单线站间区间和双线或多线站间区间两种。

（1）单线站间区间以进站信号机柱中心线为车站与区间的分界线，如图 1-204 所示。

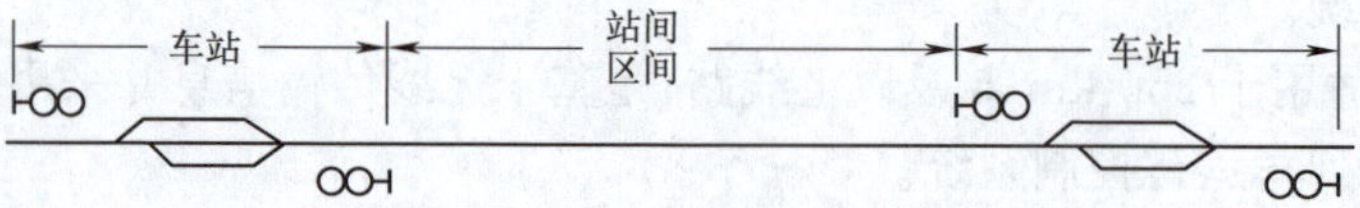

图 1-204　单线站间区间界限示意

（2）双线或多线站间区间分别以各该线的进站信号机柱或站界标的中心线为车站与区间的分界线，如图 1-205 所示。

2. 所间区间

所间区间即两线路所间或线路所与车站间的线段。所间区间分为单线所间区间和双线所间区间两种。

（1）单线所间区间以该线上的线路所通过信号机柱的中心线为所间区间的分界线。设有进站信号机的线路所，所间区间的分界方法与站间区间相同。

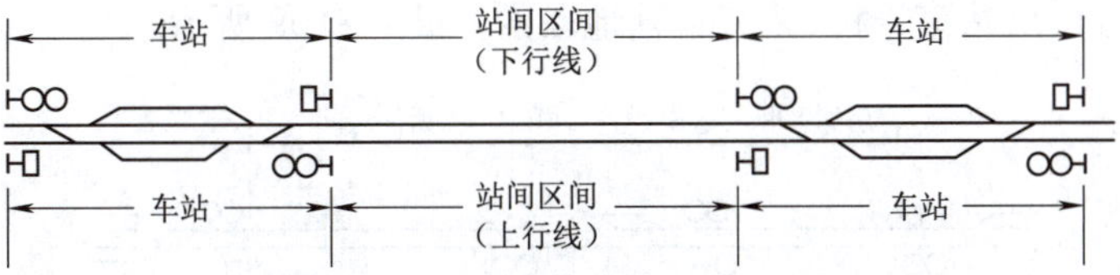

图 1-205　双线站间区间界限示意

线路所只设有通过信号机，无管辖地段的，如图 1-206 所示。

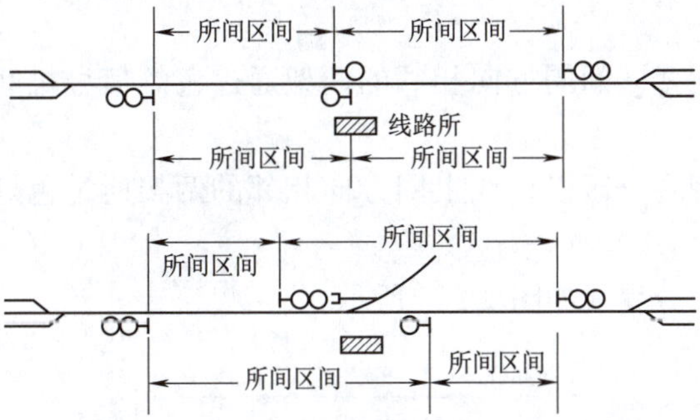

图 1-206　单线区间只设有通过信号机的所间区间界限示意

线路所设有进、出站信号机，并有管辖地段的，如图 1-207 所示。

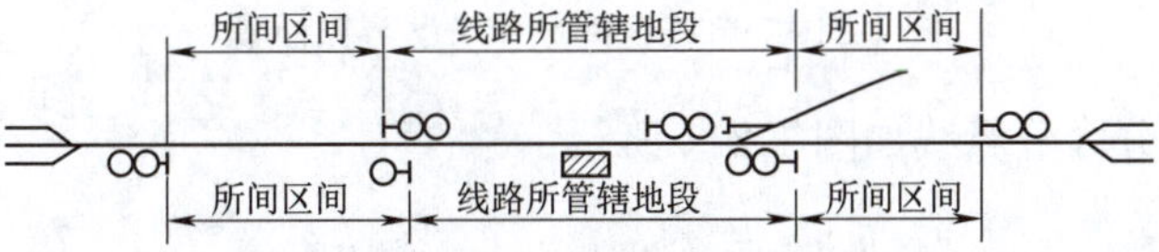

图 1-207　单线区间设有进、出站信号机的所间区间界限示意

（2）双线所间区间其划分方法与单线所间区间相同。

线路所只设有通过信号机，无管辖地段的，如图 1-208 所示。

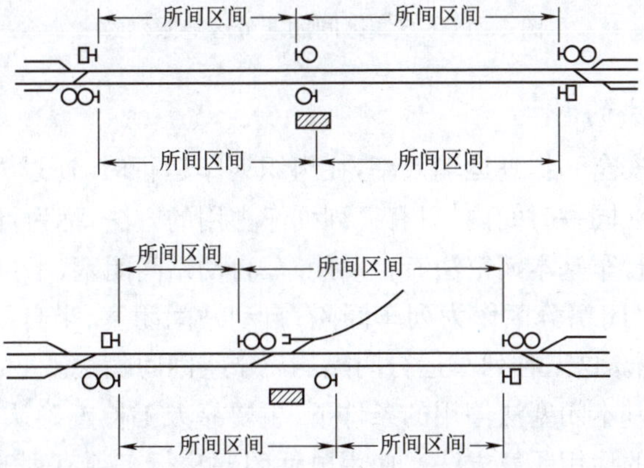

图 1-208　双线区间只设有通过信号机的所间区间界限示意

线路所设有进、出站信号机，并有管辖地段的，如图 1-209 所示。

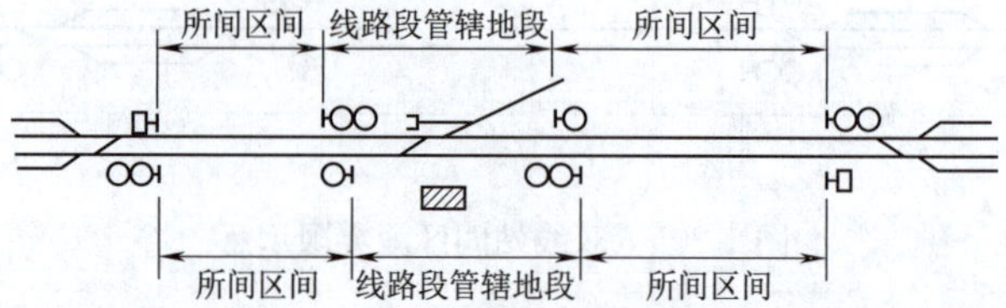

图 1-209　双线区间设有进、出站信号机的所间区间界限示意

3. 闭塞分区

闭塞分区即自动闭塞区间同方向相邻的两架通过色灯信号机间或进站信号机与通过色灯信号机间的线段。

自动闭塞区间的闭塞分区以该线上同方向相邻的两架通过色灯信号机柱的中心线为分界线。

单线区间闭塞分区分界线如图 1-210 所示。

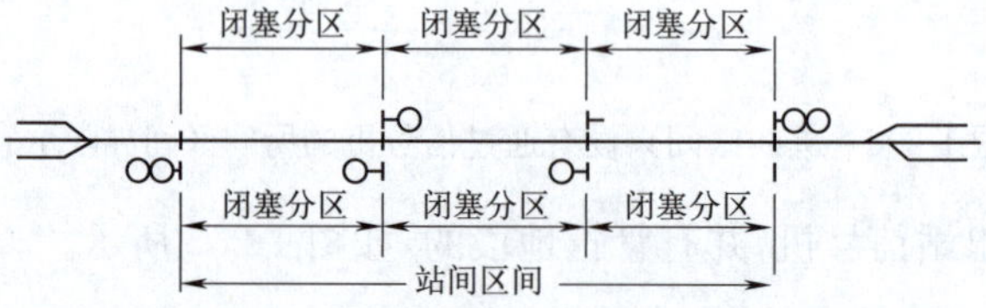

图 1-210　单线区间闭塞分区界限示意

双线区间闭塞分区分界线如图 1-211 所示。

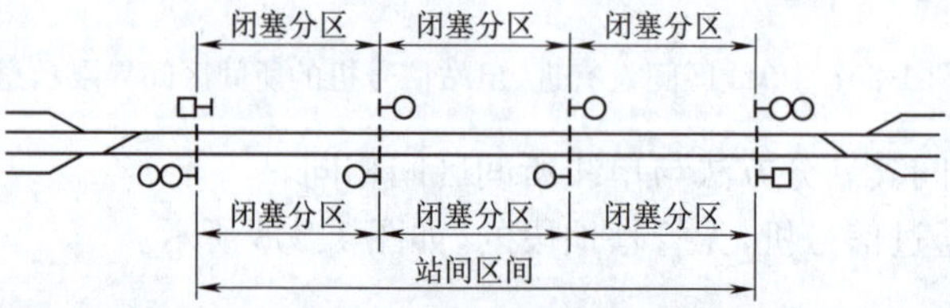

图 1-211　双线区间闭塞分区界限示意

（三）行车闭塞法的种类

为保证列车运行安全和提高运输效率，在组织列车运行时，通过人工或设备控制，使一个区间（或闭塞分区）在同一时间内，只有一列列车占用的方法，称为行车闭塞法。

我国铁路采用的行车基本闭塞法有自动闭塞、自动站间闭塞、半自动闭塞三种。

其中，自动闭塞以闭塞分区作为列车间隔；自动站间闭塞、半自动闭塞都是以站间（所间）区间作为列车间隔。这三种列车运行间隔均属于空间间隔法。

电话闭塞法是在基本闭塞法停用的条件下，主要靠人工检查确认和联系制度来保证实现列车运行空间间隔的代用闭塞方法。使用电话闭塞法行车须有列车调度员命令，并严格按有关电话闭塞接发列车规定的程序、制度办理行车作业。

原则上不使用隔时续行方法。由于按时间间隔法行车，不易严格保持后行列车和前行列车的安全间隔，如果办理疏忽或司机操纵不当，很容易发生追尾事故，因此规定隔时续行办法原则上不使用。在特殊情况下必须使用时，由铁路局集团公司规定并制定具体行车办法和安全措施。

（四）行车闭塞法的变更或恢复

车站值班员在办理接发列车时，遇行车设备故障、施工、自然灾害等情况造成基本闭塞法不能使用或在特别规定的行车条件下需停止使用基本闭塞法时，须向列车调度员报告。列车调度员详细了解现场情况后，向有关处所和人员发布停止使用基本闭塞法改按电话闭塞法行车的调度命令。

行车闭塞法的变更或恢复，列车调度员须发布调度命令。但遇特殊情况列车调度电话不通时，为减少对运输秩序的影响，由该区间两端车站值班员共同确认区间间空闲后，直接以电话记录办理。当列车调度电话恢复正常时，两端站车站值班员应人及时向列车调度员报告。

二、自动闭塞

（一）自动闭塞的基本概念

自动闭塞是根据列车运行及有关闭塞分区状态，自动变换通过信号机显示而司机凭信号行车的闭塞方法。自动闭塞是在列车运行过程中自动完成闭塞作用的。双线单向自动闭塞如图 1-212 所示，它将一个区间划分为若干小段，即闭塞分区，在每个闭塞分区的起点装设通过信号机，用以防护该闭塞分区。每个闭塞分区内都装设轨道电路(或计轴器等列车检测设备)，通过轨道电路将列车和通过信号机的显示联系起来，根据列车运行及有关闭塞分区的状态使通过信号机的显示自动变换。因为闭塞作用的完成不需要人工操纵，故称为自动闭塞。自动闭塞不需要办理闭塞手续，并可开行追踪列车，既保证了行车安全，又提高了运输效率。

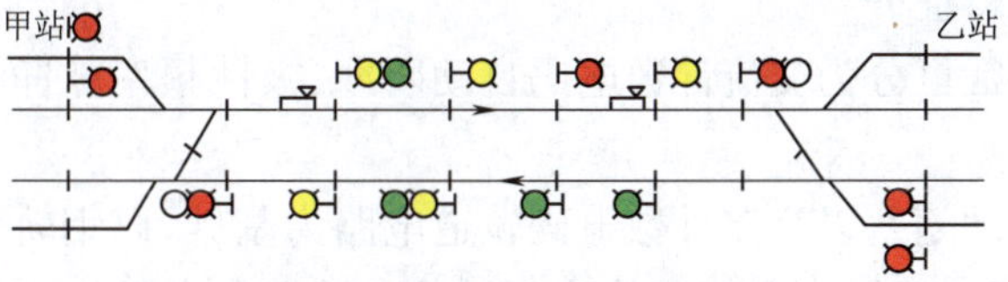

图 1-212　双线单向自动闭塞

（二）自动闭塞的分类

1. 按行车组织方法分

按行车组织方法可分为单向自动闭塞和双向自动闭塞。

在单线区段，只有一条线路既要运行上行列车，又要运行下行列车。为了调整双方向列车的运行，在线路的两侧都要装设通过信号机，这种自动闭塞称为单线双向自动闭塞，如图 1-213 所示。

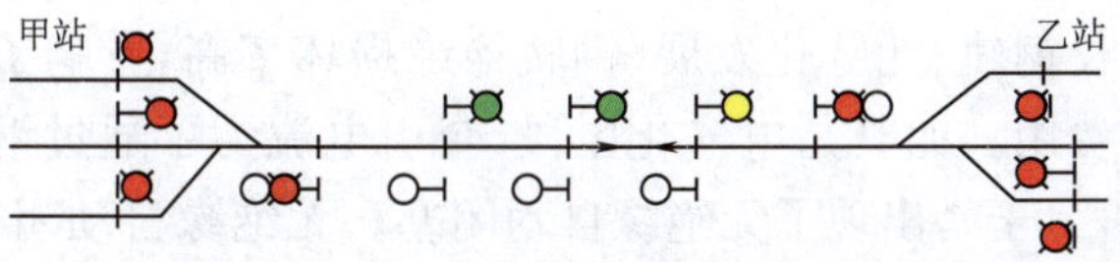

图 1-213　单线双向自动闭塞

在双线区段，以前一般采用列车单方向运行方式，即一条铁路线路只允许上行列车运行，而另一条铁路线路只允许下行列车运行。为此，对于每一条铁路线路仅在一侧装设通过信号机，这样的自动闭塞称为双线单向自动闭塞，如图 1-212 所示。

为了充分发挥铁路线路的运输能力，在双线区段的每一条线路上都能双方向运行列车，这样的自动闭塞称为双线双向自动闭塞，如图 1-214 所示。正方向设置通过信号机，反方向运行的列车是按机车信号的显示作为行车命令的，即此时以机车信号作为主体信号。

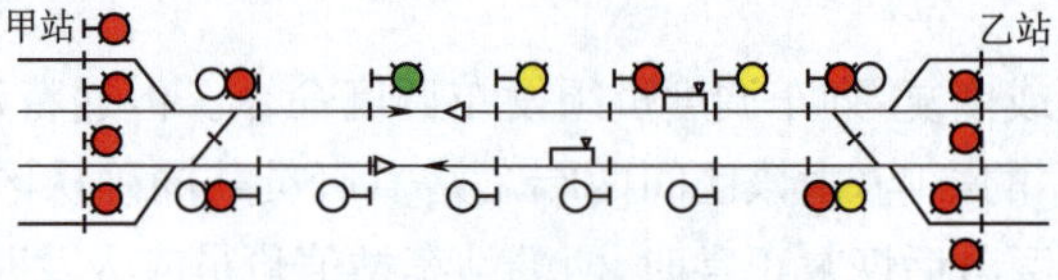

图 1-214　双线双向自动闭塞

双线单向自动闭塞，只防护列车的尾部，而单线或双线双向自动闭塞，必须对列车的尾部和头部两个方向进行防护。为了防止两方向的列车正面冲突，平时规定一个方向的通过信号机亮灯，另一个方向的通过信号机灭灯（或另一个方向的机车信号没有信息），只有在需要改变运行方向，而且在区间空闲的条件下，由车站值班员办理一定的手续后才能允许反方向的列车运行。

2. 按设备放置方式分

按设备放置方式可分为分散安装式自动闭塞和集中安装式自动闭塞。

分散安装式自动闭塞的设备都放置在每个信号点处。集中安装式自动闭塞的设备集中放置在相近的车站继电器室内，用电缆与通过信号机相联系。目前，自动闭塞均采用集中安装式。

3. 按传递信息的特征分

按传递信息的特征可分为交流计数电码自动闭塞、极性频率脉冲自动闭塞和移频自动闭塞等。

交流计数电码自动闭塞以交流计数电码轨道电路为基础，以钢轨作为传输通道传递信息，不同信息的特征靠电码脉中和间隔构成不同的电码组合来区分。

极性频率脉冲自动闭塞（简称极频自动闭塞）以极性频率脉冲轨道电路为基础，以钢轨作为通道传递信息，不同信息的特征是靠两种不同极性和每个周期内不同数目的脉冲来区分的。

移频自动闭塞以移频轨道电路为基础，用钢轨传递移频信息。它是一种选用频率参数作为信息的制式，利用调制方法把规定的调制信号（低频信息）搬移到载频段并形成振荡，由上下边频构成交替变化的移频波形，其交替变化的速率就是调制信号频率。

4. 按是否设置轨道绝缘分

按是否设置轨道绝缘分为有绝缘自动闭塞和无绝缘自动闭塞。

传统的自动闭塞在闭塞分区分界处均设有钢轨绝缘，以分割各闭塞分区。但钢轨绝缘的设置不利于线路向长钢轨、无缝化发展，钢轨绝缘损坏率高，影响了设备的稳定工作，且增加了维修工作量和费用。尤其是电气化区段，牵引电流为了通过钢轨绝缘，必须安装扼流变压器，缺点更显著。于是出现了无绝缘自动闭塞。无绝缘自动闭塞以无绝缘轨道电路为基础。无绝缘轨道电路分谐振式和感应式两种，取消了区间线路的钢轨绝缘，满足了铁路无缝化、电气化发展的需要。

5. 按通过信号机的显示制式分

按通过信号机的显示制式可分为三显示自动闭塞和四显示自动闭塞。

(1)三显示自动闭塞：

三显示自动闭塞，区间通过信号机具有红、黄、绿三种灯光，如图 1-215 所示。

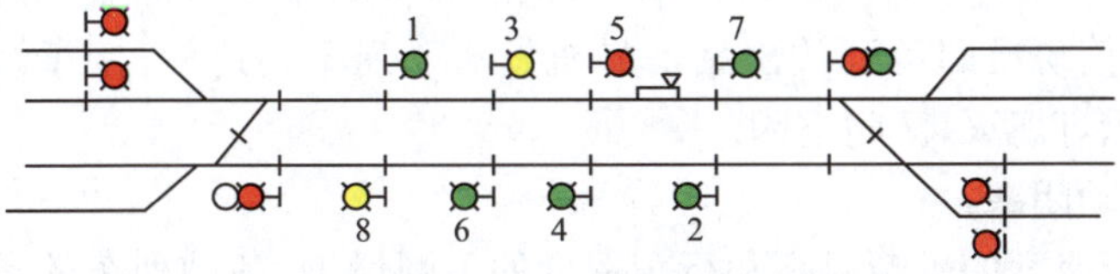

图 1-215　三显示自动闭塞示意

当列车进入第一个闭塞分区时，第一架通过信号机显示红灯；第二架通过信号机显示黄灯；第三架通过信号机显示绿灯。在绿色信号运行的情况下，列车可以进入第四个闭塞分区，从而使第四架通过信号机也显示红灯。由于自动闭塞设备对列车的防护是自动进行的，它不再需要车站值班员办理闭塞手续，而是根据各个闭塞分区的空闲或占用状态，自动变换通过信号机的显示，指示列车运行，因而可以加大自动闭塞区间内的行车密度，提高铁路区间的通过能力。

三显示自动闭塞的特点：

①在三显示自动闭塞区段车站，车站控制台(图 1-216)上设有邻近车站的两个闭塞分区占用情况表示灯，第一接近、第二接近和第一离去、第二离去表示灯。接车时当列车进入第一接近或第二接近区段时，控制台上电铃发出短时间音响信号，接近表示灯亮灯，以提醒车站值班员注意，准备接车；发车时出站信号机的开放，受第一离去和第二离去轨道区段占用的限制。车站值班员在开放出站信号机前，必须确认离去区段的空闲情况。三显示自动闭塞区段每个闭塞分区的长度一般为 1 200～1 300 m，它构成一个独立的轨道电路。

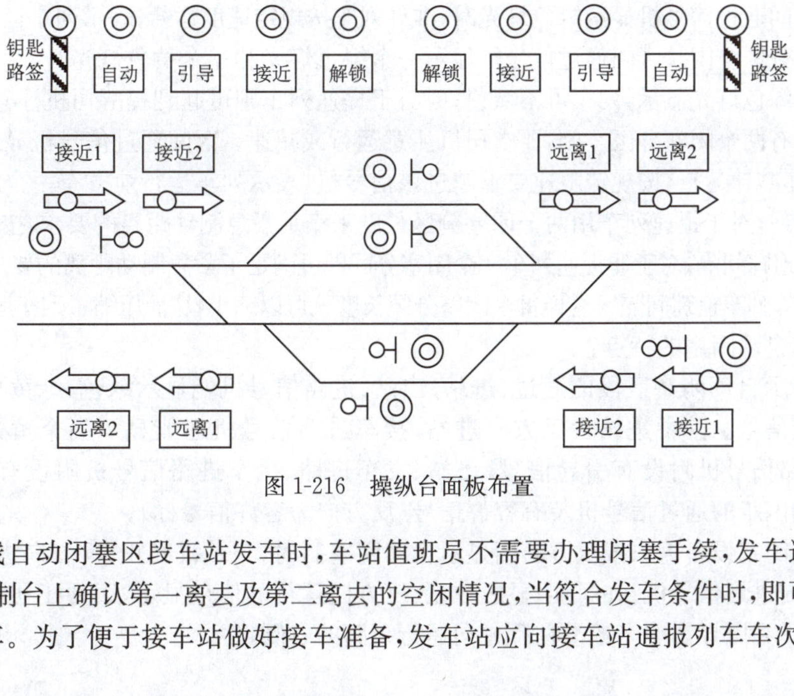

图 1-216　操纵台面板布置

②双线自动闭塞区段车站发车时，车站值班员不需要办理闭塞手续，发车进路准备妥当后，从控制台上确认第一离去及第二离去的空闲情况，当符合发车条件时，即可开放出站信号机发车。为了便于接车站做好接车准备，发车站应向接车站通报列车车次、列车出发

时刻及有关注意事项。

③单线自动闭塞区段上的发车方向一经确定，为保证列车运行秩序或重要列车的运行，车站值班员在转换发车方向之前，除确认站间区间空闲外，并须得到列车调度员准许，方可办理转换手续。

按下发车按钮，该运行方向的通过信号机亮灯，同时发车方向表示灯及接车站的接车表示灯亮灯，车站值班员即可开放出站信号机发车。列车到达后，接车站的接车表示灯和发车站的发车表示灯熄灭，区间空闲。

(2)四显示自动闭塞：

随着列车运行速度的不断提高和行车密度的不断增加，各种列车的运行速度和制动距离就出现了很大差异，运行速度超过 120 km/h 的列车运行在三显示自动闭塞区段时，列车越过显示黄灯的通过信号机时开始减速，至次一架显示红灯的信号机前方停车，车的实际制动距离仅有一个闭塞分区的长度。由于列车牵引重量及列车运行的速度不同，若按列车运行速度高、列车牵引重量大的列车确定闭塞分区长度，将使列车运行速度低的列车，运行间隔加大，降低了区间通过能力；若按列车运行速度低、列车牵引重量轻的列车，确定闭塞分区长度，则不能保证高速列车的行车安全。

四显示自动闭塞正是解决列车运行速度，提高列车区间通过能力的最佳显示制式。四显示自动闭塞在原有黄、绿、红显示的基础上增加一个绿黄显示，如图 1-217 所示。

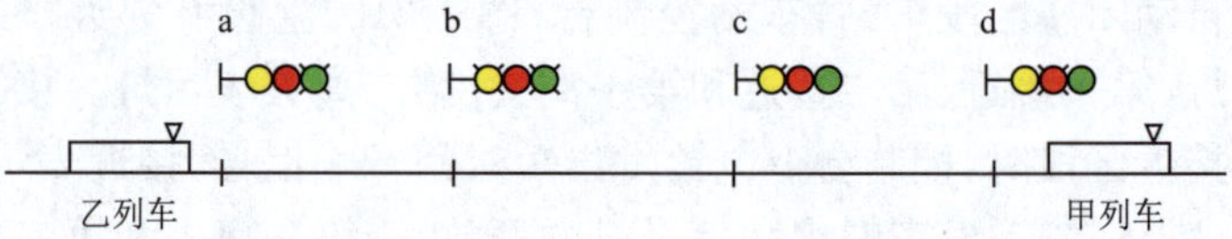

图 1-217　四显示自动闭塞示意

四显示自动闭塞分三个速度等级，分别显示黄、绿、绿黄三种显示，每种显示都有明确的速度含义。区间通过信号机显示绿色灯光时，准许列车按规定速度运行，表示列车运行前方至少有三个闭塞分区空闲。区间通过信号机显示一个绿色灯光和一个黄色灯光时，对于未提速的列车相当于绿色灯光显示，列车可不减速；但对于提速列车则可起到提醒司机注意，预告列车运行前方只有两个闭塞分区空闲，要求司机注意运行或减速。区间通过信号机显示黄色灯光时，要求列车减速运行，按规定限速要求越过该信号机，表示列车运行前方有一个闭塞分区空闲。综上所述，对于提速列车用两个闭塞分区长度来满足紧急制动距离的要求，按四个闭塞分区计算列车追踪间隔；对于非提速列车一个闭塞分区即可满足了紧急制动距离的要求，可按三个闭塞分区计算列车追踪间隔。这样每个闭塞分区长度就可以缩小，从而压缩了列车运行间隔。

四显示自动闭塞的特点：

①四显示自动闭塞区段的通过、进站、出站、进路信号机能显示绿色、绿黄色、黄色、红色四种灯光信号。其中进站含反方向进站，接车进路信号机还能显示两个黄色灯光。进站、接车进路信号机附设有引导信号，出站、发车进路、接车进路信号机附设有调车信号。停车后起动困难的通过信号机装有容许信号(反方向为容许信号标)。

②线路闭塞设备为双线双方向四显示自动闭塞制时，车站设有正、反方向进站、出站信号机，反方向进站信号机目的是明显区分正、反方向运行的信号显示，以便于司机掌握列车运行条件，受到限界影响多数设在反方向运行线路的右侧。

控制台上设有一接近、二接近、三接近、一离去、二离去、三离去区间占用表示灯，以便车站值班员确认邻近闭塞分区的空闲情况，并根据列车性质及运行情况所需要的闭塞分区空闲条件，开放出站信号机，发出列车。

③装设列车速度监督设备，机车上装有带速度监督的机车信号设备或列车运行控制系统，区间轨道电路采用UM71或ZPW-2000A型和站内正线电码化设备。当列车运行速度超过速度监督设备规定速度时，自动迫使列车停车。

④相邻两个闭塞分区长度之和能满足列车从最高速度实施停车的制动距离需要。任一闭塞分区长度能满足列车按速度监督要求分级减速制动距离的需要，闭塞分区长度一般为600～1 000 m。

⑤设红灯保护区，即列车在区间正方向运行时，列车尾部后方连续两架通过(含出站)信号机显示红色灯光。

列车在区间正、反方向运行，四显示机车信号均具有地面闭塞分区追踪序列的显示和红灯保护区条件。

⑥进站信号机未开放时，其外方连续两架通过信号机显示黄色灯光。

⑦区间通过信号机灯泡双断丝灭灯时，向前方第一架信号机转移黄灯；区间线路发生断轨或发生短路时，向前方一架信号机转移红灯；轨道故障且防护的信号机灭灯，向前方两架信号机转移红灯；正向进站信号机红灯双断丝灭灯或点红灯而其防冒进的点式设备故障时，无灯光转移，只有电码转移。

(3)列车占用区间的行车凭证：

①正常情况下的行车凭证：

使用自动闭塞法行车时，列车进入闭塞分区的行车凭证为出站或通过信号机显示的允许运行的信号。

②非正常情况下的行车凭证见表1-7。

表1-7　自动闭塞区段特殊情况行车凭证

<table>
<tr><th>列车出发情况</th><th>行车凭证</th><th>发给行车凭证的依据</th><th>附带条件</th></tr>
<tr><td>1. 出站信号机故障时发出列车</td><td rowspan="5">绿色许可证(图1-39)</td><td rowspan="3">1. 监督器表示第一个闭塞分区空闲，不表示时为接到前次列车到达邻站的通知或前次列车发出后不少于10 min的时间
2. 确认道岔位置正确及进路空闲
3. 单线须取得对方站确认区间内无迎面列车的电话记录号码</td><td rowspan="3">从监督器上不能确认第一个闭塞分区空闲时，车站应发给司机书面通知(图1-43)，司机以在瞭望距离内能随时停车的速度，最高不超过20 km/h，运行到第一架通过信号机，按其显示的要求执行</td></tr>
<tr><td>2. 由未设出站信号机的线路上发出列车</td></tr>
<tr><td>3. 超长列车头部越过出站信号机发出列车</td></tr>
<tr><td>4. 发车进路信号机发生故障时发出列车</td><td rowspan="2">确认道岔位置正确及进路空闲</td><td rowspan="2">列车到达次一信号机按其显示的要求执行</td></tr>
<tr><td>5. 超长列车头部越过发车进路信号机发出列车</td></tr>
<tr><td>6. 自动闭塞作用良好，监督器故障时发出列车</td><td rowspan="2">出站信号机显示的允许运行的信号</td><td></td><td>与邻站车站值班员及本站信号员联系</td></tr>
<tr><td>7. 双线双向闭塞设备的车站，反方向发出列车</td><td>1. 区间占用表示灯表示区间空闲
2. 双线反方向行车的调度命令</td><td>反方向发车进路表示器显示正确(进路表示器故障时通知司机)</td></tr>
</table>

注：在四显示区段，因设备不同，执行上述条款有困难的可按铁路局集团公司规定办理。

(4)自动闭塞区间通过信号机显示停车信号或信号故障时行车规定：

自动闭塞区间通过信号机显示停车信号(包括显示不明或灯光熄灭)时，列车必须在该信号机前停车，司机应使用列车无线调度通信设备通知车辆乘务员(随车机械师)。停车等候 2 min，该信号机仍未显示允许运行的信号时，即以遇到阻碍能随时停车的速度继续运行，最高不超过 20 km/h，运行到次一通过信号机(进站信号机)，按其显示的要求运行。在停车等候同时，应与车站值班员、列车调度员联系，如确认前方闭塞分区内有列车时，不得进入。

装有容许信号的通过信号机，显示停车信号时，准许铁路局集团公司规定停车后起动困难的货物列车，在该信号机前不停车，按上述速度通过。当容许信号灯光熄灭或容许信号和通过信号机灯光都熄灭时，司机在确认信号机装有容许信号时，仍按上述速度通过该信号机。

装有连续式机车信号的列车，遇通过信号机灯光熄灭，而机车信号显示允许运行的信号时，应按机车信号的显示运行。司机发现通过信号机故障时，应将故障信号机的号码通知前方站(列车调度员)。车站值班员(列车调度员)发现或得到区间通过信号机故障的报告后，在故障修复前，对尚未进入区间的后续列车，改按站间组织行车。

三、自动站间闭塞

自动站间闭塞是在半自动闭塞基础上发展起来的闭塞设备，区间两端站的出站信号机(线路所通过信号机)和轨道检查装置构成联锁关系，自动检查区间空闲，列车以站间(所间)区间为间隔运行，通过办理发车进路和检查列车出清区间的方式，自动实现区间闭塞和区间开通。

(一)自动站间闭塞设备应满足的条件

(1)列车进入自动站间闭塞区间的凭证是出站信号机开放。

(2)当发车站办理发车进路时，站间自动构成闭塞状态。

(3)出站信号机开放，应连续检查闭塞状态正确及区间空闲。

(4)两站不能同时向同一区间开放出站信号机。

(5)列车进入发车进路后，出站信号机应自动关闭。在闭塞解除后，两站向该区间的出站信号均不能再次开放。

(6)列车到达接车站或返回发车站，经验查区间空闲后，自动解除闭塞。

(7)区间闭塞后，发车进路解锁前，不能解除闭塞；取消发车进路，发车进路解锁后，闭塞随之自动解除。

(二)自动站间闭塞的分类

自动站间闭塞按轨道检查装置的不同分为计轴自动站间闭塞和轨道电路自动站间闭塞两种。

1. 计轴自动站间闭塞

计轴自动站间闭塞是在半自动闭塞设备的基础上，在相邻两站间增设的一种计算列车轴数的设备。列车进入区间时，计轴设备正向计数，形成闭塞；列车出清区间时，计轴设备逆向计数，归零后自动解除闭塞。

2. 轨道电路自动站间闭塞

轨道电路自动站间闭塞是在区间加装轨道电路装置，通过区间轨道电路的占用和空闲来实现区间闭塞和解除闭塞，它可以看做是区间只有一个闭塞分区的自动闭塞。

（三）自动检查区间

自动检查区间主要通过计轴设备或区间长轨道电路来实现。

(1)计轴设备通过设置在区间（所间）两端站的计轴磁头，对进入区间和车站（线路所）的列车轴数进行记录，并经过传输线路将两端站（线路所）所记录的轴数进行核对，当两端站（线路所）记录的轴数一致时，即确认列车整列到达，区间空闲，自动开通区间。发出由区间返回的列车时，由发车站自行检查。当计轴设备记录进出区间的列车轴数不一致时，即判定区间占用。当计轴设备发生故障不能正常计轴或判定区间占用时，不能自动解除闭塞。

(2)区间长轨道电路由三部分组成，包括上、下行接近区段轨道电路（双线时为接近和发车区段轨道电路）和中间部分轨道电路，通过轨道电路对区间是否占用、线路是否良好进行检查。在这三部分轨道电路都空闲时，排列发车进路，开放出站信号，自动完成闭塞；在列车到达前方站（返回发车站）三部分轨道电路都空闲后，自动开通区间。当区间任何一部分轨道电路处于占用状态时，不能开放出站信号机；列车虽已到达前方站（返回发车站），但不能解除闭塞开通区间。出站信号机开放后，如果区间轨道电路因故障等原因处于占用状态时，便自动关闭。

（四）自动站间闭塞行车凭证

使用自动站间闭塞法发出列车时，由于列车按站间间隔运行，列车进入区间的行车凭证为出站信号机或线路所通过信号机显示的允许运行的信号。

由于自动站间闭塞发车前不需办理闭塞手续，排列发车进路开放出站信号后，即可发出列车，同时列车需按站间间隔行车，因此发车站在办理发车进路前，须确认区间空闲和接车站未办理同一区间的发车进路。为使接车站做好接车准备工作，发车站应向接车站发出预告。

自动站间闭塞区间，发车站办理预告后，接车站必须做好接车准备。如果列车预告后因特殊情况不能发出时，发车站必须通知接车站取消预告。避免长时间占用区间，方便接车站进行其他作业，也能为其他列车运行提供条件。

四、半自动闭塞

半自动闭塞是用人工来办理闭塞及开放出站信号机，而由出发列车自动关闭出站信号机并实现区间闭塞的一种闭塞方式。我国单线铁路采用 64D 型继电半自动闭塞，主要由车站（线路所）的闭塞机、出站信号机（线路所通过信号机）和轨道电路构成，图 1-218 为单线继电半自动闭塞示意、图 1-219 为单线半自动闭塞车站控制台。

（一）办理闭塞手续

视频

半自动闭塞
接发车作业程序

单线继电半自动闭塞要求两个车站的值班员共同办理闭塞手续，其办理手续分为正常办理、取消复原和事故复原三种，这里只介绍正常办理。

正常办理是指两站间列车的正常运行及闭塞设备处于正常状态时的办理方法，共有 5 个步骤。甲站向乙站发车的步骤如下。

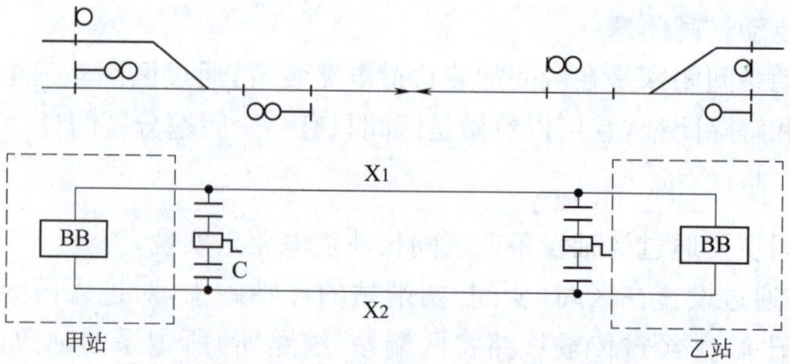

图 1-218　单线继电半自动闭塞示意

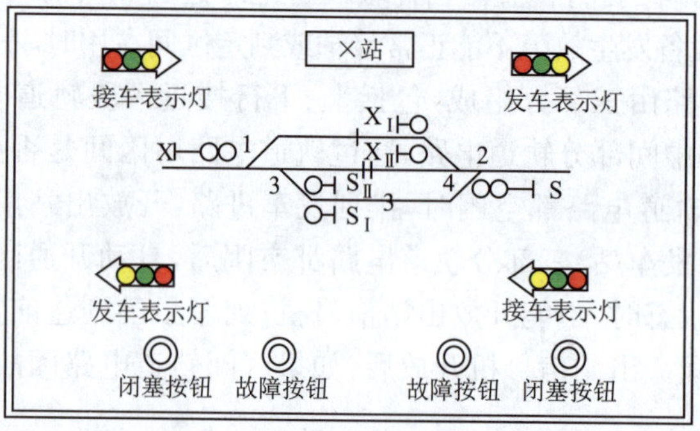

图 1-219　单线半自动闭塞车站控制台

1. 甲站请求发车

甲站要向乙站请求发车，甲站值班员应先检查控制台上的接、发车表示灯处于灭灯状态，并检查“行车日志”有关前一次列车出发、到达的记录，确认区间空闲后，通过闭塞电话与乙站联系然后按下闭塞按钮，向乙站发出请求发车信号。此时，乙站电铃鸣响。当甲站值班员松开闭塞按钮后，乙站向甲站发送自动回执信号，使甲站发车表示灯亮黄灯，同时电铃鸣响。当发完自动回执信号后，乙站接车表示灯也亮黄灯，这说明甲站办理请求发车的手续已完成。

2. 乙站同意甲站发车

乙站如果同意甲站发车，乙站值班员在确认接车表示灯亮黄灯后，按下闭塞按钮，向甲站发送同意接车信号。此时，乙站接车表示灯黄灯熄灭，绿灯点亮；甲站发车表示灯黄灯也熄灭，改亮绿灯，同时电铃鸣响。

至此，两站间完成了一次列车占用区间的闭塞手续。闭塞机处于“区间开通”状态，表示乙站同意甲站发车，甲站至乙站方向区间开通，甲站出站信号机可以开放。

3. 列车从甲站出发

甲站值班员看到发车表示灯亮绿灯，准备好发车进路后，可开放出站信号机，办理发车手续。当出发列车越过出站信号机进入轨道电路区段后，出站信号机自动关闭；当列车进入甲站半自动闭塞轨道电路区段后，使甲站发车表示灯变为红灯，并自动向乙站发送通知出发信号，使乙站接车表示灯也变为红灯，同时电铃鸣响。

至此，双方站的闭塞机均处于“区间闭塞”状态，表明该区间内有一列列车在运行。此时双方站的出站信号机均不能再开放。

4. 列车到达乙站

乙站值班员在同意接车后，应准备好接车进路，当接车表示灯由绿变红及电铃鸣响后（说明列车已从邻站开出），应根据列车在区间运行时分的长短，及时开放进站信号机，准备接车。当列车到达乙站，进入乙站半自动闭塞轨道电路区段时，乙站的发车表示灯和接车表示灯都亮红灯，表示列车进入车站。

5. 到达复原

乙站值班员确认列车完整到达后，按下复原按钮（或拉出闭塞按钮）办理到达复原。此时，乙站接、发车表示灯的红灯均熄灭同时向甲站发送到达复原信号，使甲站的发车表示灯红灯熄灭，电铃鸣响。至此，两站闭塞设备均恢复定位状态。

至此，两站闭塞机均恢复定位状态。表 1-8 为单线半自动闭塞简要程序。

表 1-8　单线半自动闭塞简要程序

发车站	接车站
1. 车站值班员用闭塞电话向接车站请求发车	
	2. 车站值班员同意接车
3. 按一下闭塞按钮，发车表示灯亮黄灯，电铃鸣响	
	4. 接车表示灯亮黄灯，电铃鸣响
	5. 按一下闭塞按钮，接车表示灯变为亮绿灯
6. 发车表示灯变为亮绿灯，电铃鸣响，车站值班员在发车进路准备妥当后开放出站信号机	
7. 列车发出进入发车轨道电路区段，出站信号机自动关闭。发车表示灯变为亮红灯	
	8. 接车表示灯变为亮红灯，电铃鸣响。在进路准备妥当后，开放进站信号机
	9. 列车进入接车轨道电路区段，接车表示灯和发车表示灯均亮红灯
	10. 确认列车整列到达后，关闭进站信号机，按一下闭塞按钮，接车表示灯和发车表示灯均熄灭
11. 发车表示灯红灯熄灭，电铃鸣响	
	12. 通知邻站列车到达时刻

（二）半自动闭塞设备的特点

1. 出站（线路所通过）信号机的开放条件

（1）双线半自动闭塞区间，发车站（线路所）必须得到前次列车到达前方站（线路所）的到达信号后，才有权发车。因为前次列车驶过接车站接车轨道电路，闭塞机就可以解锁并开通区间。所以发车站（线路所）只要得到前次列车到达前方站（线路所）的到达信号后，就可以开放出站或线路所通过信号机发车。

（2）单线半自动闭塞区间，发车站（线路所）必须在闭塞机上得到接车站（线路所）的同意闭塞信号后，才能开放出站或线路所通过信号机。而接车站（线路所）只能在区间空闲时，才能发出同意闭塞信号，并在其发出同意闭塞信号后，该站（线路所）向该区间的出站或线路所通过信号机才能开放。这样就可避免同时向同一区间发出对向的列车。所以,在单线半自动闭塞区间任何一端车站(线路所),在开放出站或线路所通过信号机前,必须得到接车站的同意闭塞信号。

2. 列车出发后进路的解锁

(1)电气集中联锁的车站,出发列车头部越过出站信号机压上出站方向轨道电路后,出站信号机自动关闭,当列车全部出清轨道电路后,发车进路自动解锁。

(2)非电气集中联锁的车站,出发列车头部压上发车轨道电路后,出站信号机自动关闭,但发车进路只有当列车全部出清发车轨道电路区段后,才能由人工办理解锁。

3. 轨道电路的设置

半自动闭塞的出站、通过信号机的开放是由人工操作的,而出站、通过信号机的关闭是通过轨道电路的作用自动进行的。其轨道电路的设置,在电锁器联锁的车站只在进站信号机内方设一段不少于 25 m 长的轨道电路,如图 1-220 所示。

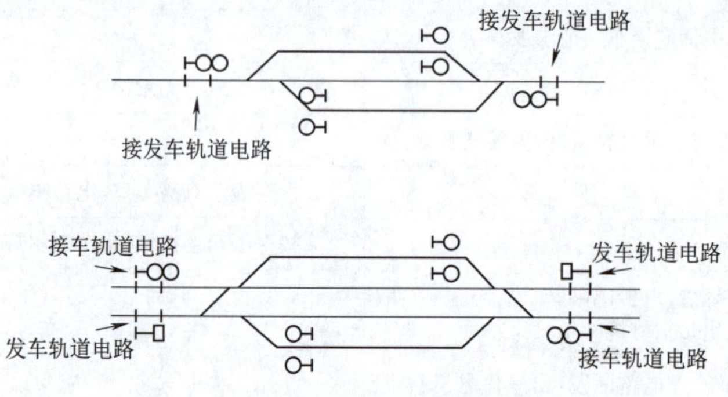

图 1-220　半自动闭塞轨道电路示意

64D 型继电半自动闭塞,在每个车站两端进站信号机的内方也需装设一段不小于 25 m 的轨道电路。其作用,一是监督列车的出发,使发车站闭塞机闭塞。二是监督列车的到达,然后由接车站值班员办理到达复原。由于这两个作用(尤其是第一个作用)的重要性,即轨道电路的动作直接影响行车安全,所以要求轨道电路不仅能稳定可靠地工作,而且要能满足故障安全的要求。

继电半自动闭塞的发车轨道电路应采用闭路式。因为当轨道电路发生断线或瞬间断电等故障时,轨道继电器落下,使闭塞机处于闭塞状态。而继电半自动闭塞的接车轨道电路应采用开路式。因为,当发生断线或瞬间断电故障时,轨道继电器不动作,不会使闭塞机构成虚假到达。

单线继电半自动闭塞区段由于接、发车轨道电路是共用的,故采用闭路式为好。当采用一段开路式轨道电路时只要一处断线,列车出发时就会产生闭塞机不闭塞的故障,可能造成重大行车事故。所以为保证行车安全,不准只采用一段开路式轨道电路。

由上述分析,单线继电半自动闭塞专用轨道电路最好采用两段:一段开路式和一段闭路式。这样,既能满足接车轨道电路的要求,又能满足发车轨道电路的要求。

半自动闭塞区间不设轨道电路,区间的空闲情况设备不能反映,需由接车人员确认列车的整列到达,判断区间空闲。

(三)列车占用区间的行车凭证

1. 正常情况下列车占用区间行车凭证

使用半自动闭塞设备时,出站或通过信号机显示允许运行的信号,即表示区间已空闲、发车进路开放,当出发的列车压上出站方面的轨道电路,出站或通过信号机就立即自动关闭,在该列车运行到接车站,压上接车轨道电路之前,出站或通过信号机不能再开放。因此规定使用半自动闭塞方法行车时,列车凭出站信号机或线路所通过信号机显示的允许运行的信号进入区间。

开放出站信号机或通过信号机前,双线区段必须得到前次列车到达前方站的到达信号。单线区段必须得到接车站的同意闭塞信号。发车站办理闭塞手续后,列车不能出发时应将事由通知接车站取消闭塞。

2. 非正常情况下列车占用区间行车凭证

遇超长列车头部越过出站信号机,而未压上出站方面轨道电路时,因能使用半自动闭塞法,所以列车占用区间的行车凭证仍然为出站信号机显示的允许运行的信号,但应发给司机准许列车头部越过出站信号机发车的调度命令。

遇发车进路信号机故障或超长列车头部越过发车进路信号机并压上出站方向的轨道电路发车时,因无法办理闭塞,所以必须停止基本闭塞法。列车越过发车进路信号机的行车凭证为半自动闭塞发车进路通知书(图 1-44)。

在有几个车场的车站,相互办理接发列车的车场之间,装设有发车进路信号机,使列车由一个车场发往另一个车场(一般为技术站或作业量较大的中间站)。因有关车场间的设备条件相对复杂,不宜统一制定发车进路信号机故障时的行车办法。所以发车进路信号机故障时的行车办法,由铁路局集团公司规定并应纳入《站细》。

测一测

一、简答题

1. 铁路基本闭塞法有哪些,它们之间的区别是什么?
2. 使用半自动闭塞法行车时,列车进入区间的行车凭证是什么?
3. 使用自动闭塞法行车时,列车进入区间的行车凭证是什么?
4. 使用自动站间闭塞法行车时,列车进入区间的行车凭证是什么?
5. 简述半自动闭塞出站信号机开放的条件。
6. 三显示自动闭塞区段,有哪些情况的行车凭证为绿色许可证?

二、综合题

1. 绘制铁路基本闭塞法行车凭证的知识树。
2. 绘制单线半自动闭塞的作业流程。

知识拓展

移动闭塞

移动闭塞是基于区间闭塞原理而发展起来的一种闭塞技术,它根据列车实际运行速度制动曲线和进路上列车的位置，动态计算相邻列车之间的安全距离。它的列车运行间隔是可以自动调整的，这种制式不需要将区间划分成固定的若干闭塞分区，而是在两个列车之间自动地调整运行间隔，使之经常保持一定的安全距离，在保证安全自动的前提下使两列车之间的运行间隔最小，从而提高区间内的行车密度，使区段的通过能力大大提高。它是目前大力研究并推广的闭塞方式，是未来区间闭塞的发展方向。

活动五　认知机车信号

问题导入

机车信号设备运用中出现黄灯掉白灯现象。那么，机车信号显示黄灯有什么含义？显示白灯是什么含义？

利用网络搜集资料并思考问题，初步了解机车信号相关内容。

问题1：机车信号有哪些显示？

问题2：机车信号有哪些功能？

相关知识

一、机车信号的分类

1. 连续式机车信号

连续式机车信号主要用于自动闭塞区段，利用自动闭塞分区的轨道电路向机车传送信息。连续式机车信号没有距离限制，只要列车在轨道上行驶，被机车第一轮对短路的轨道信号电流就会在钢轨周围产生磁场。装在机车上的感应器接收到的信号，经过解码使机车信号机能够不断地显示与前方地面信号机相同的信号。因此，在整个区间线路上，机车信号能连续地反映前方地面信号机的显示。

2. 接近连续式机车信号

接近连续式机车信号主要用于非自动闭塞区段，在进站信号机外方的一个固定地点设置发送设备，并在固定地点到进站信号机之间安装一段轨道电路。因此它从固定地点开始一直到进站信号机处为止，连续不断地向机车传送地面信号的信息，使机车信号机连续复示进站信号机的显示。这对于瞭望条件困难和运输繁忙的非自动闭塞区段是非常有益的。

二、机车信号机的显示及含义

视频

机车信号机显示含义

CTCS-0级线路：

1. 三显示自动闭塞区段的连续式机车信号机

（1）一个绿色灯光：准许列车按规定速度运行，表示列车接近的地面信号机显示绿色灯光，如图1-221所示。

（2）一个半绿半黄色灯光：准许列车按规定速度注意运行，表示列车接近的地面信号机显示一个绿色灯光和一个黄色灯光，如图1-222所示。

图 1-221　一个绿色灯光

图 1-222　一个半绿半黄色灯光

(3)一个带“2”字的黄色闪光：要求列车注意运行，表示列车接近的地面信号机显示一个黄色灯光，并预告次一架地面信号机开放经 18 号及以上道岔侧向位置的进路，且列车运行前方第三架信号机开通直向进路或开放经 18 号及以上道岔侧向位置的进路，如图 1-223 所示。

(4)一个带“2”字的黄色灯光：要求列车注意运行，表示列车接近的地面信号机显示一个黄色灯光，并预告次一架地面信号机开放经道岔侧向位置的进路[但不满足上述第(3)项条件]，如图 1-224 所示。

图 1-223　一个带“2”字的黄色闪光

图 1-224　一个带“2”字的黄色灯光

(5)一个黄色灯光：要求列车注意运行，表示列车接近的地面信号机显示一个黄色灯光，并预告次一架地面信号机处于关闭状态，如图 1-225 所示。

(6)一个双半黄色闪光：要求列车限速运行，表示列车接近的地面信号机开放经 18 号及以上道岔侧向位置的进路，且次一架信号机开通直向进路或开放经 18 号及以上道岔侧向位置的进路；或表示列车接近设有分歧道岔线路所的地面信号机开放经 18 号及以上道岔侧向位置的进路、显示一个黄色闪光和一个黄色灯光，如图 1-226 所示。

图 1-225　一个黄色灯光

图 1-226　一个双半黄色闪光

(7)一个双半黄色灯光：要求列车限速运行，表示列车接近的地面信号机开放经道岔侧向位置的进路[但不满足上述第(6)项条件]、显示两个黄色灯光或其他相应显示，如图 1-227 所示。

(8)一个半黄半红色闪光：表示列车接近的进站、接车进路或接发车进路信号机显示引导信号或通过信号机显示容许信号，如图 1-228 所示。

图 1-227　一个双半黄色灯光

图 1-228　一个半黄半红色闪光

(9)一个半黄半红色灯光:要求及时采取停车措施,表示列车接近的地面信号机显示红色灯光,如图 1-229 所示。

(10)一个红色灯光:表示列车已越过地面上显示红色灯光的信号机,如图 1-230 所示。

(11)一个白色灯光:不复示地面上的信号显示,机车乘务人员应按地面信号机的显示运行,如图 1-231 所示。

无显示时,表示机车信号机在停止工作状态。

图 1-229　一个半黄半红色灯光

图 1-230　一个红色灯光

图 1-231　一个白色灯光

2. 四显示自动闭塞区段的连续式机车信号机

(1)一个绿色灯光:准许列车按规定速度运行,表示列车接近的地面信号机显示绿色灯光,如图 1-232 所示。

(2)一个半绿半黄色灯光:准许列车按规定速度注意运行,表示列车接近的地面信号机显示一个绿色灯光和一个黄色灯光,如图 1-233 所示。

图 1-232　一个绿色灯光

图 1-233　一个半绿半黄色灯光

(3)一个带“2”字的黄色闪光:要求列车减速到规定的速度等级越过接近的显示一个黄色灯光的地面信号机,并预告次一架地面信号机开放经 18 号及以上道岔侧向位置的进路,且列车运行前方第三架信号机开通直向进路或开放经 18 号及以上道岔侧向位置的进路,如图 1-234 所示。

(4)一个带“2”字的黄色灯光:要求列车减速到规定的速度等级越过接近的显示一个黄色灯光的地面信号机,并预告次一架地面信号机开放经道岔侧向位置的进路[但不满足上述第(3)项条件],如图 1-235 所示。

图 1-234　一个带“2”字的黄色闪光

图 1-235　一个带“2”字的黄色灯光

(5)一个黄色灯光:要求列车减速到规定的速度等级越过接近的显示一个黄色灯光的地面信号机,并预告次一架地面信号机处于关闭状态,如图 1-236 所示。

(6)一个双半黄色闪光:要求列车限速运行,表示列车接近的地面信号机开放经 18 号及以上道岔侧向位置的进路,且次一架信号机开通直向进路或开放经 18 号及以上道岔侧向位置的进路;或表示列车接近设有分歧道岔线路所的地面信号机开放经 18 号及以上道岔侧向位置的进路、显示一个黄色闪光和一个黄色灯光,如图 1-237 所示。

图 1-236　一个黄色灯光

图 1-237　一个双半黄色闪光

(7)一个双半黄色灯光:要求列车限速运行,表示列车接近的地面信号机开放经道岔侧向位置的进路[但不满足上述第(6)项条件]、显示两个黄色灯光或其他相应显示,如图 1-238 所示。

(8)一个半黄半红色闪光:表示列车接近的进站、接车进路或接发车进路信号机显示引导信号或通过信号机显示容许信号,如图 1-239 所示。

图 1-238　一个双半黄色灯光

图 1-239　一个半黄半红色闪光

(9)一个半黄半红色灯光:要求及时采取停车措施,表示列车接近的地面信号机显示红色灯光,如图 1-240 所示。

(10)一个红色灯光:表示列车已越过地面上显示红色灯光的信号机,如图 1-241 所示。

(11)一个白色灯光:不复示地面上的信号显示,机车乘务人员应按地面信号机的显示运行,如图 1-242 所示。

图 1-240　一个半黄半红色灯光

图 1-241　一个红色灯光

图 1-242　一个白色灯光

无显示时，表示机车信号机在停止工作状态。

接近连续式机车信号机的显示方式与连续式机车信号机相同。

测一测

一、简答题

1. 简述三显示自动闭塞区段连续式机车信号机一个带"2"字的黄色灯光的显示含义。
2. 简述三显示自动闭塞区段连续式机车信号机一个双半黄色闪光的显示含义。
3. 简述四显示自动闭塞区段连续式机车信号机一个带"2"字的黄色闪光的显示含义。
4. 简述四显示自动闭塞区段连续式机车信号机一个双半黄色闪光的显示含义。

二、综合题

绘制三显示自动闭塞区段机车信号显示方式及含义知识树。

知识拓展

机车信号的发展历程

我国铁路从 1959 年开始安装机车信号和列车自动停车装置。最初，我国铁路建设出现了不同线路、不同区段建有不同制式的自动闭塞的情况。不同的自动闭塞制式，配套相应制式的机车信号，相互之间不能兼容。电化区段与非电化区段的机车信号也不兼容。列车若只安装一套机车信号设备，不能保证机车信号连续不间断地显示，给机车长交路运行带来一定的影响，所以一台机车有时需要安装两种以上的机车信号设备。

1980 年，北方交通大学首先提出了采用微机系统来解决机车信号多制式兼容问题的方法，并于 20 世纪 80 年代中期开始通用式机车信号的研究。于 1991 年研制成功第一代通用式机车信号"非电化区段通用式机车信号"，1992 年研制成功第二代通用式机车信号"电化区段通用式机车信号"，1995 年研制成功第三代"JTI-AB 型(即 SJ93/SJ94 型)数字化通用式机车信号"。2002 年，第四代 JT1-CZ2000 型机车信号车载系统的研制于 2003 年 10 月研制成功通过了原铁道部的技术鉴定。

JT1-CZ2000 型机车信号采用多项先进技术和系统化的安全设计方案，满足铁路信号故障导向安全原则，具有数据记录功能，在地面信号具备条件时可作为主体化机车信号应用。机车信号主体化彻底改变了机车信号只能用作列车运行辅助信号的被动局面，大大提高了列车运行的速度和效率。

项目二 正常行车组织作业

学习情境

机车乘务员担负着驾驶机车，维护列车安全正点的责任，须具备规范的一次乘务作业标准，做到作业中要严格、执行中要规范、爱护机车、平稳操作、安全正点。

本项目中，副司机小王随师傅小张，驾驶 HXD_2 型电力机车，担当某区段货运列车牵引任务，经历的待乘、出勤报到、库内作业、出库作业，途中作业、终点站及入库作业等情况。通过学习，掌握机车乘务员一次乘务作业过程和调车作业及机车乘务员呼唤应答作业标准，能够养成“说标准话、干标准活”的良好习惯，为我国铁路运输的发展打下坚实的基础。

任务一　段内与出段作业

任务描述

为确保列车安全、准时运行，根据铁路运输的计划，机车乘务员需要按时到机务段派班室出勤，并做好机车与车辆连挂，完成制动机试验，再根据发车时间和发车信号，做好发车前准备。通过本任务的学习，熟悉出勤、出段及挂车作业、发车准备与发车的基本要求及相关操作，并结合《技规（普速铁路部分）》的相关规定，最终熟练掌握段内与出段作业标准。

任务目标

1. 了解机车乘务员待乘休息的有关内容。
2. 熟知机车乘务员出勤作业的有关规定。
3. 掌握机车乘务员接车作业的有关要求。
4. 会使用 LKJ 设置为调车工作状态的方法。
5. 掌握机车要道还道作业。

6. 掌握机车出段的有关作业内容。

7. 掌握机车挂车有关规定。

8. 会进行列车制动机试验。

9. 掌握起动列车时的有关要求。

活动一　认知出勤与接车要求

问题导入

机车乘务员出勤作业是一次乘务作业的起点，更是关键作业环节，那么，机车乘务员出勤作业时，如何确保出勤环节准确高效呢？

利用网络搜集资料并思考问题，初步了解机车乘务员出勤与接车要求。

问题1：机车乘务员凌晨出勤，怎么办？

问题2：机务段有专门的整备车间，机车乘务员为什么还要对进车进行检查？

相关知识

机车乘务员一次作业过程是指机车乘务员从出勤、牵引列车到退勤全过程。为了保证机车乘务员在值乘时精力充沛，在出乘前必须充分休息，各铁路局集团公司还制定了出乘前的待班制度。

一、待乘休息管理

担当夜间乘务工作的机车乘务员，必须实行班前待乘休息。铁路局集团公司应制定机车乘务员待乘休息管理制度，统一规定夜班待乘休息的起止时间。机务段应制定细化落实措施，明确规定各待乘车次的具体待乘时间并予以公布。

机车乘务员到乘务员公寓待乘卧床休息不少于4 h。

机务段应建立段、车间干部检查待乘室制度。段、车间值班干部每天必须检查待乘休息情况，并签字确认。

铁路局集团公司应对待乘及管理情况进行不定期检查。

二、出勤和接车作业

1. 出勤时应做到

(1)出乘前必须充分休息，严禁饮酒，按规定着装，准时出勤。

(2)出勤时，机车乘务员应携带工作证、驾驶证、岗位培训合格证(鉴定期间由机务段出具书面证明)和有关规章制度，到机车调度员处报到，立正报告(用语：“××机班，值乘××次出勤”)。出示证件，接受指纹影像识别、酒精含量测试；听取机车调度员传达安全通报、上级要求，递交LKJ专用运行揭示IC卡(以下简称IC卡)，按规定领取司机报单、司机手册、列车时刻表、运行揭示等行车资料和备品。

(3)认真阅读核对运行揭示及有关安全注意事项，对临时限速应摘抄(区段、时间、限速值)在司机手册上，结合担当列车种类、天气等情况，做好安全预想，并记录于司机手册。认真听取出勤指导，将司机手册交机车调度员审核并签认。

(4)办理运行揭示和列车运行监控装置专用 IC 卡交付时，必须实行出勤机班与出勤调度员双审核、双确认的检验签认把关制度。

(5)出勤后利用验卡设备，将 IC 卡内容与运行揭示进行逐条核对。

2. 出勤后接车时应做到

(1)出勤后按职责分工进行交接。机班同到地(外)勤，领取机车钥匙、“机车运行日志”，了解机车运用、检修情况，停留股道。担当货物列车或单司机单班值乘的须领取(携带)列车无线调度通信设备手持电台。副司机(单司机单班或待值乘司机)领取工具、备品、棉丝等物品，办理燃料、耗电交接手续。

(2)接车后，确认 LKJ、机车信号、列车无线调度通信设备等行车安全装备合格证齐全、符合规定。开启行车安全装备电源。确认 LKJ 时钟正确，并将年、月、日、时、分记录于司机手册。核对粘贴在显示器上的数据“版本标签”、LKJ 显示的数据版本号、电务车载设备检测合格证记载的数据版本号应一致，司机在电务车载设备检测合格证版本确认章“司机确认”栏签字；值乘外局机车的，核对粘贴在显示器上的“版本标签”和 LKJ 显示的数据版本号一致。

(3)将 IC 卡内运行揭示数据导入 LKJ，拔出 IC 卡后对可控信息进行查询、核对。正确输入司机代号、交路号、车站号、车次、列车种类等数据参数，正确选择车速等级，确认 LKJ“开车”灯亮；并将交路号、车站号、车速等级、LKJ 数据版本号等记录在司机手册上。

(4)开启列车无线调度通信设备或机车综合无线通信装置，开启列车尾部安全防护装置司机控制盒。

(5)开启机车信号电源，机车信号上电显示。

(6)行车安全装备必须全程开机，按规定正确操作使用，严禁擅自关机，并不得使用列车无线调度通信设备进行与行车无关的通话，并应遵守保密的规定。

(7)按分工范围和规定顺序对机车进行检查、试验，并对机车修理项目进行重点复查。针对具体车型的检查项目可参照《铁路机车操作规则》附件 1。

(8)电气动作试验、电力机车高低压试验按《铁路机车操作规则》附件 2 规定的项目和标准进行。

电力机车升弓前，司机需确认全员到岗、到位，车顶、高压室、车底无人，检查确认车顶高压设备绝缘状态良好(无高压检测设备时查看机车感应网压值)，受电弓工作风压不低于 600 kPa，具备升弓条件后，向司机室外高声呼唤：“升弓”，鸣笛(限鸣区段除外，下同)，确认无异常，升起非操作端侧受电弓。升弓时，副司机(待值乘司机)应在司机侧瞭望确认受电弓升弓状态；单司机单班值乘的升弓后确认受电弓升起状态。

启机或升弓后，启动空气压缩机进行泵风，确认总风缸压力不低于 600 kPa，将单阀置全制位后，对机车上部进行巡视检查。

JZ-7、DK-1、CCBⅡ制动机检查和试验按《铁路机车操作规则》附件 3 至附件 6 的规定进行。

测一测

一、简答题

1. 简述出勤作业中的注意事项。

2. 接车作业需要检查哪些项目？

二、填空题

1. 机车乘务员到乘务员公寓待乘卧床休息不少于________h。

2. 出乘前必须充分休息，严禁________，按规定着装，准时出勤。

3. 接车后，确认 LKJ、机车信号、列车无线调度通信设备等行车安全装备________齐全、符合规定。

4. 行车安全装备必须全程开机，按规定正确操作使用，严禁________。

5. 进入接车线，距脱轨器、防护信号、车列________m 前必须停车。

6. 进入机车线，确认脱轨器、防护信号撤除后，显示连挂信号，以不超________km/h 的速度平稳连挂。

7. 在长大下坡道前方的列检作业场需进行持续一定时间的保压试验时，应在列车制动机按全部试验方法试验后，自阀减压________kPa 并保压________min，列车不得发生自然缓解。

三、综合题

1. 出勤过程中为什么要核对运行揭示？简述具体作业方法。

2. 简述接车过程中具体的检查顺序。

3. 绘制出勤与接车作业知识树。

知识拓展

出勤、退勤测酒

出乘之前，要进行出勤测酒。只有测酒仪显示“酒精检测合格”，才能上岗开车。测酒仪的检测标准和公路酒驾标准一样，是酒精含量不超 20 mg/100 mL。

机车乘务员安全到达值乘区段终点后，会在外地退勤，并进行退勤测酒。

活动二　出段与挂车

活动目标

1. 掌握 LKJ 设置为调车工作状态的方法。
2. 掌握机车要道还道作业。
3. 掌握机车出段的有关作业内容。
4. 掌握机车挂车有关规定。
5. 掌握列车制动机试验的有关内容及方法。

问题导入

×日，××次列车在××站 9 道连挂车列时，控速不当、停车不及，碰轧脱轨器，构成铁路交通一般 D7 类事故。那么，在连挂车列时如何确保安全？

利用网络搜集资料并思考问题，初步了解机车乘务员出段与挂车要求。

问题 1:移动机车前,需要确认什么?

问题 2:制动机全部试验的步骤包括什么?

问题 3:机车连挂作业有哪些速度规定?

相关知识

机车整备完毕机班全员上车后,司机将 LKJ 设置为调车工作状态,按规定要道还道,准备出段。设有两端司机室的机车,必须在运行方向的前端司机室操纵;电力机车应确认或升起首次值乘列车运行方向的后弓。

一、出段

(1)确认调车信号或股道号码信号、道岔开通信号、道岔表示器显示正确,例行确认呼唤(应答),鸣笛动车(限鸣区段除外,下同)。如某铁路局集团公司规定动车时要求打开司机室侧窗,副司机(待值乘司机)立岗。

(2)移动机车前,应确认相关人员处于安全处所,防溜撤除,注意邻线机车、车辆的移动情况。鸣笛动车,由近及远,依次逐架确认经路上的每一架信号机、道岔表示器;对首架信号机(非集中区为股道号码信号、道岔表示器),必须在信号显示侧"探头瞭望,手比呼唤"确认,动车前实施 LKJ【定标】键打点。严格按信号显示要求运行,严守限制速度。

(3)电力机车通过自动过分相测试点处,应确认车载自动过分相装置作用良好。

(4)机车到达站、段分界点停车,签认出段时分,了解挂车股道和经路,执行车机联控,按信号显示出段。

执行车机联控,按压 LKJ【出入库】键,确认首架信号开放,实施 LKJ【定标】键打点,按信号显示出段,并将出段时分记录在司机手册上。

二、挂车

进入挂车线后,应严格控制机车速度,执行十、五、三车和一度停车规定,确认脱轨器、防护信号及停留车位置。

(1)距脱轨器、防护信号、车列 10 m 前必须停车。

(2)确认脱轨器、防护信号撤除后,显示连挂信号,以不超过 5 km/h 的速度平稳连挂。

(3)连挂时,根据需要适量撒砂,连挂后要试拉。

挂车后,机车保持制动,司机确认机车与第一位车辆的车钩、软管连结和折角塞门状态。多机重联时,机车与车辆连挂状态的检查由连挂司机负责;列车本务司机应复检机车与第一位车辆的车钩、软管连结和折角塞门状态。

(1)正确输入 CIR、LKJ 有关数据。采用微机控制制动系统的机车,核对制动机设定的列车种类。向车站值班员(助理值班员)了解编组情况、途中甩挂计划及其他有关事项。

(2)货运票据、列车编组顺序表需由机车乘务组携带时,应按规定办理交接,并妥善保管。

(3)司机应在列车充风或列车制动机试验时,检查本务机车与列尾装置主机是否已形成"一对一"关系。

(4)制动主管达到定压后,司机按规定及检车人员的要求进行列车制动机试验,装有防折关装置的机车应确认制动主管贯通情况。

(5)发现充、排风时间短等异常或制动主管漏泄每分钟超过 20 kPa 时,及时通知检车人员(无检车人员时通知车站值班员)。

(6)制动关门车辆数超过规定时,发车前应持有制动效能证明书。

(7)列车制动机进行持续一定时间的保压试验,应在试验完毕后,接受制动效能证明书。

(8)司机接到制动效能证明书后,应校核每百吨列车重量换算闸瓦压力,不符合《技规(普速铁路部分)》及本区段的规定时,应向车站值班员报告。

(9)直供电列车连挂后,司机拔出供电钥匙与客列检(或车辆乘务人员)按规定办理交接供电手续,电力机车还需断开主断路器。

三、列车制动机试验

1. 全部试验

列检作业场无列车制动机的地面试验设备或该设备发生故障时,机车对列车充满风后,司机应根据检车员的要求进行试验。

(1)自阀减压 50 kPa(编组 60 辆及以上时为 70 kPa)并保压 1 min,对列车制动机进行感度试验,全列车必须发生制动作用,并不得发生自然缓解,司机检查制动主管漏泄量,每分钟不得超过 20 kPa;手柄移至运转位后,全列车须在 1 min 内缓解完毕。

(2)自阀施行最大有效减压(制动主管定压 500 kPa 时为 140 kPa,定压 600 kPa 时为 170 kPa),对列车制动机进行安定试验,以便检车员检查列车制动机,要求不发生紧急制动,并检查制动缸活塞行程或制动指示器是否符合规定。

遇下列情况之一时,必须进行制动机的全部试验。

(1)主要列检所对解体列车到达后,编组列车发车前;无调车作业的中转列车,可施行一次。

(2)区段列检所对始发和有调车作业的中转列车。

(3)列检所对运行途中自动制动机发生故障的到达列车。

(4)旅客列车检修作业。

(5)动车组出段前或在返回地点停留后。

(6)在车站折返的旅客列车。

站内设有试风装置时,应使用列车试验器试验,连挂机车后只做简略试验。对装有空气弹簧等装置的旅客列车应同时检查辅助用风系统的泄漏。

2. 简略试验

制动主管达到规定压力后,自阀减压 100 kPa 并保压 1 min,检查制动主管贯通状态,检车员、车站值班员或车站有关人员检查确认列车最后一辆车发生制动作用;司机检查制动主管漏泄量,每分钟不得超过 20 kPa。

遇下列情况之一时,必须进行制动机的简略试验。

(1)客列检作业后,旅客列车始发前。

(2)区段列检所对无调车作业的中转列车(根据区间线路及制动缸活塞行程变化的情况,需要全部试验时,由铁路局集团公司规定)。

(3)更换机车或更换乘务组时。

(4)无列检作业的始发列车发车前。

(5)列车软管有分离情况时。

(6)列车停留超过 20 min 时。

(7)列车摘挂补机,或第一机车的自动制动机损坏交由第二机车操纵时。

(8)机车改变司机室操纵时。

(9)单机附挂车辆时。

在站简略试验:有列检作业的由列检人员负责,无列检作业的由车辆乘务员负责,无车辆乘务员的由车站人员负责。挂有列尾装置的列车由司机负责。

3. 持续一定时间的保压试验

在长大下坡道前方的列检作业场需进行持续一定时间的保压试验时,应在列车制动机按全部试验方法试验后,自阀减压 100 kPa 并保压 3 min,列车不得发生自然缓解。

货物列车在接近长大下坡道区间的车站,应进行持续一定时间的全部试验,列检应填发制动效能证明书交给司机。具体试验和凉闸的地点、办法,由铁路局集团公司规定。

长大下坡道为:线路坡度超过 6‰,长度为 8 km 及其以上;线路坡度超过 12‰,长度为 5 km 及其以上;线路坡度超过 20‰,长度为 2 km 及其以上。

4. 注意事项

试验时,司机应掌握制动主管充、排风时间(将排风起、止时间及减压量记录在司机手册上,在排风结束和充风缓解时实施 LKJ【定标】键打点),检查制动主管压力的变化情况,并作为本次列车操纵和制动机使用的参考依据。装有列尾装置的列车,进行列尾风压查询;装有防折关装置的机车,注意观察其状态;CCBⅡ型、法维莱等微机控制的制动机,注意观察显示屏上充风流量信息。

试验完毕,确认防护信号撤除。在试风缓解至定压后司机应及时将自阀减压不少于 100 kPa,使列车处于制动保压状态;未装列尾装置的列车,因检车员、车站值班员或车站有关人员作业超过 3 min 未及时保压的,机班要做好记录并在退勤时向机车调度员报告。

礼貌查验添乘(登乘)机车人员证件或调度命令并做好记录,除特殊情况外,添乘(登乘)人数不得超过 2 人,并不得在非操纵端乘坐。

测一测

一、简答题

1. 进入挂车线后,连挂车辆时有哪些注意事项?
2. 简述列车制动机全部试验的作业方法。
3. 简述列车制动机简略试验的作业方法。
4. 简述列车保压试验的作业方法。

二、综合题

绘制出段与挂车办理流程知识树。

知识拓展

要道还道制度

准备接发列车或调车作业进路的有关人员之间,为检查确认进路正确,按规定所使用的一种联系方式称为“要道还道”，这是人工联锁的一种方式。要道还道，分现场对道确认和无线电呼唤应答两种方式。执行“进某道要某道，出某道要某道，钩钩要道还道”制度。

机车在调车作业和出入库的时候，准备越过经路上的人工扳动道岔，司机停车向扳道员鸣笛二短一长“要”道岔开通并允许越过的信号，扳道员根据道岔的情况，向司机显示道岔开通信号或者显示停车信号，司机在确认扳道员显示的信号后，“还”鸣笛一短声，表示知晓。在电气集中车站，调车作业有时也需要要道还道。

活动三　发车准备与发车

活动目标

1. 掌握列车压钩的规定及机车退行距离的计算方法。
2. 掌握起动列车时的有关要求。

问题导入

×日，××次货物列车牵引辆数 50 辆，牵引总重 4 000 t。列车在运行过程中由于司机没有做好预想，导致列车追踪间隔过小，迫使列车停在线路坡度超过 20‰的曲线上，列车再次起动时由于长大坡道和曲线阻力的综合作用，造成列车起动失败。那么，列车在车站开车或区间开车时对司机有哪些要求呢？

利用网络搜集资料并思考问题，初步了解准备与发车有哪些要求。

问题 1：在上坡时如何进行发车？

问题 2：起动困难的列车如何起动？

问题 3：发车流程有哪些？

相关知识

司机根据发车时间，应做好发车准备工作。

货物列车起动困难时，可适当压缩车钩，但不应超过总辆数的三分之二。若要计算压缩车钩时机车的退行距离，可按每辆车车钩弹簧的自由伸缩量 2×83 mm 计算，即机车退行距离 $S=0.166\ \text{m}\times$压缩车钩的辆数。压缩车钩后，在机车加载前，不得缓解机车制动。

起动列车前，必须二人及以上（单司机值乘区段除外）确认行车凭证、发车信号显示正确，准确呼唤应答，执行车机联控，鸣笛起动列车。

（1）起动列车前按压列尾装置司机控制盒绿色键，检查尾部制动主管压力是否与机车制动主管压力基本一致。

（2）列车起动时，应检查制动机手柄是否在正常位置及各仪表的显示状态，做到起车稳、加速快、防止空转。

（3）电力机车进级时，应使牵引电流稳定上升。当列车不能起动或起动过程中空转不能消除时，应迅速调整主手柄位置，重新起动列车。

（4）列车起动后，应进行后部瞭望确认列车起动正常。

（5）附挂（多机）运行的列车起动前，本务机车司机须与附挂司机进行联控，确认附挂司机的位置，并按规定鸣笛（限鸣区段，使用列车无线调度通信设备联系），得到附挂司机鸣笛回示（回答）后方可起动列车，没有回示（回答），不得动车。运行中，附挂司机应在列车运行方向前端司机室（主操纵台）值守。

（6）按规定的对标地点及时、准确按压 LKJ 的【开车】键，确认 LKJ 调用数据正确并处于正常工作状态，出站后由副司机记点。

测一测

一、简答题

1. 起动列车前，都需要确认什么？

2. 简述操纵列车起动时的注意事项。

二、综合题

绘制发车前准备与发车流程知识树。

知识拓展

为什么起动列车前需要查询列尾风压

列车上的空气制动装置是靠“风源系统（气源系统）”产生的高压气体进行制动的，所以为了保证制动系统的正常有效工作，其气压管路内必须保持足够的压力，此压力就是“风压”。而气动制动有很多优点和不足，其中之一就是在气动制动过程中和过程结束时会损失压缩气体，导致提供高压气体的管路内压力减小，使得制动失灵。所以机车会不断地产生高压气体使制动保持持续有效，那么查询终端列尾风压就是有效监测制动是否可靠的手段。

除了列车，大型货车/客车等也会采用气动制动，所以可以在大型货车侧面看到一个“风缸（气缸）”来储存压缩气体，而且因为汽车在运转过程中因为不断产生气体，而导致气体压力过高，会有泄压阀进行间歇性的泄压，所以会看到汽车在运行中也有不断放气的声音。

如果注意观察的话，可以看到：

（1）列车在开动前会停止制动，会使制动部件内压缩气体排出，会有放气的声音。

（2）旧款列车上会在车厢两端设有压力表，当列车在制动过程中，压力表指数会降低。

（3）列车上不止制动系统使用风动，一些自动门也使用风动，在运行过程中也会有排风声。

任务二　途中作业

任务描述

机车途中作业的好坏直接影响到行车的安全和正点。通过本任务的学习，掌握列车操纵的基本要求、机械间巡检规定、呼唤应答标准用语。

任务目标

1. 熟知列车运行时限制速度的规定。

2. 掌握汛期暴风雨行车应急处理。
3. 掌握救援列车和路用列车的行车方法。
4. 掌握列车操纵示意图。
5. 了解电力机车运行中的注意事项。
6. 会运用机车行车安全装备检查。
7. 熟知列车在长大下坡道运行中相关规定。
8. 掌握机械间巡检的注意事项。
9. 掌握信号确认呼唤时机和手比姿势。
10. 熟知呼唤应答标准用语。
11. 会正确运用手比姿势。
12. 会进行副司机的呼唤作业。

活动一　认知列车运行要求

活动目标

1. 了解列车乘务组组成。
2. 掌握在列车运行中,列车司机需要注意的事项。
3. 掌握列车运行时限制速度的规定。
4. 掌握救援列车的请求与派遣。
5. 掌握汛期暴风雨行车应急处理。
6. 掌握救援列车和路用列车的行车方法。

问题导入

×日,×次列车运行××大桥时,洪水致使大桥倾斜,桥墩倒塌,列车脱线,第 15、16 节车厢悬空。担当此次列车值乘任务的乘务组在列车长的带领下,以高度的责任心,凭借着扎实的应急演练基本功、丰富的业务储备知识、沉着冷静的现场调度指挥,在 15 min 内安全转移所有旅客,保证了人民群众的生命财产安全。那么,机车乘务员遇到洪水这种特殊天气,需要如何做呢?

利用网络搜集资料并思考问题,初步了解列车运行有哪些要求。

问题 1:遇到洪水、大雾时,列车应该如何运行?

问题 2:列车需要救援时的处理方法有哪些?

相关知识

一、列车乘务组

为了完成列车运行中的各项作业,及时处理运行中发生的各种情况,以及在有碍安全时采取临时措施,根据列车的任务、要求和运行条件,配备有直接为列车服务的人员组成列车乘务组。

列车乘务组包括：机车乘务组、车辆乘务人员及客运乘务组。

(1)机车乘务组：负责操纵机车和在特殊情况下对列车的防护。

(2)车辆乘务人员：旅客列车和机械冷藏车组均应配有车辆乘务人员，负责该车辆的及时检修和故障处理；装载超限货物的车辆是否需派添乘人员应根据装运的命令办理。

(3)客运乘务组：由列车长、列车广播员、列车员、行李员、乘警及餐车工作人员等组成，负责旅客的旅行安全、各项服务及行李包裹的作业等。

混合列车的编组内容各不相同，对其旅客乘务组的派出全路不作统一规定，由各铁路局集团公司根据具体情况确定。

二、对动车组以外的列车司机在列车运行中的要求

(1)列车在出发前输入监控装置有关数据；按规定对列车自动制动机进行试验，在制动保压状态下列车制动主管的压力 1 min 内漏泄不得超过 20 kPa，确认列尾装置作用良好。装备机车综合无线通信设备的机车，开车前司机要选定机车综合无线通信设备通信模式和运行线路。在 GSM-R 区段运行时，机车综合无线通信设备、GSM-R 手持终端按规定注册列车车次，并确认正确。

(2)遵守列车运行图规定的运行时刻和各项允许及限制速度。彻底瞭望，确认信号，执行呼唤应答制度，严格按信号显示要求行车，确保列车安全正点。遇有信号显示不明或危及行车和人身安全时，应立即采取减速或停车措施。

(3)机车信号、列车无线调度通信设备、列车运行监控装置(轨道车运行控制设备)和列尾装置必须全程运转，严禁擅自关机。运行途中，遇列尾装置、机车信号、列车运行监控装置(轨道车运行控制设备)发生故障时，司机应立即使用列车无线调度通信设备报告车站值班员或列车调度员，并根据实际情况掌握速度运行；遇机车信号、列车运行监控装置(轨道车运行控制设备)发生故障时，司机应控制列车运行至前方站停车处理或请求更换机车，在自动闭塞区间，列车运行速度不超过 20 km/h；遇列车无线调度通信设备发生故障时，司机应在前方站停车报告。

(4)起动稳，加速快，精心操纵，停车准确，按规定鸣笛，防止列车冲动和断钩。

(5)随时检查机车总风缸、制动主管的压力。检查内燃机车柴油机的润滑油压力、冷却水的温度及其转数等情况。注意电力机车的各种仪表的显示及接触网状态。

(6)在区间内列车停车进行防护、分部运行、装卸作业或使用紧急制动阀停车后再开车时，司机必须检查试验列车制动主管的贯通状态，确认列车完整，具备开车条件后，方可起动列车。

(7)单机、自轮运转特种设备在自动闭塞区间紧急制动停车或被迫停在调谐区内时，司机须立即通知后续列车司机、向两端站车站值班员(列车调度员)报告停车位置(具备移动条件时司机须先将机车移动不少于 15 m)，并在轨道电路调谐区外使用短路铜线短接轨道电路。

(8)等会列车时，不准关闭空气压缩机，并应按规定显示列车标志。

(9)负责货运票据的交接与保管。

(10)将列车运行中发生的问题及使用紧急制动阀的情况，及时报告列车调度员。

视频

列车运行限制速度要求

三、列车运行时限制速度的规定

列车应按规定速度运行，不得超过规定的限制速度，以确保列车安全、正点。

列车运行限制速度规定见表 2-1。

表 2-1　列车运行限制速度

项　目	速　度
四显示自动闭塞区段通过显示绿黄色灯光的信号机	在前方第三架信号机前能停车的速度
通过显示黄色灯光的信号机及位于定位的预告信号机	在次一架信号机前能停车的速度
通过显示一个黄色闪光灯光和一个黄色灯光的信号机	该信号机防护进路上道岔侧向的允许通过速度
通过减速地点标	标明速度，未标明时为 25 km/h
推进	30 km/h
退行	15 km/h
接入站内尽头线，自进入该线起	30 km/h

下列构造的单开道岔，侧向通过最高速度的规定见表 2-2。

表 2-2　道岔侧向限制速度

普通尖轨	辙叉号数				
	9	12	18	30	
速度/($km \cdot h^{-1}$)	30	45	80	客 140	货 90

视频

救援列车开行

四、救援列车的开行

当站内或区间发生列车冲突、脱轨、颠覆及发生自然灾害危及行车安全，而需尽快排除障碍、开通区间，恢复正常行车时，专为事故救援、抢修、抢救而开往事故现场的列车称为救援列车，包括单机、重型轨道车及专用救援列车等。救援列车不受列车等级的限制，应优先办理。根据国铁集团的要求，在重点地区机务段设置的救援列车，在接到命令后须 30 min 内出动。

1. 救援列车的请求与派遣

(1)救援请求：

救援列车的开行首先需要司机或工务、电务、供电等人员根据事故的具体情况，向车站值班员提出救援请求，车站值班员接到救援请求，立即报告列车调度员。

(2)救援派遣：

当列车调度员接到救援请求的报告后，立即向事故区间的两端车站发出调度命令封锁区间，并根据具体情况派出救援列车。当列车调度电话不通时，则由接到救援请求的车站值班员根据救援请求办理。

2. 救援列车的开行

(1)救援列车运行在非封锁区间时，与其他列车一样，仍按该区间的行车闭塞法运行，行车凭证为该行车闭塞法的正常行车凭证。

(2)救援列车进入事故封锁区间时,不办理行车闭塞手续,不开放出站信号机,以列车调度员的调度命令作为进入封锁区间的许可。以调度命令作为进入封锁区间的许可,一方面可区别于正常行车,另一方面可引起救援列车司机的注意,必须按调度命令的要求运行。调度命令的内容应包括:往返车次、运行速度、事故地点、工作任务及要求等。

(3)当列车调度电话不通时,救援列车以接到救援请求的车站值班员的命令作为进入封锁区间的许可。

3. 对开行救援列车司机的要求

(1)司机接到救援的调度命令后,必须对命令各项认真确认,凡调度命令不清、停车位置不明确时,不准动车。

(2)当救援列车进入事故封锁区间后,在接近被救援列车或车列 2 km 时,必须严格控制速度。

(3)在接近被救援列车或车列 2 km 时,使用列车无线调度通信设备与请求救援的司机进行联系,或以在制动距离内能随时停车的速度(最高不超过 20 km/h)运行至防护人员处或压上响墩后停车,再联系确认,然后按要求进行作业。

4. 救援列车进出封锁区间的联系

凡救援列车进出封锁区间、到发时刻、由区间拉回的车数及现场救援进度等情况均应通知列车调度员及对方站,以便列车调度员能及时掌握救援进度,合理安排人力、材料。

当救援工作复杂时,可在事故的现场设置临时线路所,以及时了解和指挥现场的救援工作。车站向线路所开行救援列车时,应征得临时线路所车站值班员的同意,以便临时线路所做好接车前的准备及防护工作。临时线路所向区间两端车站发车时,也必须取得列车调度员的命令及接车站的同意。而当救援列车向临时线路所运行时,须在防护地点外停车,待引导人员将事故地点的情况告知司机及有关人员,撤除防护后,列车按调车办理进入指定地点;发车时,先撤除防护后发车。

(1)现场指挥:

在事故调查处理委员会到达前,关系区间发车站的站长或临时指派的胜任人员应随乘发往事故地点的第一列救援列车(分部运行时挂取遗留车辆的机车除外)到事故现场,负责指挥救援列车的有关工作。列车分部运行时,机车开往事故区间挂取遗留车辆,由于处理比较简单,车站站长或胜任人员不必前往,而由司机处理。

(2)区间的开通:

当列车调度员接到事故现场负责人关于列车可以安全通过的事故现场报告后,查明区间已无救援列车、机车、车辆等,确已空闲后,方可向两端车站发布开通区间的命令。若列车尚需限速运行,调度员还必须发布限速运行的调度命令。假如调度电话不通,由接到通知的车站值班员在确认区间空闲后,通知邻站办理区间的开通。

五、路用列车的开行

不以营业为目的而专为运输铁路内部自用物资(如枕木、道砟等)所开行的列车称为路用列车。

1. 行车凭证

路用列车运行在非封锁区间时,仍按该区间的行车闭塞法行车。路用列车进入施工封锁区间时，不办理行车闭塞手续，不开放出站信号，以调度命令作为进入施工封锁区间的许可。在调度命令中，应指明列车车次、运行速度、停车地点、到达车站的时刻等注意事项。司机和施工负责人应严格执行调度命令，并按规定的时间到达车站。当调度电话中断而又急需紧迫施工送料时，路用列车进入封锁区间的行车凭证为发车站车站值班员的命令。

2. 注意事项

(1)向施工封锁区间开行路用列车，原则上每端只准进入一列。如因作业需要超过一列时，同向列车的间隔、前后列车的运行速度等运行办法和安全措施由铁路局集团公司规定。

(2)路用列车应由施工单位指派胜任人员携带列车无线调度通信设备值乘于列车尾部，并在区间协助司机作业。

(3)路用列车或线路施工机械进入施工地段时，应在施工防护人员显示的停车手信号前停车，根据施工负责人的要求，按调车办法进入指定地点。

由于施工或其他需要，列车必须在区间内进行卸车时，装卸车负责人应根据调度命令的要求，指挥列车停于区间指定地点。列车未停稳时，不得打开车门。在装卸车作业过程中，装卸车负责人根据现场装卸料与用料实际情况变更装卸车地点时，可指挥列车适当移动位置，但必须在确认货物堆放距离不妨碍车辆移动和货物不偏重后，才可显示信号移动。装卸车完毕后，装卸车负责人应负责检查装卸货物的装载、堆码状态，确认限界，清好道沿，关好车门，通知司机开车。

六、列车发生火灾、爆炸应急处理

(1)列车发生火灾、爆炸时，须立即停车(停车地点应尽量避开特大桥梁、长大隧道等，选择便于旅客疏散的地点)，车站不再向区间放行列车，并通知邻线及后续相关列车停车。电气化区段，现场需停电时，应立即通知供电部门停电。

(2)列车需要分隔甩车时，应根据风向及货物性质等情况而定。一般为先甩下列车后部的未着火车辆，再甩下着火车辆，然后将机后未着火车辆拉至安全地段。

对甩下的车辆，在车站由车站人员负责采取防溜措施；在区间由司机、车辆乘务员负责采取防溜措施。

七、汛期暴风雨行车应急情况处理

(1)列车通过防洪重点地段时，司机要加强瞭望，并随时采取必要的安全措施。

(2)当洪水漫到路肩时，列车应按有关规定限速运行；遇有落石、倒树等障碍物危及行车安全时，司机应立即停车，排除障碍并确认安全无误后，方可继续运行。

(3)列车遇到线路塌方、道床冲空等危及行车安全的突发情况时，司机应立即采取应急性安全措施，并立刻通知追踪列车、邻线列车及邻近车站。配备列车防护报警装置的列车应首先使用列车防护报警装置进行防护。

测一测

一、简答题

1. 列车运行时限制速度有哪些规定？

2. 动车组以外的列车司机在列车运行中应做到哪些规定？

3. 列车乘务组包含哪些工作人员？

4. 列车在出发前按规定对自动制动机进行试验，其内容是什么？

二、综合题

绘制动车组以外的列车司机在列车运行中应知应会的知识树。

知识拓展

救援列车

救援列车能够在铁路线路上发生列车脱轨、颠覆和线路水害、塌方等事故时，用以排除线路故障物和起复机车和车辆的专用车列。从而减少中断行车时间，恢复铁路安全畅通。

救援列车由牵引机车、救援起重机、吊臂平车、平车、棚车及修理车、工具车、宿营车、餐车及工程材料车等组成，并配备有一定数量的救援人员，停放于指定车站，发生事故时，可随时主动进行抢修。轨道吊车用于吊装车辆或其他，平车用于在途中放置吊杆时作游车使用，并可放置救援用枕木、钢轨等，棚车用于存放备品和工具，吊臂平车宿营室用于工程指挥和临时休息，宿营车供救援人员食宿和休息用。救援列车还包括附属的单机、动车、重型轨道车、水罐车(生活及消防用水)以及配套的公路汽车等。

二十世纪五六十年代，救援列车的主要组成部分——救援起重机主要是蒸汽、内燃形式，采用机械传动构成的定长臂式铁路起重机，这种方式救援效率低，在隧道内和下承式桥梁上无救援能力。救援列车的设置，一般考虑在 250 km 服务半径。二十世纪九十年代，我国先后研究成功了内燃驱动的全液压传动的 100 t、160 t 伸缩臂式铁路救援起重机，这成了理想的铁路救援起复作业设备。目前在铁路服役的定长臂式铁路救援起重机有 60 t、100 t 和 160 t，伸缩臂式铁路起重机有 60 t、100 t、125 t 和 160 t，基本满足救援工作的要求。

活动二　认知列车操作与安全注意事项

活动目标

1. 掌握列车操纵示意图。
2. 了解列车操纵与安全注意事项。
3. 了解电力机车运行中的注意事项。
4. 掌握机车行车安全装备检查的要求。

问题导入

×日，××次货物列车进站停车过程中，司机在列车速度低于 5 km/h 时，对列车实行缓解操作，而这一操作的后果直接导致了列车断钩事故，影响列车运行秩序。那么，列车途中调速和进站停车有哪些具体操作要求呢？

利用网络搜集资料并思考问题，初步了解列车操作相关内容。

问题 1：列车操作示意图包含哪些内容？

问题 2：列车操作时有哪些安全注意事项？

相关知识

一、列车操纵示意图

机务段应根据担当的牵引区段、使用机型、牵引定数、区间运行时分等编制“列车操纵示意图”“列车操纵提示卡”。在编制过程中，应利用 LKJ 运行数据对其进行校核优化。

列车操纵示意图应包括以下内容：

(1)列车速度曲线。

(2)运行时分曲线。

(3)线路纵断面和信号机位置。

(4)站场平面示意图。

(5)提、回手柄地点。

(6)动力制动使用和退回地点。

(7)空气制动减压量和缓解地点及速度。

(8)区间限制速度及区段内各站道岔的限制速度。

(9)机械间、走廊巡视时机。

(10)接触网分相区地点。

(11)各区间注意事项。

铁路局集团公司按照“列车操纵示意图”相关内容，针对担当区段的安全关键，编制“列车操纵提示卡”，明确区间公里、运行时分、平均速度、具体提回手柄地点、提回手柄级位或柴油机转速、制动机使用操作、电力机车过分相操作、特殊困难区段操作，以及含到发线有效长、道岔限速、站中心公里、股道有无接触网等内容的中间站站场示意图等内容和安全注意事项。

二、列车操纵一般要求与安全注意事项

(1)机车司机在运行中必须严格执行“彻底瞭望、确认信号、准确呼唤、手比眼看”的“十六字令”，依照机车乘务员一次出乘作业标准、“列车操纵示意图”“列车操纵提示卡”正确操纵列车，并规范执行确认呼唤(应答)和车机联控制度。

(2)严格遵守每百吨列车重量换算闸瓦压力限制速度，列车限制速度，线路、桥隧、信号容许速度，机车车辆最高运行速度，道岔、曲线及各种临时限制速度，以及 LKJ 速度控制模式设定的限制速度的规定。列车运行中，当列尾装置主机发出电池欠压报警、通信中断等异常情况时，司机应及时通知就近车站值班员或列车调度员，旅客列车应同时通知车辆乘务员。

(3)设有两端司机室的机车，司机必须在运行方向前端司机室操纵(调车作业推进运行时除外)。机车信号转换开关置于正确位置。非操纵端与行车无关的各开关均应置于断开位并锁闭，取出制动机手柄或置于规定位置；列车无线调度通信设备和列尾装置司机控制盒置于关闭位。安装双套 LKJ 主机的机车，非操纵端 LKJ 应关闭。

(4)操纵机车时，未缓解机车制动不得加负荷(特殊情况除外)；运行中或未停稳前，严禁换向操纵。设有速度工况转换装置的机车，车未停稳，不准进行速度工况转换。

机车负载运行中，电力机车进级时，应使牵引电流稳定上升，遇天气不良时应实施预防

性撒砂，当机车出现空转不能消除时，应及时调整主手柄位置；具有功率自动调节控制功能的和谐型机车运行在困难区段出现空转时，不得盲目退回手柄。

三、电力机车运行注意事项

(1)根据列车速度，选择适当的手柄位置。牵引电动机电压、电流不得超过额定值。

(2)解除机车牵引力时，牵引手柄要在接近"0"位前稍作停留再退回"0"位。

(3)使用磁场削弱时，要在牵引电动机端电压接近或达到额定值，电流还有相当余量时，逐级进行。

(4)通过分相绝缘器时严禁升起前后两受电弓，一般不应在牵引电动机带负荷的情况下断开主断路器。按"断""合"电标，断开、闭合主断路器(装有自动过分相装置除外)。货物列车若通过分相绝缘器前，列车速度过低时(速度值由铁路局集团公司规定)，允许快速退回牵引手柄。

(5)遇接触网故障或挂有异物，降、升受电弓标或临时降、升弓手信号时，及时降下或升起受电弓。

(6)接触网临时停电或异常时，要迅速断开主断路器、降下受电弓，立即采取停车措施，检查弓网状态。装有车顶绝缘检测装置的机车，司机要检查确认机车绝缘情况，确认机车绝缘装置故障或绝缘不良时，不得盲目升弓。

(7)运行中应确认制动缸压力表压力。

(8)装有列尾装置的列车出发前、进站前、进入长大下坡道前和停车站出站后，应使用列尾装置对制动主管的压力变化情况进行检查，发现制动主管的压力异常时，应立即停车，停车后，查明原因妥善处理，并通知就近车站值班员或列车调度员。

(9)施行常用制动时，应考虑列车速度、线路坡道、牵引辆数和吨数、车辆种类及闸瓦压力等条件，保持列车均匀减速，防止列车冲动。进入停车线停车时，提前确认 LKJ 显示距离与地面信号位置是否一致，准确掌握制动时机、制动距离和减压量，应做到一次停妥，牵引列车时，不应使用单阀制动停车，并遵守以下规定：

①初次减压量，不得少于 50 kPa。长大下坡道应适当增加初次减压量，具体减压量由铁路局集团公司规定。

②追加减压一般不应超过两次；一次追加减压量，不得超过初次减压量。

③累计减压量，不应超过最大有效减压量。

④单阀缓解量，每次不得超过 30 kPa(CCBⅡ、法维莱型制动机除外)。

⑤减压时，自阀排风未止不应追加、停车或缓解列车制动。

⑥货物列车运行中，自阀减压排风未止，不得缓解机车制动。

⑦禁止在制动保压后，将自阀手柄由中立位推向缓解、运转、保持位后，又移回中立位(牵引采用阶段缓解装置的列车除外)。

⑧货物列车速度在 15 km/h 以下时，不应缓解列车制动。长大下坡道区段因受制动周期等因素限制，最低缓解速度不应低于 10 km/h。重载货物列车速度在 30 km/h 以下，不应缓解列车制动。

⑨少量减压停车后，应追加减压至 100 kPa 及以上。

⑩站停超过 20 min 时，开车前应进行列车制动机简略试验。

(10)施行紧急制动时,应迅速将自阀手柄推向紧急制动位,并立即解除机车牵引力,期间电力机车不得断主断路器、降弓,动力制动应处在备用状态。列车未停稳,严禁移动自阀、单阀手柄(投入动力制动时,单阀除外)。无自动撒砂装置或自动撒砂装置失效时,停车前应适当撒砂。

(11)单机(包括双机、专列回送的机车,下同)在自动闭塞区间紧急制动停车后,具备移动条件时司机须立即将机车移动不少于 15 m,再按照先防护后报告的原则,在轨道电路调谐区外使用短路铜线短接轨道电路,然后向就近车站值班员或列车调度员报告停车位置和原因。

单机被迫停在调谐区内时,司机须立即在调谐区外使用短路铜线短接轨道电路,然后向就近车站值班员或列车调度员报告停车位置和原因。

(12)列车运行中,发现制动主管压力急剧下降、波动,空气压缩机不工作或长时间泵风不止,列尾装置发出制动主管压力不正常报警等异常情况时,应迅速停止向制动主管充风,解除机车牵引力,及时采取停车措施。

(13)列车停车再开车后,应选择适当地点进行贯通试验。司机确认制动主管排风结束、列车速度下降方可缓解,同时司机应注意制动缸压力表压力及列车充、排风时间(万吨及以上重载列车除外);装有列尾装置的列车还应使用列尾装置查询列车尾部制动主管风压。

(14)装有动力制动装置的机车在列车调速时,要采用动力制动为主、空气制动为辅、相互配合使用的方法,并应做到:

①电力机车给定制动励磁电流时,电流的升、降要做到平稳。

②制动电流不得超过额定值。

③动力制动与空气制动配合使用时,应将机车制动缸压力及时缓解为 0(设有自动控制装置的机车除外)。

④需要缓解时,应先缓解空气制动,再解除动力制动。

⑤多机牵引使用动力制动时,前部机车使用后,再通知后部机车依次使用;需要解除动力制动时,根据前部机车的通知,后部机车先解除,前部机车后解除(装有重联线和同步装置机车运行时除外)。

(15)当发现列车失去空气制动力或制动力减弱危及行车安全时,紧急制动可以同步投入动力制动的机车,司机应立即使用紧急制动,并将动力制动投入达到最大值,在确认动力制动发挥作用后,使用单阀缓解制动缸压力至 150 kPa 以下(设有自动控制装置的机车可不进行单阀缓解操作)。有车辆乘务员值乘的列车,司机迅速通知车辆乘务员,使用车辆紧急制动阀停车;装有列尾装置的列车,司机应采取列尾装置主机排风制动措施使列车停车,停车前适当撒砂。

(16)装有动力制动的机车在使用动力制动调速过程中发生紧急制动或需紧急制动时,司机应保持机车动力制动,同时立即用单阀缓解机车制动缸压力至 150 kPa 以下(设有自动控制装置的机车可不进行单阀缓解操作)。

(17)列车或单机停留时,不准停止柴油机、劈相机及空气压缩机的工作,并保持制动状态。

①进站停车时,应注意车站接车人员的手信号。

②货物列车应保压停车,直至发车前出站(发车进路)信号机开放或接到车站准备开车的通知后,方能缓解列车制动。

③夜间等会列车时,应将机车头灯灯光减弱或熄灭。

④中间站停车，有条件时应对机车主要部件进行检查。

⑤机车乘务员必须坚守岗位，不得擅自离开机车。

(18)电力机车在附挂运行中，换向器的方向应与列车运行方向相同，主接触器在断开位。禁止进行电气动作试验。

(19)机车各安全保护装置和监督、计量器具不得盲目切(拆)除及任意调整其动作参数。电力机车各保护电器(油压、水温、接地、过流、电机超速、超压等保护装置)动作后，在未判明原因前，不得强迫切除各保护装置。机车保护装置切除后，应密切注视机车各仪表的显示，加强机械间的巡视。

(20)运行中，应随时注意机车各仪表的显示。发现机车故障处所和非正常情况，要迅速判明原因及时处理，并将故障现象及处理情况填记“机车运行日志”。

(21)遇天气恶劣，应加强瞭望和鸣笛，信号机显示距离不足 200 m 时，应立即报告车站值班员或列车调度员。

四、运行中的安全注意事项

(1)不得超越机车限界进行作业，电气化区段严禁攀登机车、车辆顶部，途中停车检查时，身体不得侵入临线限界。

(2)电力机车乘务员需要登机车顶部检查弓网状态或处理故障时，应断开主断路器，降下受电弓，必须向车站值班员或列车调度员申请办理登顶作业，接到列车调度员发布接触网已停电允许登顶作业的调度命令并验电、接地后方准作业。

(3)严禁向机车外部抛撒火种，机械间严禁吸烟。

(4)列车在区间被迫停车后不能继续运行时，司机应立即使用列车无线调度通信设备通知两端站、列车调度员及车辆乘务员，报告停车原因和停车位置，根据需要迅速请求救援并按规定设置防护。机车故障后 10 min 内不能恢复运行时，司机应迅速请求救援。

(5)遇天气不良、机车牵引力不足等原因，列车在困难区段可能发生坡停或严重运缓时，司机应提前使用列车无线调度通信设备通知两端站或列车调度员。

(6)单机进入区间担当救援作业，在自动闭塞区间正方向运行时，应使 LKJ 处于通常工作状态，严格按分区通过信号机的显示要求行车；在自动闭塞区间反方向、半自动闭塞区间及自动站间闭塞区间运行时，应使 LKJ 处于调车工作状态。在接近被救援列车 2 km 时，按规定严格控制速度。

(7)运行途中突发难以抵抗的身体急症，要立即报告列车调度员或车站值班员，不能维持驾驶操纵的要立即采取停车措施。

五、多机牵引时应遵守的规定

(1)机车重联后，相邻机车之间连接状态的检查，由相邻机车司机实行双确认，共同负责。

(2)机车操纵应由行进方向的前部机车负责。重联机车必须服从前部机车的指挥，并执行有关鸣笛及应答回示的规定。

(3)设有重联装置的机车，该装置作用必须良好，重联运行时应接通重联线。其他各有关装置及制动机手柄的位置按规定执行。

(4)电力机车重联运行中，前部机车应按规定鸣示降、升弓信号，后部机车必须按前部机车的指示，立即降下或升起受电弓。

(5)中部、尾部挂有补机的列车，其具体操纵及联系办法由铁路局集团公司规定。

六、组合列车及附挂(重联)机车的有关要求

(1)组合列车前部、中部机车必须装有同步操纵装置并保持通信设备良好，其具体操纵及联系办法由铁路局集团公司规定。

(2)附挂(重联)机车连挂妥当后，附挂(重联)司机按规定操作制动机、弹停装置、电气设备等，操作完毕、具备附挂(重联)运行条件后，通知本务机车司机。

附挂(重联)机车需与本务机车或前位机车摘开时，必须恢复机车牵引条件后(闭合蓄电池开关、开启 LKJ、升弓或启机、空压机工作、总风缸压力达到定压、机车处于制动状态)，方可通知前位机车进行摘挂作业。

无动力回送机车按规定开放无动力回送装置，操作有关阀门。

测一测

一、简答题

1. 设有两端司机室的机车，司机操纵时有什么规定?
2. 电力机车运行中应注意哪些事项?
3. 装有列尾装置的列车，什么时候需要进行列尾制动主管压力检查?
4. 施行常用制动时，应该遵守哪些规定?

二、综合题

绘制列车操纵一般要求与安全注意事项知识树。

知识拓展

列车操纵示意图与列车操纵提示卡

列车操纵示意图是铁路行车部门一项重要的行车技术资料，它是以《列车牵引计算规程》和列车运行图为依据，根据担当区段的使用机型、牵引定数及线路纵断面情况，按事先经过优化制定的安全、合理的列车操纵方法绘制成的坐标曲线示意图。

《机务行车安全管理规则》规定，遇使用机型、牵引定数、机车交路及线路(站场)设备等发生变化时，必须在因调整列车运行图、机车周转图正式实施前，编制“列车操纵提示卡”，明确区间公里、运行时分、平均速度、具体提回手柄地点、提回手柄级位或柴油机转速、制动机使用操作、电力机车过分相操作、特殊困难区段操作，以及含到发线有效长、道岔限速等内容及注意事项，并在实施后的 3 个月内完成“列车操纵示意图”的编制工作。

活动三　旅客列车操纵

问题导入

×日，××次列车在车站进行机车换挂作业时，由于司机操作不当，导致机车与被连接

车辆在连挂过程中发生响钩事故。那么，旅客列车操纵时，需要遵守哪些规定呢？

利用网络搜集资料并思考问题，初步了解旅客列车操作相关内容。

问题 1：旅客列车基本的操纵方法是什么？

问题 2：旅客列车在坡道的操纵注意事项有哪些？

相关知识

旅客列车在确保安全正点的同时，应做到运行平稳、停车准确。

(1)起车时，全列起动后再加速。

(2)进站停车时，应采取保压停车，按机车停车位置标一次稳、准停妥。

列车运行中施行常用制动时，应遵守以下规定：

(1)机车呈牵引状态，牵引电流控制在 1 000 A 左右；电力机车的牵引电流控制在200 A 以下。停车制动，自阀减压时，列车产生制动作用并稳定降速(时间原则上应控制在 5 s 以上)后，再解除机车牵引力。特殊情况由铁路局集团公司规定。

(2)自阀减压前，应单独缓解机车，使列车制动时机车呈缓解状态。

(3)制动时，追加减压量累计不应超过初次减压量。

列车运行中应根据线路纵断面及限速要求，尽可能不中断机车牵引力。在起伏坡道区段或较小的下坡道运行时，应采用低手柄位或低转速的牵引，尽量避免惰力运行。

列车在长大下坡道运行中，应采用空气、动力制动配合使用的操纵方法，做到：

(1)列车进入下坡道时，投用动力制动，待列车继续增速的同时，再逐步增加制动电流。

(2)当动力制动不能满足控制列车运行速度的要求时，采用空气制动调整列车运行速度。无动力制动或动力制动故障时的空气制动的操纵办法，由铁路局集团公司制定。

(3)缓解列车制动时，应在缓解空气制动后，再逐步解除动力制动。

测一测

一、简答题

1. 列车运行中施行常用制动时，应遵守什么规定？

2. 列车在长大下坡道运行中，采用空气、动力制动配合使用的操纵方法有什么规定？

二、综合题

绘制旅客列车操纵安全注意事项知识树。

知识拓展

途中操纵作业七字诀

移动手柄不宜猛　电流给定不波动
贯通试验莫疏漏　小带电流少排风
全列缓解表回零　列车状态记心中
值乘区段线路熟　分相位置要记清
信号线路接触网　上下左右勤观察

正常运行保匀速　频繁变速难平稳
精操机车控距离　巧借坡道控速度
非常情况莫紧张　沉着冷静守规章
恶劣天气需警惕　宁可错停不盲行
机车故障快处理　安全信息速传递
行车瞭望不间断　手比呼唤保安全

活动四　认知机械间巡视要求及注意事项

问题导入

×日，××次列车行驶至K156＋800时，司机通过压力表发现空气压缩机一直处于工作状态，随即要求副司机进入机械间巡视检查，副司机经过检查后发现机车一台空气压缩机已停止工作，仅靠另一台空气压缩机提供风源，导致空气压缩机不间断工作。那么，对运行中的列车，机械间的巡视时机和巡视内容有何要求呢？

利用网络搜集资料并思考问题，初步了解机械间巡视要求及注意事项相关内容。

问题1：机械间容易发生的故障有哪些？

问题2：机械间容易发生故障的时间段有哪些？

相关知识

一、巡视要求

电力机车机械间及走廊巡视检查，由非操纵司机或副司机负责，应按下列要求执行：

(1)始发列车出站后。

(2)发生异音、异状时。

(3)单司机值乘时，机械间检查时机由铁路局集团公司规定。

二、巡视检查项目

巡视检查项目包括各辅助机组运转是否正常，各部件有无异音、异状，有无放电和电气绝缘烧损的气味，主变压器油温、油位是否正常，牵引及辅助变流器工作状态、各保护继电器和指示灯、指示件有无异状或动作显示。

三、机车行车安全装备

(1)机车出段前，必须确认LKJ、机车信号、列车无线调度通信设备、列尾装置司机控制盒、平面灯显接口设备、防折关装置、警惕报警装置、机车走行部监测装置等行车安全装备检测合格证签发符合规定。出段必须开机，按规定正确操作使用，严禁擅自关机。

不得使用列车无线调度通信设备进行与行车无关的通话，并应遵守保密的规定。

(2)列车途中在本务机车前部加挂补机、更换本务机车或机车因故不能继续运行请求救援时，司机应在停车后并制动主管减压的情况下，解除列尾装置主机记忆的本务机车号码,加挂机车、更换机车及救援机车连挂车列后担当本务时,重新建立“一对一”关系。

测一测

一、简答题

1. 简述电力机车机械间及走廊巡视检查事项。

2. 简述电力机车机械间巡视检查项目。

二、综合题

绘制电力机车机械间巡检注意事项知识树。

知识拓展

机车行车安全装备

铁路机车行车安全装备是指装设于机车、动车及自轮运转特种设备上,用于直接防止列车运行事故或辅助司机提高操纵列车运行安全能力的装备,主要包括:列车运行监控装置、机车自动停车装置(简称自停装置)、机车信号、列车无线调度通信设备,以及与之配套的传感、信息输入、信息输出和连接设备等。铁路机车行车安全装备是机车的组成部分。监控装置同时是实现铁路机务行车安全科学管理的重要设备。

活动五　认知机车乘务员呼唤应答标准用语

问题导入

×日,××次列车行驶至K358+700时,因司机和副司机没有准确确认手信号的具体含义,错过了降弓时机,险些造成刮弓事故。请思考,对值乘中的机车乘务员有哪些要求?二人如何配合完成各项工作?

利用网络搜集资料并思考问题,初步了解机车乘务员呼唤应答标准用语。

问题1:信号确认呼唤的时机是什么?

问题2:标准呼唤应答的呼唤时机和手比用语有哪些?

相关知识

一、确认呼唤(应答)基本要求

(1)一次乘务作业全过程必须认真执行确认呼唤(应答)制度。

(2)确认呼唤(应答)必须执行“彻底瞭望、确认信号、手比眼看、准确呼唤”,并掌握“清晰短促、提示确认、全呼全比、手势正确”的作业要领。

(3)列车运行中必须对所有地面主体信号显示全部进行确认呼唤(应答),自动闭塞区段分区通过信号显示绿灯,值乘速度120 km/h及以上客运列车时,只手比不呼唤(带有三斜杠标志预告功能的分区通过信号机除外)。

(4)遇有显示须经侧向径路运行的信号时,在呼唤信号显示的同时,必须呼唤侧向限速值。

二、信号确认呼唤时机和手比姿势

1. 信号确认呼唤时机

应遵循“信号好了不早呼、信号未好提前呼”的原则，瞭望条件良好时，进站（进路）信号不少于 800 m；出站、通过、接近、预告信号不少于 600 m；信号表示器不少于 100 m。

2. 手比规范

（1）信号显示要求通过（显示绿灯、绿黄灯）时：右手伸出食指和中指并拢，拳心向左，指向确认对象。

（2）信号显示要求正向径路准备停车（显示黄灯）时：右手拢拳伸拇指直立，拳心向左。

（3）信号显示要求侧向径路运行（显示双黄灯、黄闪黄）时：右手拢拳伸拇指和小指，拳心向左。

（4）信号显示要求停车（显示红灯，包括固定和临时）时：右臂拢拳，举拳与眉齐，拳心向左，小臂上下摇动 3 次。

（5）注意警惕运行时：右臂拢拳，大小臂成 90°，举拳与眉齐，拳心向左。

（6）确认仪表显示时：右手伸出食指和中指并拢，拳心向左，指向相关确认设备。

（7）确认非集中操纵道岔、各类手信号、防护信号（脱轨器）时：右手伸出食指和中指并拢，拳心向左，指向确认的非集中操纵道岔、各类手信号、防护信号（脱轨器）。

（8）列车运行中，LKJ 提示前方列车运行限制速度有变化时，司机必须在变速点前，对变化的速度值及时进行确认呼唤；确认呼唤时，右手伸出食指和中指并拢，拳心向左，指向 LKJ 显示部位。

（9）手比以注意警惕姿势开始和收回，手比动作稍作停顿。

三、机车乘务员确认呼唤（应答）标准用语（表 2-3）

表 2-3　机车乘务员双岗值乘确认呼唤（应答）标准用语——出段至发车

序号	呼唤时机	呼唤		应答		复诵	
		呼唤者	标准用语	应答者	标准用语	复诵者	标准用语
1	电力机车升弓	操纵司机	升弓	副司机 非操纵司机	升弓注意	操纵司机	升弓好了
2	整备完毕，人员就岗	副司机 非操纵司机	出段准备	操纵司机	准备好了		
3	出段前	副司机 非操纵司机	还道信号 出段信号 （非集中操纵道岔呼唤内容）	操纵司机	××道 出段手 信号好了	副司机 非操纵司机	××道 出段手 信号好了
4		副司机 非操纵司机	出段信号	操纵司机	白（绿）灯 蓝（红） 灯停车	副司机 非操纵司机	白（绿）灯 蓝（红） 灯停车

续上表

序号	呼唤时机	呼唤		应答		复诵	
		呼唤者	标准用语	应答者	标准用语	复诵者	标准用语
5	经过非集中 操纵道岔前	副司机 非操纵司机	道岔注意	操纵司机	道岔开通正确	副司机 非操纵司机	道岔开 通正确
6	经过其他要道 还道地点前	副司机 非操纵司机	一度停车 还道信号 道岔开通信号	操纵司机	一度停车 ××道 手信号好了	副司机 非操纵司机	××道 手信号好了
7	行至站段分界点 (或一度停车牌)	副司机 非操纵司机	一度停车	操纵司机	一度停车		
8	调车信号前	副司机 非操纵司机	调车信号	操纵司机	白灯、蓝(红) 灯停车	副司机 非操纵司机	白灯、蓝(红) 灯停车
9	调车复示信号前	副司机 非操纵司机	复示信号	操纵司机	白灯 注意信号	副司机 非操纵司机	白灯 注意信号
10	换端作业时	副司机 非操纵司机	注意防溜	操纵司机	注意防溜		
11	进入挂车线	副司机 非操纵司机	脱轨器注意	操纵司机	撤除好了 (红灯、红牌) 停车	副司机 非操纵司机	撤除好了 (红灯、红牌) 停车
12	连挂车时	副司机 非操纵司机	十辆、五辆、 三辆、停车	操纵司机	十辆、五辆、 三辆、停车		
13		副司机 非操纵司机	防护信号	操纵司机	撤除好了 注意信号	副司机 非操纵司机	好了 注意
14	列车制动机试验时	副司机 非操纵司机	制动、缓解 试风好了	操纵司机	制动、缓解 试风好了		
15	发车前	副司机 非操纵司机	确认行车 安全设备	操纵司机	LKJ 设置好了 CIR (或通信装置) 设置好了 列尾装置 设置好了 机车信号 确认好了	副司机 非操纵司机	LKJ 设置好了 CIR (或通信装置) 设置好了 列尾装置 设置好了 机车信号 确认好了
16		副司机 非操纵司机	出站 (发车进路) 信号	操纵司机	绿灯,出站 (发车进路) 好了 双绿灯,×× (线、站) 方向出站好了 绿黄灯,出站 (发车进路) 好了。 黄灯,出站 (发车进路) 好了	副司机 非操纵司机	绿灯,出站 (发车进路) 好了 双绿灯, ××(线、站) 方向出站 好了 绿黄灯, 出站(发车 进路)好了。 黄灯,出站 (发车进路) 好了

续上表

序号	呼唤时机	呼唤		应答		复诵	
		呼唤者	标准用语	应答者	标准用语	复诵者	标准用语
17	发车前	副司机 非操纵司机	确认路票 确认绿色许可证 确认红色许可证 确认调度命令	操纵司机	路票正确 绿色许可证正确 红色许可证正确 调度命令正确	副司机 非操纵司机	路票正确 绿色许可证正确 红色许可证正确 调度命令正确
18		副司机 非操纵司机	进路表示器	操纵司机	××(线、站)方向好了 正、反方向好了	副司机 非操纵司机	××(线、站)方向好了 正、反方向好了
19		副司机 非操纵司机	发车信号	操纵司机	一圈、两圈、三圈,发车信号好了 联控发车好了	副司机 非操纵司机	一圈、两圈、三圈,发车信号好了 联控发车好了
20		副司机 非操纵司机	发车表示器	操纵司机	发车表示器白灯	副司机 非操纵司机	发车表示器白灯
21	起动列车后	副司机 非操纵司机	确认开车时刻	操纵司机	正点(或晚点××分)开车	副司机 非操纵司机	好了
22		副司机 非操纵司机	注意对标	操纵司机	对标好了 道岔限速××公里	副司机 非操纵司机	好了 道岔限速××公里
23		副司机 非操纵司机	后部注意	操纵司机	后部好了	副司机 非操纵司机	后部好了
24	出站后	副司机 非操纵司机	仪表注意	操纵司机	各仪表(网压)显示正常		

测一测

一、简答题

1. 呼唤应答中的手比规范有哪些?
2. 发车前的呼唤应答语有哪些?

二、综合题

绘制机车乘务员呼唤应答标准用语知识树。

知识拓展

呼唤应答制度在乘务作业中的重要性

机车乘务员、车站值班员和信号员等关键岗位的作业标准中,都有呼唤应答制度,起到自控、互控作用，保证行车安全。

语言是思维高度发展的产物，同时，语言的使用又会对思维和思想活动产生强大的反作用力，呼唤应答制度的作用就体现在这个反作用之中。铁路工作在确认信号等关键环节上需要绝对的精力集中，需要借助语言对思维的反作用力来斩断杂念。声音洪亮地执行呼唤应答制度，能够起到收敛心神、驱除杂念的作用，使我们全身心投入到工作中。

机车乘务员等关键岗位的职工在工作中需要面对的关键点很多，稍不留神就可能发生事故。所以，为了确保行车安全，也为了家庭幸福，我们应该全神贯注、声音洪亮、一丝不苟地执行呼唤应答制度。

任务三　终到作业

任务描述

列车到达终点站后，机车乘务员需要按时到机务段派班室进行退勤，这是机车乘务员一次乘务作业任务的结束，通过本任务的学习，掌握终点站与退勤作业相关内容。

任务目标

1. 掌握终点站作业的内容。
2. 掌握入段作业内容。
3. 掌握中途换乘站换班作业内容。
4. 掌握外段交接班作业。
5. 掌握退勤作业。

活动　终点站与退勤作业

活动目标

1. 掌握终点站作业的内容。
2. 掌握入段作业内容。
3. 掌握中途换乘站换班作业内容。
4. 掌握外段交接班作业。
5. 掌握退勤作业。

问题导入

×日，货物列车在进入终点站后进行退勤作业后，机务段统计室对司机报单的填记质量检查时，在对 LKJ 运行检索分析后发现，运行实况和司机报单记录不一致，经过与当班司机谈话确认，司机未将运行过程中发生的非正常情况按规定填写。考虑到未发生严重事故，该当班司机受到乘务考核警告处分。那么，列车在终点站有哪些作业要求？

利用网络搜集资料并思考问题，初步了解司机在终点站作业相关要求。

问题:外段(折返段)交接班要求有哪些?

相关知识

一、终点站作业

(1)到达终点站后,摘解机车前不得缓解列车制动。若地面无列车制动机试验设备或该设备临时发生故障时,司机应根据检车员的要求,试验列车制动机。牵引制动主管定压600 kPa的货物列车到达机车换挂站后,应对制动主管实施最大有效减压量(减压170 kPa)。

直供电列车到达后,应保持供电,接到车辆乘务员通知后方可停止供电,拔出供电钥匙,按规定与车辆乘务员办理交接。

(2)机车不能及时入段时,将机车移动至脱轨器外方、信号机前或警冲标内方。司机应及时检查轴温(装有轴温检测装置的除外)。LKJ转入调车状态,按调车信号显示运行。

(3)机车到达站、段分界点处应停车,签认入段时分,了解段内走行经路。

(4)确认入段信号、股道号码信号、道岔开通信号、道岔表示器显示正确,厉行确认呼唤(应答),鸣笛动车入段,按规定速度控制运行。

(5)有运用干部添乘在列车终到前,司机应出示添乘指导簿,添乘运用干部填写本趟添乘指导意见。

二、入段、整备作业注意事项

(1)电力机车进整备线,在隔离区防护信号前停车,确认隔离区防护信号开放后再动车。

(2)在转盘及整备线停留时,机车必须制动。上、下转盘时,确认开通位置,严守速度规定。转盘转动时,司机不得离座,不得换端及做其他工作,并须做到:电力机车断开主断路器,降下受电弓,牵引手柄置于"0"位。

(3)入段机车检查和整备:

机务段应根据使用机型、乘务方式和段内技术作业时间,制定机车检查、给油、保洁等工作范围和标准。

①交班司机应将机车运用状态,在"机车运行日志"上作出记录,按规定做好防溜,与接车人员办理交接。

②轮乘制司机应向接车人员详细介绍机车运用状态、"机车运行日志"记录等情况,与有关人员办理燃油、耗电、工具备品以及机车行车安全装备的交接。

③检查机车时,发现故障处所及时处理或报修。

三、中途继乘站换班

出勤时,按段内机车乘务员出勤作业的规定执行。出勤后按时到达指定地点接班。

中间站换班应实行对口交接。

(1)司机交接燃料、耗电、机车运用状态等。

(2)副司机(非操纵司机)检查机车行车安全装备,办理工具备品等交接。

(3)接班后,按《铁路机车操作规则》附件1-5至附件1-8的规定检查机车。

四、外段(折返段)交接班

(1)电力机车交班机班应按《铁路机车操作规则》附件 1-1 至附件 1-4 的规定进行作业，填写“机车运行日志”。

(2)电力机车的接班司机应按《铁路机车操作规则》附件 1-1 至附件 1-4,对机车进行检查。副司机(非操纵司机)对机车下部进行复检。

(3)制动机试验,电力机车的高、低压试验按《铁路机车操作规则》第十一条的规定执行。

(4)其他未尽事宜,按机务本段、外段(折返段)有关规定办理。

五、退勤作业

退勤前,司机用 IC 卡转储 LKJ 运行记录文件,正确填写司机报单,对本次列车的安全正点情况进行分析作出记录。

退勤时,进行酒精测试,向退勤调度员汇报本次列车安全及运行情况,对运行中发生的非正常情况按规定填写“机调-10”,对 LKJ 检索分析的问题及超劳、运缓等情况做出说明,交还列车时刻表、司机报单、司机手册、添乘指导簿后,办理退勤手续。

测一测

一、简答题

1. 简述出勤作业中注意事项。

2. 接车作业需要检查哪些项目?

二、填空题

1. 牵引制动主管定压 600 kPa 的货物列车到达机车换挂站后,应对制动主管实施最大有效减压量________ kPa。

2. 在入段作业时,机车在转盘上停留,电力机车断开________,降下________,牵引手柄置于________位。

3. 接机车到达站、段分界点处应________,签认入段时分,了解段内走行经路。

4. 退勤前,司机用 IC 卡转储________运行记录文件,正确填写司机报单,对本次列车的安全正点情况进行分析作出记录。

三、综合题

1. 终点站的作业内容有哪些?

2. 入段作业的内容有哪些?

3. 绘制终点站与退勤作业知识树。

知识拓展

司机报单

司机报单是记载机车在运行过程中的全部情况和机车乘务组工作情况的原始记录。

司机报单原则上对担任牵引列车、单机运行、有动力附挂、补机(重联)作业的机车乘务组每出乘一次发给一张;对担当小运转、调车和其他工作的机车每换班一次发给一张。机车交路与乘务制度不一致时,本务机车的司机报单,应在乘务员换班地点进行交接;对于在本段以外轮流换乘的司机报单,应规定其交回本段的具体办法和手续,确保机务段统计室及时、完整地进行计算整理。

司机报单的主要内容有:段名称、机车类型、机车乘务组成员、机车出入段时分、机车领取燃料和油脂情况、补机重联和有动力附挂机车、列车运行及编组情况等。资料涉及面广,填记人员多,是计算机车车辆运用成绩和机车能源、润滑油脂消耗等统计指标,考核机车乘务员工作成绩,编制各种机车统计报表的重要依据,亦是核算机车乘务组工时、工资及各种奖金等,进行经济核算的重要资料。机务段统计室对司机报单的填记质量负有检查、指导责任,应经常了解和分析填记情况,发现问题要及时处理。

项目三
非正常行车组织作业

学习情境

机车乘务员担负着保证列车安全、正点运行的重要任务。他们要严格遵守国家有关铁路运输的法律法规，负责列车运行中的各项操作，确保行车指令的准确执行，遇异常情况及时报告、采取措施、传递行车信息等相关作业。

本项目中，副司机小王随师傅小张，驾驶 HXD_2 型电力机车，担当某区段货运列车牵引任务，经历了区间被迫停车、进站信号机故障、线路施工等情况。因此，掌握正常情况下以外的特殊条件下的行车组织办法，包括列车在区间被迫停车不能继续运行和妨碍邻线的行车办法，遇到施工的特定行车办法，进、出站信号机故障的行车凭证，在何种情况下使用路票，能够对非正常情况的行车凭证和处理流程有一个基本的认识，从而真正理解相关铁路规章条目的规定的意义所在。

任务一　认知列车被迫停车相关处理办法

任务描述

本任务将列车区间被迫停车不能继续运行的处理方法和处理步骤进行梳理和总结，分析列车被迫停车必须分部运行或退行的要求，通过本任务的学习，并结合《技规（普速铁路部分）》的相关规定，提升非正常行车的运用能力。

任务目标

1. 掌握列车需要防护时的防护要求。
2. 熟知被迫停车后，遇自动制动机故障处理办法。
3. 掌握列车区间被迫停车可能妨碍邻线司机通知规定。

4. 掌握列车区间被迫停车可能妨碍邻线防护要求。

5. 熟知列车分部运行的相关要求。

6. 掌握列车退行的相关要求。

活动一　列车被迫停车不能继续运行或妨碍邻线的处理

问题导入

×日，××区段突遇信号灯全部熄灭，导致正在附近区段运行的两趟列车被迫停车。那么，列车被迫停车后需要司机如何处理？

利用网络搜集资料并思考问题，初步了解区间被迫停车相关内容。

问题1：机车故障影响行车的主要形式有哪些？

问题2：如何理解被迫停车？

问题3：区间被迫停车防护设备有哪些？

相关知识

列车在区间被迫停车是指列车在区间因线路中断、接触网停电、动车组（电力机车）停在分相无电区、制动失效及其他机车车辆故障等原因，导致列车不能按信号显示（行车凭证）继续向前运行的情况。

列车在区间因作业需要、信号（包括地面信号和车载信号）显示停车信号或显示不明、接到停车的通知而停车，以及发现线路上有行人、异物等而临时停车，不属于列车在区间被迫停车。

一、列车被迫停车不能继续运行

列车被迫停车不能继续运行时，司机应立即使用列车无线调度通信设备通知两端站车站值班员或列车调度员及车辆乘务员（随车机械师），报告停车原因及停车位置，根据具体情况请求救援。根据区间列车运行情况及救援方向，需要防护时，列车前方由司机负责，列车后方由车辆乘务员（随车机械师）负责，无车辆乘务员（随车机械师）为列车乘务员负责。配备列车防护报警装置的列车应首先使用列车防护报警装置进行防护，再按上述规定进行防护。单班单司机值乘方式不具有全路普遍性，列车防护作业办法由铁路局集团公司结合本局实际情况进行规定。

被迫停车后，如遇自动制动机发生故障时，动车组以外的旅客列车司机应立即通知车辆乘务员迅速组织列车乘务人员拧紧全列车辆的人力制动机，以使列车就地制动。其他列车的司机，应立即采取一切安全措施，如放置铁鞋、组织人员拧紧人力制动机等，并向列车调度员报告，请求救援。

车站值班员在接到司机被迫停车的报告后，应停止向区间放行列车，立即使用列车无线调度通信设备通知该区间内运行的有关列车，并将该区间内列车运行的情况通知被迫停车司机。已请求救援的列车，不得移动位置，并按规定进行防护；遇特殊情况，已请求救援的列车故障修复具备运行条件需取消救援时，必须报告列车调度员，得到列车调度员准许后方可恢复运行(列车调度员需确认救援调度命令已取消,并通知相关人员、列车后,方可准许恢复运行)。

需组织旅客疏散时,车站值班员应根据申请,在报告列车调度员并得到准许,扣停邻线列车后,通知司机,由司机通知列车长(或通过车辆乘务员通知列车长)组织旅客疏散。

二、列车被迫停车可能妨碍邻线

列车发生脱轨,颠覆等事故或其他原因被迫停车时,司机及车辆乘务员(随车机械师)应认真观察,注意是否妨碍邻线。可能妨碍邻线时:

(1)配备列车防护报警装置的列车应首先使用列车防护报警装置进行防护。

(2)司机应立即使用列车无线调度通信设备通知邻线上运行的列车,并通知区间两端站车站值班员或列车调度员。

(3)司机与车辆乘务员(随车机械师)分别在列车头部和尾部附近邻线上点燃火炬;自动闭塞区间还应对邻线来车方向短路轨道电路。火炬的燃烧时间一般为 8 min 左右,在这一段时间内,已进入区间的列车运行到被迫停车的列车附近时,即可看到火炬的火光,从而采取停车措施,也给司机等人下车察看是否妨碍邻线的工作留出时间。

(4)司机亲自或指派人员沿邻线一侧对列车进行检查,发现妨碍邻线时,立即派人按规定防护,如发现邻线有车开来时,司机应鸣示紧急停车信号,其他人应向列车显示停车信号。

(5)车站值班员接到列车被迫停车可能妨碍邻线的通知后,应立即通知邻线有关列车停车,在原因消除、确认不再妨碍邻线前不得向邻线放行列车。

单班单司机值乘方式不具有全路普遍性,列车防护作业办法由铁路局集团公司结合本局实际情况进行规定。

三、列车被迫停车防护设备的使用

为保证列车运行安全,列车被迫停车后,应使用响墩对列车进行防护。

响墩设置方法:每组为 3 枚,其中两枚扣在来车方向的左侧钢轨上,一枚扣在右侧钢轨上,彼此间隔 20 m。当机车压上响墩后,司机一侧可先听到响墩爆炸声,便于司机采取停车措施。每个响墩放置间隔 20 m,是为了使其爆炸声分清三响,不致与其他爆炸声相混淆。

在不同情况下放置响墩的要求是:

(1)已请求救援的列车,应在救援列车开来方向(不明时,从列车前后两方面)距停留车列不小于 300 m 处放置响墩,如图 3-1 所示。规定 300 m,是因为已请求救援,列车调度员已在命令中指明了被迫停车列车的所在位置,所以救援列车司机心中有数,可以提前减速,能在 300 m 内停车。

(2)一切电话中断后发出的列车有两种,一种是持有红色许可证通知书 1 的列车(后面无续行列车);一种是持有红色许可证通知书 2 的列车(后面有续行列车)。在后面有续行列车的情况下,因续行列车对前行列车在区间停车没有准备,因此列车后部防护距离应不小于列车制动距离,此制动距离为该线路最大速度等级规定的列车紧急制动距离。如该线路最大速度为 160 km/h,则制动距离为 1 400 m。防护距离应不小于 1 400 m,如图 3-2所示。

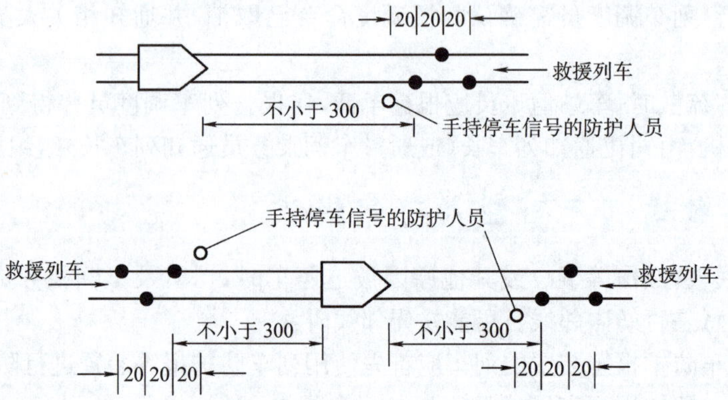

图 3-1　已请求救援列车的防护(单位:m)

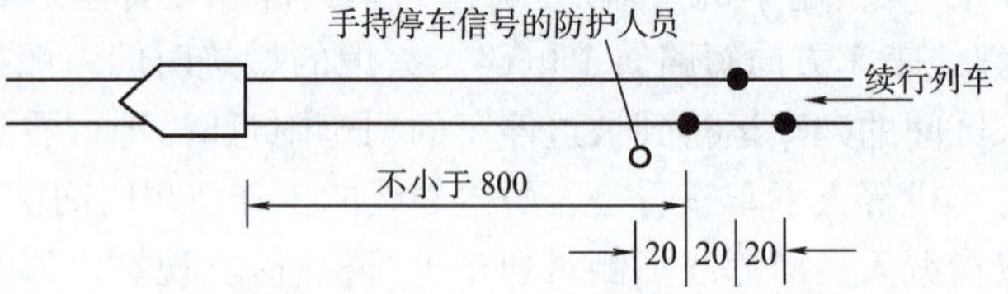

图 3-2　有续行列车运行的防护(单位:m)

(3)列车被迫停车后,如妨碍邻线行车时,为防止邻线列车开来发生冲突,应在邻线上放置响墩防护。在不能确认来车方向时,考虑邻线可能反方向行车,应从两端进行防护。如确知来车方向,可仅对来车方向进行防护。由于邻线运行的列车没有停车准备,故放置响墩的距离不应小于线路最大速度等级规定的列车紧急制动距离。防护方法如图 3-3 所示。

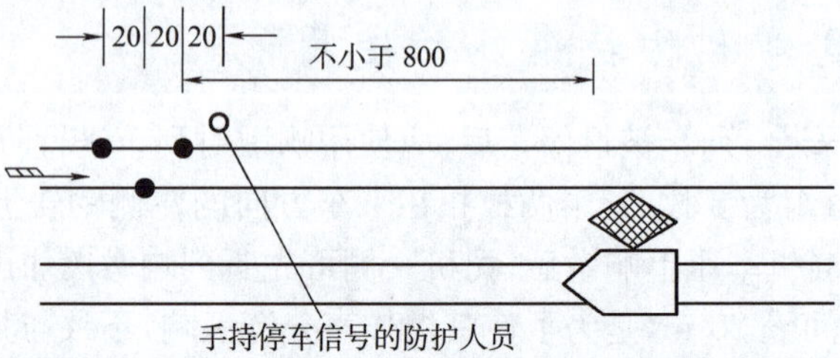

图 3-3　妨碍邻线的防护(单位:m)

(4)列车分部运行,机车进入区间挂取遗留车辆时,因其已知停留车地点,能提前减速及停车,故在车列前方不小于 300 m 处放置响墩防护,如图 3-4 所示。

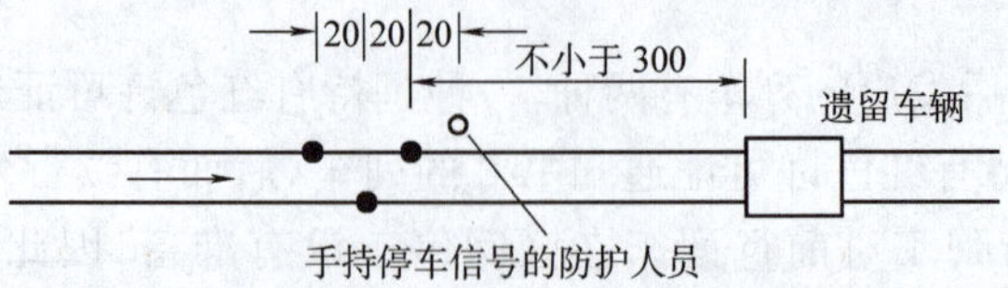

图 3-4　分部运行时机车挂取遗留车辆的防护(单位:m)

被迫停车的列车消除故障可以运行后,应用列车无线调度通信设备通知防护人员返回。此时防护人员可不撤除响墩返回列车，以便尽快恢复列车运行。但在列车运行图规定开行动车组列车的区段，考虑到动车组运行速度高，列车轴重轻，不撤除响墩不利于动车组运行安全，所以必须撤除响墩。

测一测

一、简答题

1. 分析由于故障造成列车被迫停车不能继续运行的原因有哪些？
2. 区间被迫停车，司机需要向谁报告及报告的内容有哪些？
3. 什么是妨碍邻线行车，有何特点？
4. 可能妨碍邻线行车的事故类型有哪些？
5. 区间被迫停车需要防护邻线时由谁负责，采用何种防护方式？
6. 被迫停车可能妨碍邻线，画出防护邻线的示意图。

二、综合题

绘制列车在区间被迫停车处理事项的知识树。

知识拓展

限界

视频

限界

为了确保机车车辆在铁路线路上运行的安全，防止机车车辆撞击邻近线路的建筑物和设备而对机车车辆和接近线路的建筑物、设备所规定的不允许超越的轮廓尺寸线，称为限界。

铁路限界是一个与线路中心线垂直的横断面，其横向尺寸系指水平宽度，由线路中心线起算；其高度尺寸为垂直高度，自钢轨面起算。

铁路基本限界可分为机车车辆限界和建筑限界两种。

活动二　列车被迫停车须分部运行或退行的处理

问题导入

×日，××次列车行驶至线路下行 K57＋600 处，由于故障不能继续运行须分部运行，中断行车 1 h 30 min，构成了行车事故。请思考，列车被迫停车必须分部运行的情况有哪些？

利用网络搜集资料并思考问题，初步了解列车被迫停车相关内容。

问题：列车被迫停车须退行时有哪些注意事项？

相关知识

一、列车被迫停车须分部运行的要求

列车在区间内发生断钩、制动主管破裂、脱轨、坡停等被迫停车，必须分部运行时，应按下列要求办理：

(1)司机应立即将被迫停车的原因及需要分部运行的要求报告前方站或列车调度员。

(2)组织和指挥有关人员做好遗留车辆的防溜工作,并按规定做好防护。

(3)遗留车辆派人看守。

(4)记明遗留车辆辆数和停留位置。

(5)牵引前部车辆开往前方站。在自动闭塞区间,在运行中仍应按信号机的显示运行。在半自动闭塞区间或按电话闭塞法行车时,分部运行的前部车列运行至接车站进站信号机前,即使该信号机已开放,也必须在机外停车(司机已报告前方站或列车调度员为分部运行时可直接进站)。这是因为半自动闭塞区间机车车辆只要驶过接车轨道电路,闭塞机即可解锁,区间即具有开通条件,电话闭塞法行车是通过人工检查确认和联系制度来保证实现列车运行空间间隔,列车到达发出电话记录号码即可办理区间开通;如车站值班员未得到列车为分部运行的通知,又未认真确认列车是否整列到达时,即开通区间并与邻站办理闭塞手续,就可能向占用区间开行列车,存在与区间遗留车列发生冲突的安全风险。

(6)机车牵引的前部车辆整列进入车站后,车站值班员将情况报告列车调度员,列车调度员发布调度命令封锁区间。

(7)救援列车到达或返回车站,车站值班员确认遗留车辆全部取回、区间空闲后,向列车调度员报告。列车调度员发布调度命令开通区间。

列车在区间发生断钩,制动主管破裂,脱轨及坡停等情况,可采用分部运行办法。但以下情况不准分部运行:

(1)经采取措施可整列运行时:如发生坡停后,派救援机车以双机牵引或后部补推的方式运行至车站,或在区间因车辆故障停车后,可由车辆乘务人员对车辆进行临修后继续运行等。

(2)遗留车辆未采取防护、防溜措施时,可能造成停留车辆溜逸等,酿成事故。

(3)遗留车辆无人看守时,由于路外闲杂人员的破坏,可能撤除遗留车辆的防护、防溜措施,或损坏车辆、货物。

(4)司机与两端站及列车调度员均无法取得联系时,不能分部运行。此时,联系方式不仅限于列车无线调度通信设备。

(5)遗留车辆停留在超过6‰坡度的线路上时,即使采取防溜措施,但也存在车辆溜逸的风险,因此也不能分部运行。该处超过6‰坡度是指遗留车辆所在线路的实际坡度。

二、列车被迫停车须退行的要求

列车在区间在不得已情况下必须退行时,应执行下列要求:

(1)退行时,车辆乘务员或随车机械师(无车辆乘务员或随车机械师时为指派的胜任人员)应在列车尾部,注视运行前方(不显示信号),发现危及行车或人身安全情况时,应立即使用紧急制动阀(紧急制动装置),或使用列车无线调度通信设备通知司机,使列车停车。

(2)列车退行速度不得超过15 km/h,以便发现危及行车或人身安全的情况能随时停车。

(3)退行列车未得到后方站(线路所)车站值班员的准许,不得越过后方车站(线路所)最外方预告标或预告信号机(双线区间为邻线预告标或特设的预告标),以防止与越出站界或跟踪出站调车的机车车辆发生冲突。列车退行到该处停车后,应立即向车站值班员报告,得到后方站(线路所)车站值班员准许后方可凭进站信号机的显示的允许运行的信号进站。如事先已取得列车调度员或后方站车站值班员准许,可不在预告信号机外停车,凭进站信号机的进行显示或引导信号直接进站。

(4)车站值班员接到退行报告后，除立即向列车调度员报告外，还应根据车站线路占用情况，准备进路，开放进站信号机或用引导办法，将列车接入站内。

以下情况不准退行：

(1)自动闭塞区段，列车是以出站和通过色灯信号机显示的允许运行的信号作为进入闭塞分区的行车凭证，在区间实行追踪运行，在这种情况下，列车退行有与后方开来的追踪列车发生冲突的危险，因此不准退行。列车只有在列车调度员或后方站车站值班员确认至后方站间无追踪列车，并准许后方可退行。

(2)在降雾、暴风雨雪及其他不良条件下，司机难以辨认信号，直接危及行车安全，所以不准退行。

(3)一切电话中断后发出除持有红色许可证通知书1以外的列车。由于车站将发出续行列车，而续行列车是按时间间隔发出的，如果列车退行，就有可能与后面的续行列车发生冲突，所以不准退行。

(4)挂有后部补机的列车，补机在区间内返回时，由于补机途中可能停车，如列车退行时，有与补机发生冲突的危险，所以，对挂有后部补机的列车，除以上三种情况外是否准许退行，由铁路局集团公司规定。

测一测

一、简答题

1. 列车哪些情况不准分部运行？
2. 列车分部运行的要求有哪些？
3. 列车哪些情况不准退行？
4. 列车退行运行的要求有哪些？

二、综合题

绘制列车分部运行与退行相关内容知识树。

知识拓展

列车(动车组列车除外)运行途中发生车辆故障应急处理

(1)发现客车车辆轮轴故障、车体下沉(倾斜)、车辆剧烈振动等危及行车安全的情况时，须立即采取停车措施。由车辆乘务员检查，对抱闸车辆应关闭截断塞门，排除工作风缸和副风缸中的余风，确认安全无误后，方可继续运行；如车轮踏面损坏超过限度或车辆故障不能继续运行时，应甩车处理。

(2)列车调度员接到热轴报告后，应按热轴预报等级要求果断处理。必要时，立即安排停车检查(司机应采用常用制动，列车停车后由车辆乘务员负责检查，无车辆乘务员的由司机确认能否继续安全运行)或就近站甩车处理。

(3)遇客车安全监控系统报警或其他故障需要列车限速运行时，车辆乘务员应使用列车无线调度通信设备通知司机，司机根据要求限速运行并报告车站值班员(列车调度员)。

任务二　认知信号机故障时的行车办法

任务描述

本任务对车站进站、接车进路信号机、出站信号机故障时的行车办法，信号机不能使用的条件等内容进行总结，通过本任务的学习，并结合《技规（普速铁路部分）》规定掌握信号机故障处理办法。

任务目标

1. 熟知进站、接车进路信号机不能使用的条件。
2. 识别引导信号、引导手信号的显示方式及含义。
3. 掌握引导人员接车地点标的设置要求。
4. 识别出站信号机故障的行车凭证。
5. 了解进路表示器不能点亮的行车要求。

活动一　进站、接车进路信号机故障时的处理

问题导入

×日，××次列车在通过××车站时接到车站值班员的通知，“列车进站信号机发生故障，不能显示进行信号，列车凭开放的引导信号进站”。那么，引导信号的显示方式是什么？

利用网络搜集资料并思考问题，初步了解信号机故障相关内容。

问题 1：引导人员在何处展示引导手信号？

问题 2：什么情况下使用引导信号？

相关知识

进站、接车进路信号机不能使用时，应开放引导信号。

一、引导信号使用时机

车站使用引导信号或派引导人员接车时，有以下几种情况：

（1）进站、接车进路信号机发生故障或因联锁失效不能开放使用时。

（2）向进站、接车进路信号机联锁范围以外的线路上接车时。

（3）双线区段接入反方向开来的列车而无进站信号机时。

在使用引导信号或派引导人员接车时，为保证列车进站安全，列车应以不超过 20 km/h 的速度进站，并做好随时停车的准备，以防进路准备错误或进路上有障碍物时，可以在短距离内立即停车。

进站、接车进路信号机不能使用，设有引导信号时应开放引导信号接车；当引导信号不能开放或无进站信号机时，应派引导人员接车，由引导人员接车时，为了便于司机确认，引

导人员应站在引导员接车地点标处（未设的，应站在进站信号机、进路信号机或站界标外方），正确显示引导手信号。当列车头部越过引导信号或引导手信号后，即可关闭引导信号或收回引导手信号。

道岔按占用顺序分顺向、对向。列车经辙叉心向尖轨运行时，该道岔为进路上的顺向道岔，列车由尖轨向辙叉运行时，该道岔为进路上的对向道岔。当进路上顺向道岔开通位置错误时，可能造成挤岔；当对向道岔开通位置错误时，则可能使列车进入不该进入的线路，与线路内的机车、车辆发生冲突，其后果严重。

在无联锁的线路上接发列车时，由于无设备保证进路正确及不能锁闭敌对进路，容易发生意外，为了保证列车出入站的安全，进路上无联锁的对向道岔及邻线上能够进入该进路的无联锁的防护道岔应加锁，进路上有联锁的道岔及邻线上有联锁的防护道岔应在控制台上单独锁闭，以防意外扳动造成列车进入异线、脱轨或其他机车车辆闯入接车进路发生冲突事故。

二、引导信号显示方式及含义

1. 引导信号

进站信号机及接车进路信号机、接发车进路信号机及 CTCS-2 级、CTCS-3 级区段线路所通过信号机的引导信号显示一个红色灯光及一个月白色灯光：准许列车在该信号机前方不停车，以不超过 20 km/h（动车组列车不超过 40 km/h）的速度进站或通过接车进路，并应准备随时停车，如图 3-5 所示。

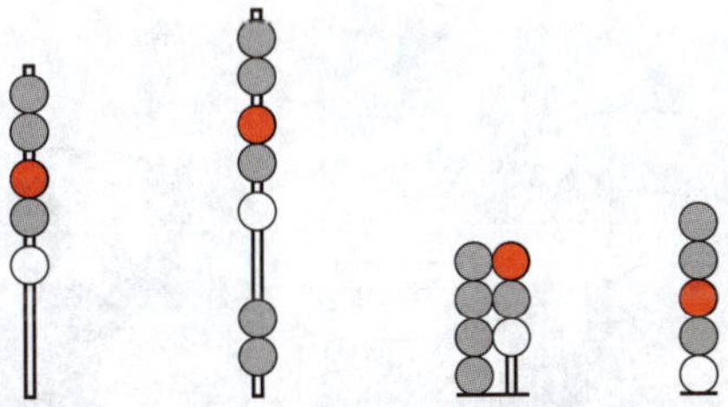

图 3-5　进站信号机及接车进路信号机、接发车进路信号机及 CTCS-2 级、CTCS-3 级区段线路所通过信号机的引导信号显示

CTCS-2 级、CTCS-3 级区段，出站信号机的引导信号显示一个红色灯光及一个月白色灯光：准许列车由车站或动车段（所）以站间闭塞方式出发，发车进路列车速度不超过20 km/h（动车组列车不超过 40 km/h），并应准备随时停车，表示前方区间空闲，如图 3-6 所示。

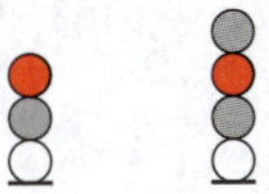

图 3-6　CTCS-2 级、CTCS-3 级区段发车进路信号机的引导信号显示

CTCS-2 级、CTCS-3 级区段，发车进路信号机的引导信号显示一个红色灯光及一个月白色灯光：准许列车越过该信号机，发车进路列车速度不超过 20 km/h（动车组列车不超过 40 km/h），并应准备随时停车。

2. 引导手信号(图 3-7)

昼间为展开的黄色信号旗高举头上左右摇动。

夜间为黄色灯光高举头上左右摇动。

图 3-7 引导手信号

3. 特定引导手信号(图 3-8)

昼间为展开绿色信号旗高举头上左右摇动。

夜间为绿色灯光高举头上左右摇动。

图 3-8 特定引导手信号

三、特定引导接车

机车乘务员出乘时，接到采用特定引导接车的通知，须将使用特定引导接车的调度命令写入 IC 卡，输入装置。

列车运行至特定引导接车的进站信号机(接车进路信号机或四显示区段的分割信号机)前，速度低于 60 km/h，司机确认特定人工引导手信号显示正确后，按压【开车】+【解锁】键，装置解除对该信号机前的停车控制功能，并监控列车以不超过 60 km/h 的速度越过该信号机。

特定手信号引导接车确认界面如图 3-9 所示，特定手信号引导接车确认完成界面如图 3-10所示。

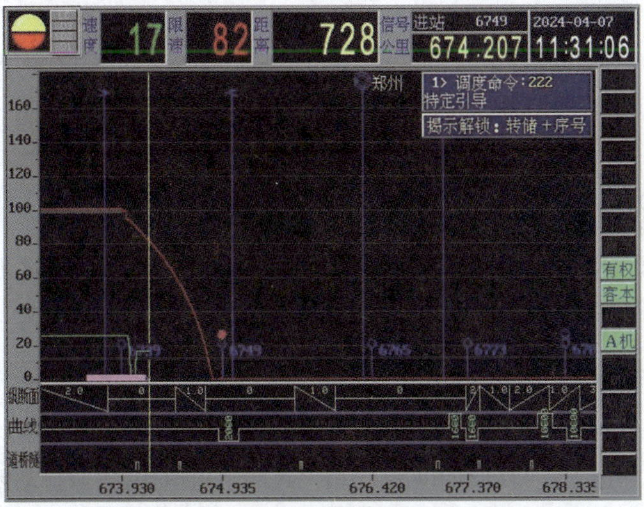

图 3-9　特定手信号引导接车确认界面

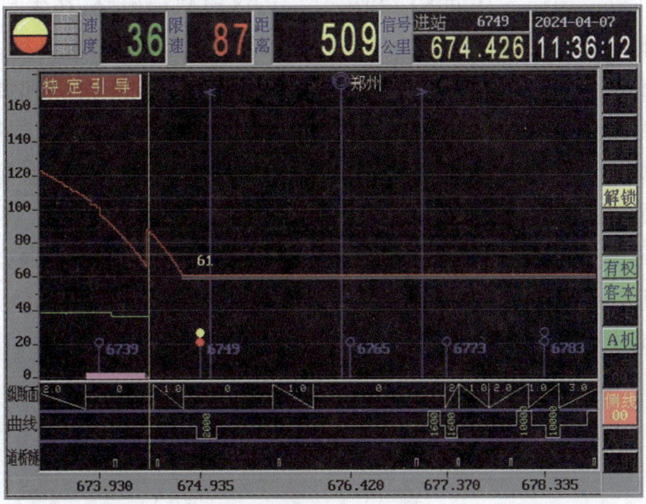

图 3-10　特定手信号引导接车确认完成界面

测一测

一、简答题

1. 简述进站信号机不能开放的原因。
2. 简述引导信号接车时为什么规定速度不超过 20 km/h。
3. 简述引导接车的工作流程。
4. 简述引导信号、引导手信号的关闭时机和收回时机。

二、综合题

绘制进站、接车进路信号机故障时处理流程知识树。

知识拓展

轨道电路

轨道电路是铁路信号自动控制的基础设备。

一、轨道电路的作用

轨道电路可以自动检测列车、车辆的位置，控制信号机的显示，同时还可以将地面信号传递给机车，从而控制列车运行。

二、轨道电路的应用

轨道电路主要用于区间和车站。

区间的轨道电路通常是与自动闭塞制式相一致的轨道电路，按照自动闭塞通过信号机分区，每个闭塞分区有其轨道电路。在半自动闭塞区段，区间一般不设轨道电路，只在进站信号机的外方设有接近区段的轨道电路，以通知列车的接近以及构成接近锁闭。在提速半自动闭塞区段，进站信号机外方设第一接近区段和第二接近区段轨道电路，在半自动闭塞区段，为了监督区间是否空闲，也装设长轨道电路。位于区间的道口，其接近区段必须装设轨道电路。

站内轨道电路应用更为广泛。对于电气集中联锁来说，列车进路和调车进路都必须安装轨道电路，牵出线、机待线、出库线、专用线及其他用途的尽头线入口处和调车信号机前方，虽不在进路之内，也应装设一段长度不小于 25 m 的轨道电路，用来保证信号开放后机车车辆接近时完成接近锁闭，及时了解上述线路是否有车接近或占用。对于电锁器联锁的车站，正线及到发线接车进路的股道上，必须设轨道电路，进站信号机内方还设有为半自动闭塞通知出发或到达用的轨道电路。在驼峰调车场，除推送进路设有轨道电路外，峰下每组分路道岔、警冲标处均设有轨道电路。

活动二　出站信号机故障时的处理

问题导入

×日，××次列车在接近车站时接到车站值班员的电台呼叫："××次列车司机，车站进站信号机显示两个黄灯进四道，出站信号机发生故障，列车凭××许可证进入区间"。司机回答"××车站进站两个黄灯进四道，列车凭××许可证进入区间，司机明白"。那么，出站信号机故障时，列车进入区间的行车凭证是什么？

利用网络搜集资料并思考问题，初步了解出站信号机故障相关内容。

问题 1：通过手信号的显示位置和显示方式是怎样的？

问题 2：绿色许可证作用是什么？

问题 3：进路表示器显示方式和作用是怎样的？

相关知识

出站信号机发生故障时，应预告通过列车司机，接车人员除按规定交递行车凭证外，应显示通过手信号，列车可不停车通过车站。出站信号机的进路表示器的显示，只表示列车经由的进路及其准备状况，不作为行车凭证。发车线路表示器，只是在一个线群中数条股道共用一个出站信号机时，用来指示线群内哪一股道的列车可以出发，也不是行车凭证。因此，当上述这两种表示器发生故障时，发车人员只要口头通知司机后，列车就凭出站信号机显示的允许运行的信号出发。

三显示自动闭塞区段，出站信号机故障时发出列车时，行车凭证为绿色许可证，其发给行车凭证的依据如下：

(1)监督器表示第一个闭塞分区空闲，不表示时为接到前次列车到达邻站的通知或前次列车发出后不少于 10 min 的时间。

(2)确认道岔位置正确及进路空闲。

(3)单线须取得对方站确认区间内无迎面列车的电话记录号码。

其附带条件是从监督器上不能确认第一个闭塞分区空闲时，车站应发给司机书面通知(图 1-43)，司机以在瞭望距离内能随时停车的速度，最高不超过 20 km/h，运行到第一架通过信号机，按其显示的要求执行。

半自动闭塞区段，出站信号机故障或灯光熄灭，由于不能形成半自动闭塞控制条件或不能开放出站信号机作为列车占用区间的行车凭证，因此，应停止使用，改按电话闭塞法行车。

自动站间闭塞区段设备故障，导致自动站间闭塞、半自动闭塞法均不能使用时，如不能开放出站信号机作为列车占用区间的行车凭证，应停止使用自动站间闭塞改按电话闭塞法行车。

一、列车手信号

1. 停车信号——要求列车停车

(1)昼间为展开的红色信号旗，如图 1-55(a)所示；无红色信号旗时，两臂高举头上向两侧急剧摇动，如图 3-11 所示。

图 3-11　停车信号(昼间无红色灯光时)

(2)夜间为红色灯光，如图 1-55(b)所示；无红色灯光时，用白色灯光上下急剧摇动，如图 3-12 所示。

图 3-12　停车信号(夜间无红色灯光时)

2. 减速信号——要求列车降低到要求的速度

(1)昼间为展开的黄色信号旗，如图 3-13 所示；无黄色信号旗时，用绿色信号旗下压数次，如图 1-56(a)所示。

图 3-13　减速信号(昼间)

(2)夜间为黄色灯光，如图 3-14 所示；无黄色灯光时，用白色或绿色灯光下压数次，如图 1-56(b)所示。

3. 发车信号——要求司机发车

(1)昼间为展开的绿色信号旗上弧线向列车方面作圆形转动；夜间为绿色灯光上弧线向列车方面作圆形转动，如图 3-15 所示。

(2)在设有发车表示器的车站，按发车表示器显示发车。

4. 通过手信号——准许列车由车站(场)通过

昼间为展开的绿色信号旗；夜间为绿色灯光，如图 3-16 所示。

图 3-14　减速信号(夜间)

图 3-15　发车信号

图 3-16　通过手信号

二、使用绿色许可证发车的操作

1. 有计划使用绿色许可证发车

司机出乘时接到使用绿色许可证发车的调度命令，并将使用绿色许可证发车的调度命令写入 IC 卡，输入装置，称为有计划改用绿色许可证行发车。列车运行至使用绿色许可证发车的出站信号机或发车进路信号机前，速度低于 45 km/h 时，装置显示屏弹出"绿色许可证输入"窗口(图 3-17)，并显示调度命令号，司机输入绿色许可证编号后，按压【解锁】+【确认】键，装置解除对该出站信号机或发车进路信号机前的停车控制功能，监控列车以不超过 45 km/h 的速度通过出站道岔。有计划使用绿色许可证发车输入完成界面如图 3-18 所示。

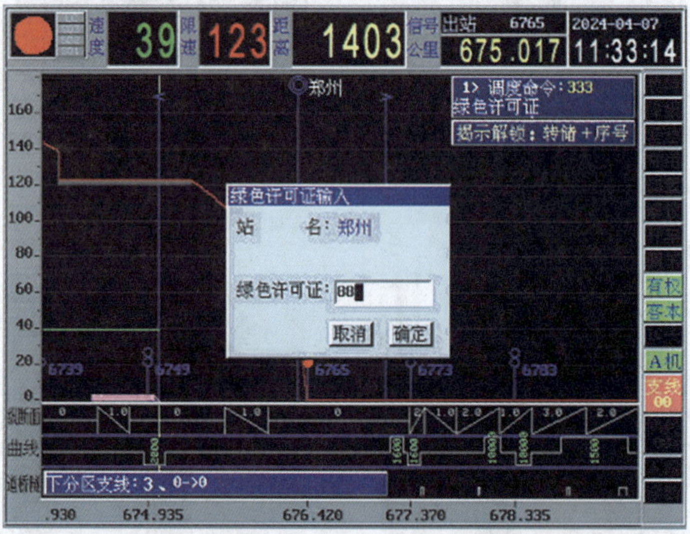

图 3-17　有计划使用绿色许可证发车输入界面

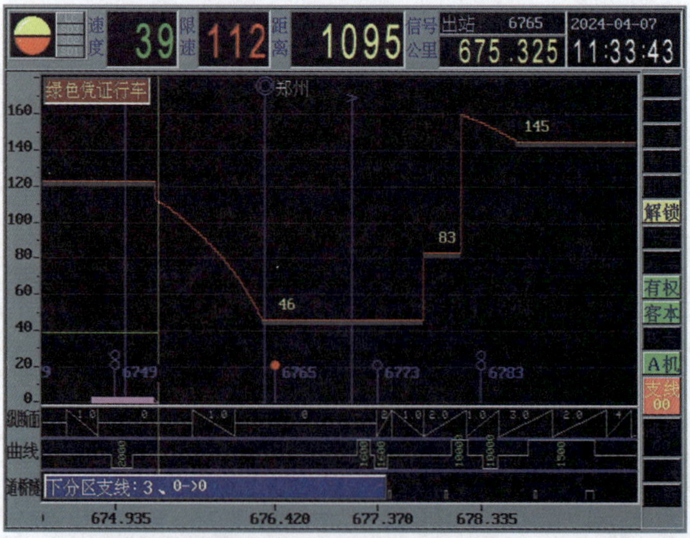

图 3-18　有计划使用绿色许可证发车输入完成界面

2. 临时使用绿色许可证发车

司机出乘时未接到使用绿色许可证发车的调度命令，或装置中未存储使用绿色许可证发车的记录，列车运行中接到使用绿色许可证发车的调度命令或通知，称为临时使用绿色许可证发车。列车运行至临时使用绿色许可证发车的出站信号机或发车进路信号机前停车后，司机持续按压【↑】键 2 s，装置显示屏弹出“非正常行车确认”窗口，司机将光标移至“绿色许可证”位置，按压【确认】键，显示屏弹出“绿色许可证输入”窗口（图 3-19），输入绿色许可证编号，按压【确认】键，显示屏右上角显示刚输入的绿色许可证编号（图 3-20），按压【解锁】+【确认】键后，装置解除在该信号机前的停车控制功能，监控列车以不超过 45 km/h 的速度通过出站道岔。绿色许可证运行界面如图 3-21 所示。

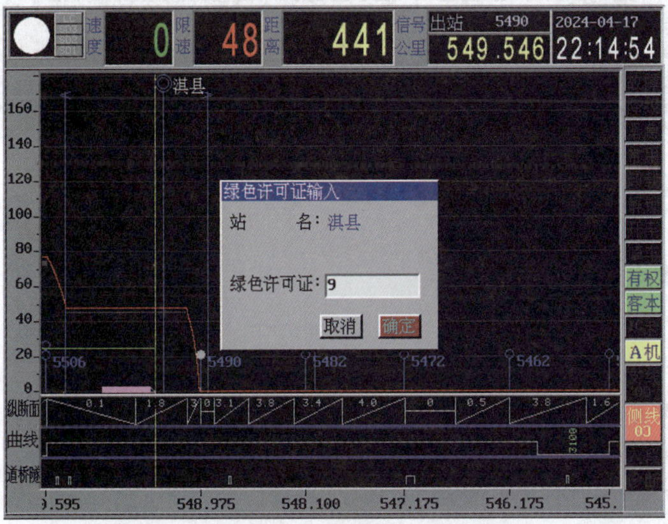

图 3-19　临时使用绿色许可证发车输入界面

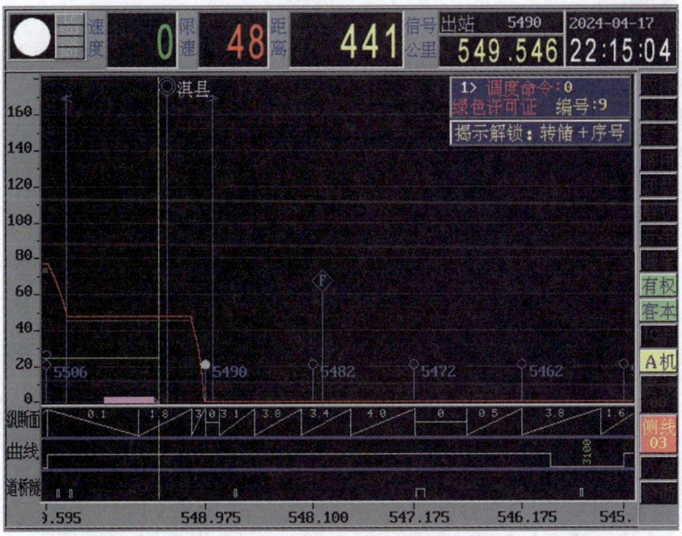

图 3-20　临时使用绿色许可证发车输入完成界面

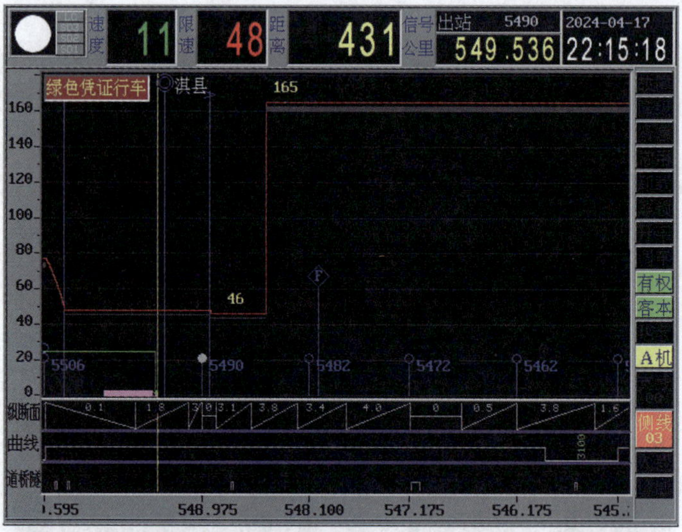

图 3-21 绿色许可证运行界面

测一测

一、简答题

1. 简述通过手信号的显示方式和含义。
2. 出站信号机故障时对通过列车有何要求?
3. 列车运行什么情况下使用绿色许可证。
4. 进路表示器故障时行车有何要求?

二、综合题

绘制出站信号机故障时处理的知识树。

知识拓展

电话中断的行车

车站行车室内一切电话中断是指车站行车室内的行车闭塞电话、调度电话、自动电话全部中断,使车站值班员无法使用电话办理行车联系事项。

由于自然灾害或其他原因,车站行车室内的一切电话中断,与邻站及列车调度员均无法用电话联系时,必须采用特定的方法保证不间断行车,并发给列车占用区间的特定凭证。这种特定行车方法,就是单线行车按书面联络法,双线行车按时间间隔法。特定的凭证就是红色许可证。

由于单线区间是双向行车制,两相邻站都可以向同一区间发车,因此必须通过书面联络来确定列车的开行。双线区间是上、下行分别按正方向行车,而且由于一切电话中断,列车调度员不能发布调度命令,不能办理列车反方向运行,所以可按时间间隔法行车。在这种情况下,不论单线或双线,列车进入区间的凭证均为红色许可证。红色许可证,既是列车占用区间的凭证,又附有与邻站联络行车的通知书,同时还具有提醒司机注意行车的作用。

红色许可证包括许可证和通知书两部分。司机通过它可了解到本列车前后的列车运行情况和计划，以便本列车在区间被迫停车后能采取相应措施，保证行车安全。

一切电话中断后，在双线自动闭塞区间，如闭塞作用良好时，从设备上能保证行车安全。车站值班员从监督器上也能确认和监督列车运行情况，列车运行仍按自动闭塞法行车，不使用红色许可证。车站可通过列车无线调度通信设备与列车司机直接联系，了解后续列车的运行情况等，列车在车站可不停车。当列车无线调度通信设备临时故障时，为加强联系，向司机交代情况，说明注意事项，列车需在车站停车。

任务三　路票的使用

任务描述

本任务主要是熟知电话闭塞法行车时的行车凭证，分析电话闭塞法行车的情况及采用电话闭塞法行车安全注意事项，并结合《技规(普速铁路部分)》规定，准确把握和理解电话闭塞法行车。

任务目标

1. 理解电话闭塞法的内涵。
2. 会运用行车凭证——路票。
3. 熟知路票的使用时机。

活动　如何使用路票

问题导入

×日，××次列车运行至A站进二道停车，车站助理值班员交给机车乘务组一份调度命令，内容是：A站至B站之间编号为2860、2678两架通过信号机故障，现停止基本闭塞法，A站至B站按电话闭塞法行车。那么，电话闭塞法的行车凭证是什么？

利用网络搜集资料并思考问题，初步了解路票相关内容。

问题1：路票作用和格式样本是什么样的？

问题2：谈谈你对电话闭塞法的理解。

相关知识

我国铁路采用的行车基本闭塞法有自动闭塞、自动站间闭塞、半自动闭塞三种。电话闭塞是在基本闭塞法不能使用的条件下，主要靠人工检查确认和联系制度来保证实现列车运行空间间隔的代用闭塞方法。停用基本闭塞法使用电话闭塞法行车，以下简称“停基改电”。由于按隔时续行方法行车，不易保持后行列车和前行列车的安全间隔，如果办理疏忽或司机操纵不当，很容易发生尾追事故，因此规定隔时续行办法原则上不使用。在特殊情况下必须使用时，由铁路局集团公司规定，并制定具体行车办法和安全措施。

车站值班员在办理接发列车时，遇行车设备故障、施工、自然灾害等情况造成基本闭塞法不能使用或在特定行车条件下需停止使用基本闭塞法时，须向列车调度员报告。列车调度员详细了解现场情况后，向有关处所和人员发布停止使用基本闭塞法改按电话闭塞法行车的调度命令。

行车闭塞法的变更或恢复，列车调度员须发布调度命令。但遇特殊情况列车调度电话不通时，为减少对运输秩序的影响，由该区间两端车站值班员共同确认区间空闲后，直接以电话记录办理。

一、停基改电行车情况

(1)基本闭塞设备发生故障导致基本闭塞法不能使用、自动闭塞区间内两架及其以上通过信号机故障或灯光熄灭时。

①自动闭塞设备发生故障导致基本闭塞法不能使用，不能保证列车按自动闭塞方式行车时，应停止使用改按电话闭塞法行车。

自动闭塞区间两架及其以上通过信号机发生故障或灯光熄灭，如按《技规(普速铁路部分)》第316条组织行车，势必造成列车在区间一再停车，不仅会降低列车运行速度，而且危及行车安全。因此，遇两架及其以上通过信号机故障或灯光熄灭时，改按电话闭塞法行车。

②半自动闭塞设备故障，如：出站信号机内方轨道电路故障、出站信号机故障或灯光熄灭，由于不能形成半自动闭塞控制条件或不能开放出站信号机作为列车占用区间的行车凭证，因此，应停止使用，改按电话闭塞法行车。

③自动站间闭塞设备故障，导致自动站间闭塞、半自动闭塞法均不能使用时，如不能开放出站信号机作为列车占用区间的行车凭证，应停止使用自动站间闭塞改按电话闭塞法行车。

(2)无双向闭塞设备的双线区间反方向发车或改按单线行车时。

无双向闭塞设备的双线区间反方向发车时，由于反方向无闭塞设备，必须改用电话闭塞法行车。无双向闭塞设备的双线区间改按单线行车时，虽然正方向闭塞设备可以使用，但反方向行车时无闭塞设备保证安全，办理上容易混淆，极易引发错误，所以也要停止使用基本闭塞法改按电话闭塞法行车。

(3)发出由区间返回的列车，或发出挂有由区间返回后部补机的列车时。

发出由区间返回的列车时，在其返回前，车站无法从设备上控制不再向该区间放行列车，为防止人为失误造成严重后果，应停止基本闭塞法改按电话闭塞法行车。发出挂有由区间返回后部补机的列车，车站无法从设备上控制在列车到达前方站后、补机返回前不再向该区间放行列车，为防止人为失误造成严重后果，因此，应停止基本闭塞法，改按电话闭塞法行车。

(4)自动站间闭塞、半自动闭塞区间，由未设出站信号机的线路上发车，或超长列车头部越过出站信号机并压上出站方面轨道电路发车时。

自动站间闭塞、半自动闭塞列车占用区间的行车凭证，为出站信号机显示的允许运行的信号。由未设出站信号机的线路上发车，或超长列车头部越过出站信号机并压上出站方向轨道电路发车时，因无法取得占用区间的行车凭证，须改按电话闭塞法行车。

(5)在夜间或遇降雾、暴风雨雪，为消除线路故障或执行特殊任务，开行轻型车辆时。

轻型车辆装有绝缘车轴，不能通过轨道电路确定其位置，为确保安全，轻型车辆仅限昼间封锁施工作业时使用，此时不按列车办理；同样为确保安全，在夜间或遇降雾、暴风雨雪等天气不良瞭望条件不好的情况下，为消除线路故障或执行特殊任务须使用轻型车辆时，应按列车办理，此时应停止基本闭塞法，改按电话闭塞法行车。

(6)自动站间闭塞设备故障，半自动闭塞设备良好时，可根据调度命令改按半自动闭塞法行车。

部分自动站间闭塞是在半自动闭塞的基础上，增加了计轴设备自动检查区间空闲，从而实现了自动站间闭塞，此时，仅计轴设备故障停用，半自动闭塞设备仍作用良好时，可使用另一基本闭塞法——半自动闭塞法组织列车运行，但必须得到列车调度员准许并发布调度命令。

二、路票的填写及使用时机

使用电话闭塞法行车时，列车占用区间的行车凭证，不论单线或双线均为路票(图 1-38)。

1. 路票的使用时机

为避免相对方向的两端站同时发出迎面列车，规定单线或双线反方向发车时，除根据“行车日志”等查明区间空闲外，还必须取得接车站的承认后，方可填发路票。双线正方向首列发车时，为保证安全，除查明区间空闲外，也应取得接车站的承认后，方可填发路票。

在双线正方向发车时(首列除外)，不必取得接车站的承认，但应根据收到前次发出的列车已到达接车站的电话记录在发车进路准备妥当后，方可填发路票。

2. 路票的填写

路票填写的正确与否，关系到列车是否能够安全运行。为了防止错填路票，原则上应由车站值班员亲自填写。因车站值班员作业繁忙或助理值班员室距离过远等原因时，可由《站细》指定的助理值班员填写，但应经车站值班员审核(可使用电话复诵核对，具体由《站细》规定)，方可交付使用。

填写路票时，要内容齐全，字迹清楚，不得涂改。当填写错误时，应在路票上划“×”注销，重新填写。

使用路票必须选准使用的区间，正确填写电话记录号码、车次并加盖站名印。为防止双线反方向、两线或多线区间电话闭塞法行车时，错误办理列车方向，双线反方向行车时，应在路票上加盖“反方向行车”章，两线、多线区间使用路票时，应在路票上加盖“××线行车”章。

对由区间折回的列车，路票应填写往返车次。当发出挂有需由区间返回的后部补机的列车，应填路票一式两份(仅编号顺序不同)，发给补机的路票右上角须加盖“副”字戳记作为副页，作为补机司机由区间返回时占用区间的行车凭证。

三、停用基本闭塞法使用电话闭塞行车操作

1. 有计划的停基改电

停基改电的调度命令内容已通过 IC 卡正确输入到监控装置，称为有计划的停基改电。

(1)监控装置在通常工作状态：

①机车接近停基改电起始车站，显示屏右上方显示揭示窗口。

②列车进站，速度低于 60 km/h 时，显示器自动弹出路票确认窗口，要求输入路票的电话记录号。

③在出站信号机之前，确认开车条件具备，正确输入电话记录号后，速度低于 60 km/h，按压【解锁】+【确认】键(5 s 内按压，下同)，装置进入“路票行车状态”：解除本站出站信号机以及至下一站间所有区间通过信号机的停车信号控制；对于客车按该次列车在对应区间最高允许速度的 80%、对于货车按规定速度以及区段限速、临时限速等限速值的最低值监控列车运行。至下站的进站前“路票行车状态”终止，按进站信号监控列车运行。

注意：

①起始站出站信号不论机车信号是否为停车信号，监控装置均按停车信号控制。

②路票确认窗口弹出后，若速度高于 60 km/h，窗口自动关闭；若 15 s 内未做任何操作，窗口自动关闭。

③路票确认窗口关闭后，按压【↑】键 2 s，弹出“非正常行车确认”窗口，然后选择“3. 路票”仍可调出。

④出站时必须注意控制列车速度，防止列车侧向通过出站道岔超速。

(2)监控装置在降级工作状态：

①进行参数设定后，“开车”灯亮时，若设定的车站即为有计划的停基改电起始站，显示屏右上方显示揭示窗口同时弹出路票确认窗口。

②确认开车条件具备后，正确输入电话记录号，在显示器的中间有“行车凭证确认方式”提示。

③按压【解锁】+【确认】键，然后在约定地点按压【开车】键进入“路票行车状态”，控制方式与通常工作状态下的路票行车状态相同。

注意：

如果不按压【解锁】+【确认】键，而是直接先按压【开车】键，揭示信息将被自动清除，监控装置不进入“路票行车状态”。

2. 临时的停基改电

停基改电的调度命令内容未通过 IC 卡正确输入到监控装置，称临时的停基改电。

(1)监控装置在通常工作状态：

①列车运行途中收到停基改电的调度命令，在停基改电起始站站内停车。

②确认调度命令、路票正确，确认开车条件具备后，按压显示器【↑】键 2 s，弹出“非正常行车确认”窗口，选择“3. 路票”，弹出路票输入窗口，正确输入调度命令号、电话记录号。

③按压显示器【解锁】+【确认】键，监控装置进入“路票行车状态”，控制方式与通常工作状态下有计划的停基改电相同。

注意：

输入调令号、电话记录号后，不论机车信号是否是停车信号，监控装置立即按停车信号控制。

出站时必须注意控制列车速度，防止列车侧向通过出站超速。

(2)监控装置在降级工作状态：

①若设定的始发车站即为停基改电起始车站，输入有效的设定参数“开车”灯亮后，确认调度命令、路票正确，确认开车条件具备后，停车状态下按压【↑】键 2 s，弹出“非正常行车

确认”窗口，选择“3. 路票”弹出路票输入窗口，正确输入调度命令号、电话记录号，显示器上出现“行车凭证确认方式”提示。

②按压【解锁】+【确认】键，然后在约定地点按压【开车】键进入路票行车状态，控制方式与通常工作状态有计划的停基改电相同。

注意：

如果不按压【解锁】+【确认】键，而是直接先按压【开车】键，揭示信息将被自动清除，监控装置不进入“路票行车状态”。

测一测

一、简答题

1. 使用电话闭塞法的行车凭证是什么？

2. 你所知道的基本行车闭塞法包括哪几种？何种情况改电话闭塞法行车？

二、综合题

绘制使用路票时机的知识树。

知识拓展

单（双）线电话闭塞无联锁（联锁设备失效）车站的接发列车

接发列车作业程序图如下。

1. 接车（含通过）作业程序（图 3-22）

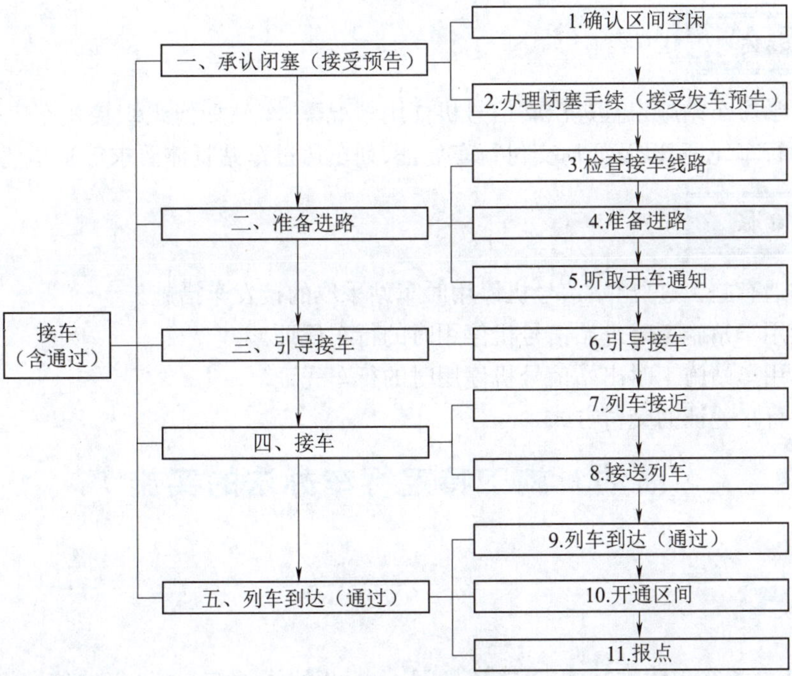

图 3-22　接车作业程序

2. 发车作业程序(图 3-23)

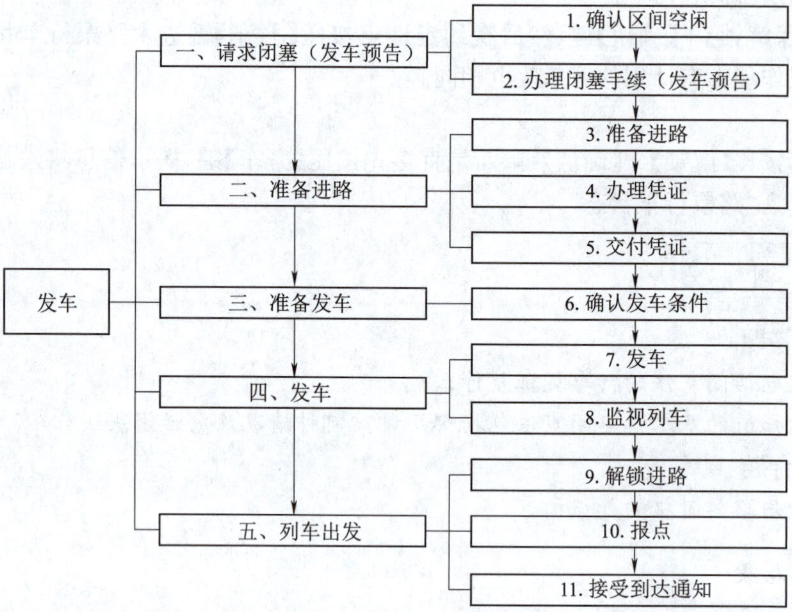

图 3-23　发车作业程序

任务四　认知施工特定行车办法

任务描述

本任务学习车站施工且进出站信号机停用情况下，车站如何组织接发车工作，其中，列车进出站的行车凭证，以及如何交付行车凭证、列车通过车站具体要求等是本任务的重点。

任务目标

1. 了解遇有施工进、出站信号机停用时车站采取的接发车措施。
2. 会运用车站施工时进站信号机停用时的行车凭证。
3. 会运用车站施工时出站信号机停用时的行车凭证。
4. 掌握行车凭证的交付方式。

活动　施工特定行车办法的实施

问题导入

×日，车站上行正线进行施工，施工期间，上行正线进站信号机、出站信号机全部停用，显示为灭灯状态，要求在施工期间通过该站的列车按遇有施工又不得不接发列车的特定办法组织行车，确保行车安全，车站和司机该如何做？

利用网络搜集资料并思考问题，初步了解车站施工相关内容。

问题1：何为顺向道岔和逆向道岔？道岔如何锁闭？

问题2：特定引导手信号的显示方式和含义是什么？

相关知识

因车站线路、信号设备施工引起信联闭设备停用，但在正线具备列车通行条件时，可按施工特定行车办法行车。施工中采用施工特定行车办法行车时，应在施工计划内明确。

(1)采用施工特定行车办法时，所有列车必须固定正线进路、固定在车站正线上办理到发或通过。车站施工开始前必须固定正线进路，并在整个采用施工特定行车办法的过程中不许变更进路，并对进路上所有对向道岔、顺向道岔及邻线上的防护道岔按规定进行加锁。集中联锁良好时，在控制台上通过设备对正线进路上的道岔进行锁闭，可起到与现场加锁同样的目的，有利于运输效率的提高。由于部分分动外锁闭道岔、提速道岔设备不同，有关道岔密贴的确认及具体的加锁办法，由铁路局集团公司规定。

当车站部分线路、信号设备施工，只影响进站或出站信号机之一时，可以开放出站或进站信号发车或接车。开放出站信号发车时，列车凭出站信号机显示的允许运行的信号发车；开放进站信号接车时，列车凭进站信号机显示的进入正线准备停车的信号进站。

(2)采用施工特定行车办法列车由车站正线通过时，须使用特定引导手信号接车，列车司机凭引导员显示的特定引导手信号，以不超过60 km/h的速度进站。与引导接车不同的是列车进站速度有了较大提高，主要是在施工开始前车站的接发车进路已固定正线，所有道岔均已按规定加锁，并且规定在整个采用施工特定行车办法的过程中不再改变进路，因而在接发列车进路方面已有了安全保证。为适应列车运行密度加大、速度提高，特别是繁忙线路运输能力紧张的状况，要求列车司机以不超过60 km/h的速度进站，降低施工对行车的干扰，有利于运输效率的提高。

(3)由于出站信号不能开放，在车站发出列车时，一般需向列车司机递交书面行车凭证和调度命令。递交书面行车凭证和调度命令时，列车需降低运行速度甚至停车，为保证列车在车站有较高的通过速度，达到使用施工特定行车办法的目的，准许车站不再向司机递交书面行车凭证和调度命令。

为了保证行车安全，避免车站简化作业程序，不办理发车作业盲目发出列车，规定车站仍按规定标准办理发车有关作业，填写行车凭证。车站值班员在行车凭证办理完毕后，须使用列车无线调度通信设备将行车凭证号码(路票为电话记录号码、绿色许可证为编号)和调度命令号码通知司机，并听取司机复诵。车站值班员在确认司机复诵正确后，方可通知接车人员显示通过手信号。列车凭接车人员显示的通过手信号通过车站。

使用施工特定行车办法行车时，车站的语音记录装置的记录功能必须良好，保证对通话过程有正确的记录。

(4)施工特定行车办法，是为施工时提高列车运行速度、减少施工对行车的干扰而制定的，适用于行车量较大、施工繁忙的线路或区段，各铁路局集团公司应根据行车工作的特点和施工的需要，规定施工特定行车的具体安全行车办法，以保证列车运行和施工的安全。

测一测

一、简答题

1. 停用信号联锁闭塞施工的原因有哪些？
2. 简述进站信号机停用时列车进站的行车凭证。
3. 简述出站信号机停用时列车出站的行车凭证。

二、综合题

绘制施工特定行车办法的知识树。

知识拓展

调度命令的发布

指挥列车运行的命令（运行揭示调度命令除外）和口头指示，只能由列车调度员发布。列车调度员在发布命令之前，应详细了解现场情况，并听取有关人员意见。遇下列情况（表 3-1）须发布调度命令。

表 3-1　行车调度命令项目表

顺序	命令项目	受令者	
		司机	车站值班员
1	封锁、开通区间		○
2	向封锁区间开行救援列车、路用列车	○	○
3	临时变更或恢复原行车闭塞法	○	○
4	双线反方向行车、由双线改为单线或恢复双线行车	○	○
5	变更列车径路	○	○
6	发出在区间内停车或由区间返回的列车	○	○
7	开往区间内岔线的列车	○	○
8	发出临时由区间内返回后部补机的列车	○	○
9	列车需临时降弓运行	○	○
10	因行车设备故障、灾害或施工，以及列车中挂有限速的机车车辆等，需要使列车临时限速运行（纳入运行揭示调度命令或本务机车、动车组自身设备原因限速时除外）	○	○
11	动车组列车空调失效需打开部分车门限速运行	○	○
12	车站使用故障按钮、总辅助按钮	○	○
13	超长列车或列车挂有装载超限货物的车辆	○	○
14	单机附挂车辆	○	○
15	半自动闭塞区间，超长列车头部越过出站信号机（未压上出站方面的轨道电路）发车	○	○
16	在非到发线上接发列车	○	○

续上表

顺序	命　令　项　目	受令者	
		司机	车站值班员
17	调度日(班)计划以外，临时加开或停运列车(单机除外)	○	○
18	双线区间在区间内进行跨线装卸作业时，对开入其邻线的列车	○	○
19	双线区间在区间内有除雪机、起重机工作时，对开入其邻线的列车	○	○
20	双线区间在区间内发生冲突、脱轨、火灾、爆炸事故，对开入其邻线的列车	○	○
21	列尾装置故障(丢失)的货物列车继续运行	○	○
22	改按天气恶劣难以辨认信号的办法行车或恢复正常行车	○	○
23	动车组列车转入或退出隔离模式(被救援时除外)	○	○
24	动车组列车在列控车载设备控车和列车运行监控装置控车之间人工转换	○	○
25	临时利用本务机车调车作业	○	○
26	利用天窗施工、维修作业		○
27	施工、维修作业较指定时间延迟结束		○
28	运行揭示调度命令与实际限速、行车方式或设备不符时	○	○
29	正线、到发线接触网停电或送电(接触网倒闸、跳闸后试送电、向中性区送电或弓网故障排查除外)		○
30	正线、到发线接触网停电后准许登顶作业	○	○
31	双管供风旅客列车运行途中改为单管供风	○	○
32	列车调度员认为有必要记录的上述以外的命令	有关人员	

注：1. 划○者为受令人员。
2. 天窗维修作业在指定的时间内完成并销记后，列车调度员不再发布维修作业结束恢复行车的调度命令。
3. 动车组列车改按列车运行监控装置方式运行需将列控车载设备隔离时，列车调度员仅发布改按列车运行监控装置方式行车的调度命令。
4. 因调车作业动车组控车模式转换，不发布调度命令。自动站间闭塞法行车转为半自动闭塞法行车及转回的调度命令，可不发给司机。

项目四 行车安全与事故调查

学习情境

铁路是国民经济的大动脉，安全是铁路运输企业永恒的生命线。铁路行车安全的好坏是衡量铁路运输企业管理水平和各部门工作质量的重要指标之一。铁路企业认真贯彻“安全第一，预防为主，综合治理”的方针，是国民经济长期稳定发展的需要，也是广大铁路职工应承担的光荣职责。行车安全相关内容的学习，增强行车安全责任心，为我国铁路运输的发展打下坚实的基础。

本项目中，副司机小王随师傅小张，驾驶 HXD_2 型电力机车，完成本区段货运列车牵引任务，来到培训教室进行安全生产学习，主要是熟记安全标志，掌握工作安全注意事项并能够具备一定应急处理能力。

任务一　认知行车安全

任务描述

作为一名机车乘务员，要时刻进行安全注意事项理论学习及安全标志的识别训练，熟悉相关规定，通过本任务的学习，了解防电、防火等注意事项，加强对安全知识的认知，提升职业素养。

任务目标

1. 掌握机车乘务员的工作安全注意事项。
2. 掌握机车乘务员的本段和折返段上(外)工作安全注意事项。
3. 熟知机车防火救灾注意事项。
4. 了解信号标志的种类。

5. 掌握信号标志设置的位置。

活动一　认知机务行车安全管理

问题导入

机务行车安全管理是确保机务行车安全的基本要求，需通过建立安全规章制度、设备检修维护管理、人员安全培训管理、安全检查监督管理和灾害应急管理等方面的工作，提高机务行车的安全性，并确保列车的正常运行和乘客的安全。在人员安全培训中，防触电安全中有哪些注意事项呢？

利用网络搜集资料并思考问题，初步了解机车安全相关内容。

问题 1：机车常用的灭火方法有哪些？

问题 2：灭火器使用的注意事项有哪些？

相关知识

一、防止触电

1. 电力机车在本段与折返段内工作时的安全规定

(1)电力机车进出机务段或折返段时，必须在规定地点一度停车，鸣笛要道。待扳道员显示进行信号后方可动车，在段内动车时，需经值班员同意，由调车员(扳道员)引导动车。

(2)机车进入段内停车时，应降下受电弓，断开主断路器，将位置转换开关置于制动位。

(3)机车入库使用引入库机组拖动机车入库，禁止降弓滑行。

(4)机车入库检修当中，辅助回路接入高压电源时，禁止在高压系统内工作。

(5)机车检修完毕，司机应全面检查机车并确认所有装置良好后，显示升弓信号后，方可升弓进行高压试验。

(6)电力机车整备线及检查线上的接触网应设有分段隔离开关。当电力机车进行整备作业或检查时，司机应在隔离开关操作登记本上登记后，由值班员监督操作隔离开关加锁，钥匙交值班员保管，在司机挂好接地线后，方可登车顶进行检查或检修，并严禁再次向该线路放入机车。

(7)机车车顶整备完毕，应确认车顶状态良好，并取得同时进行另一台机车工作的司机同意后方可撤除接地线，在值班员的监督下，闭合隔离开关，并加锁。

(8)在机车下部整修牵引电机整流子时，应遵守下列各项：

①被整修机车在另一机车拖动时，走行速度应在 3 km/h 以下。

②使用带有绝缘手柄的打磨工具。

③把整修电机的隔离开关拉开，并垫上反向器各触头。

(9)在机车下面更换闸瓦时，应关闭机车制动缸塞门(禁止同时关闭两台转向架的机车制动缸塞门)。

2. 电力机车在本段与折返段外工作时的安全规定

(1)机车于段外停留在接触网下，须对牵引电机、电器进行检查或检修时，必须做好下列各项：

①断开主断路器，降下受电弓。

②取下司机操纵台开关钥匙、反向手柄，并交给进行检查或检修的人员。

③进入高压室工作时，高压室门不得关闭。

(2)机车升弓前，司机应告知副司机及登乘机车有关人员，并确认各机械的防护盖已盖好，高压室、变压器室无人和其他物品，对检修过的设备复查并确认状态良好，人员都处于安全地点之后，鸣示起动注意信号"一长声"，方可升弓。

(3)为确保行车安全，只有经考试合格并取得机车驾驶证的司机才能独立驾驶机车，副司机必须在司机监督下才能练习操纵。

3. 在电力机车上工作时的安全规定

(1)凡运行途经电气化区段的机车，必须严格执行电气化区段作业制度。严禁到车顶作业，禁止用水冲洗机车上部。

(2)凡进入电气化区段的机车，在所有可能登上车顶的处所，应装有醒目的"电气化区段，严禁攀登"的警告牌或加装自动报警装置。登上车顶作业，必须采取安全措施和佩戴安全帽。

(3)检查机车电气部分时，禁止手触各电器触头部；不得带电荷检查处理故障或接触高压带电部件；在不得已需要人为闭合或断开电器时，必须使用绝缘物。

(4)电力机车停在接触网下，未与调度取得联系和挂好接地线前，不论何种原因，绝对禁止登上机车车顶。

(5)当机车受电弓升起时，禁止进入高压室、变压器室和开启防护高压用的护板、外罩及孔盖。

(6)机车乘务员应保持机车必备安全用品状态良好，并将其存放在固定地点。例如绝缘手套、绝缘棒、绝缘垫板、区间电话钥匙等。

(7)当使用兆欧表测量机车电路、用电设备的绝缘时，禁止接触电器部件，除机械和制动部分的工作以外，其他各项工作均应停止。

(8)为保证人身安全，除专业人员执行有关规定外，其他人员(包括所携带的物件)与牵引供电设备的带电部分需保持 2 m 以上的距离。

(9)发现接触网断线及其部件损坏或在接触网上挂有线头、绳索等物，均不准与之接触，应立即降下受电弓并通知附近的接触网工区或电力调度员派人处理。在接触网检修人员未到达之前，将该处加以防护，任何人员均应距已断导线接地处所 10 m 以外。

(10)运行途中接触网临时停电时，应立即停车，做好防溜措施，并与电力调度员联系，问明情况。临时停电时，应视为接触网有电，严禁登上机车和车辆顶部进行作业。如确需作业时，须在指定的线路上，将接触网停电接地并采取安全防护措施后，方准进行。

4. 触电和触电形式

电流通过人体叫触电。触电形式有下列几种：

(1)人体碰撞带电的导体。

(2)人体碰撞绝缘损坏的电气设备外壳时，承受接触电压。

(3)人站在接地电流通过的地面上，两脚承受跨步电压。

(4)人体与高压带电体之间小于放电距离，形成带电体对人体放电。

(5)强烈电弧波及人体。

5. 防止触电的主要措施

(1)为防止偶然触及或过分接近带电体,通常采取屏护遮拦和保证安全距离的措施。对高压设备应采用联锁装置,当出现危险时,联锁装置可自动切断电源。

(2)对于可能出现漏电的设备迅速脱离电源,降低故障设备的对地电压,可采用保护接零,也可把漏电设备对地电压限制在安全范围内,并采用保护接地措施。

(3)为降低加在人体上的接触电压和跨步电压,可采用等化对地电压分布的方法,也可采用自动化元件及时切除漏电设备的自动断电措施。另外为保证人身触电安全还可以采用 36 V 或 12 V 的低电压电源。

(4)正确使用各种安全工具,悬挂各种警示牌,装设必要的信号报警装置等。

6. 人身触电后的急救方法和注意事项

(1)当发生触电事故后,应立即设法切断电源并将触电者抬到适当的地点开始抢救。

(2)如触电者已处于昏迷状态,则应解开衣领给氨水嗅之,用凉毛巾擦全身使之清醒。对于烧伤处应特别注意伤口不被污染,且不能用手触及伤口,伤口处应涂软膏(凡士林或其他药剂油膏)。对于摔伤、骨折、出血等应及时处理,如用绷带止血,固定骨折部位等,然后将触电者立即送往医院。

(3)如触电者已无脉搏呼吸停止,在请医生的同时应立即实行人工呼吸进行抢救。

施行人工呼吸前,应宽解触电者衣服,并将其口张开,然后把舌头拉出。若嘴闭得过严,应用筷子或金属片等撬开。同时给以氨水嗅之,并进行按摩。

(4)人工呼吸可采用使触电者仰卧或俯卧的方式进行。

①当触电者仰卧时,施行人工呼吸者跨跪在触电者身上,两手握触电者手腕稍上的地方,心中默数 1、2、3,把手伸直向上引向脖子后部,使触电者吸气,然后再把两臂曲向前胸的两侧,心中默数着 4、5、6,使触电者呼气。

②当触电者俯卧时,使触电者一只手弯曲垫在头下,脸侧向一方枕在弯臂上。另一只手沿着头傍伸直。施行者跨跪在触电者身上,将两手平放在触电者后背肋骨下部,手指按在他的腰间,施行者心中默数 1、2、3,并逐步使身子倾斜,使体重通过双手压迫触电者下肋部,使之呼吸。

(5)应当指出:无论用哪种方式进行人工呼吸都必须耐心地坚持到最后一分钟。因为有资料表明有人触电假死时间达几小时之久。在施行人工呼吸中还要注意快慢,节奏要均匀,一般以每分钟 14～16 次为宜。

在施行人工呼吸时应特别注意触电者面部表情的变化,如嘴唇、眼皮是否活动,喉部是否发出声响。当触电者已能自行呼吸时,则应停止人工呼吸。

当急救完毕后,仍应使触电者安静地平卧休息。

在急救过程中,严禁注射“强心剂”和其他刺激性药物。

二、防止火灾

1. 电力机车发生火灾的原因

(1)电机、电器、电线路发生短路、接地、电流过大、过热烧损、触头松动、接触不良、灭弧不良、产生火花造成火情。

(2)熔断器不符合规定要求,以金属代替熔断器,以大代小,当电流超载时,不能及时切除电流。

(3)电机超载放炮。

(4)当电路发生两点接地。

(5)走行部油垢太多,长时间制动,被闸瓦磨出的火星引燃。

(6)在空压机烘烤棉丝等物品,或将棉丝乱扔、乱放。

(7)在机车上熔焊作业,未能及时消除,熄灭熔渣。

(8)人为地将火种遗留在机车上,机械间吸烟及明火。

2. 电力机车防止火灾的措施

(1)司机室、高压室、机械间保持清洁,无油垢、杂物,及时消除各部漏油、漏电现象。机械间严禁吸烟及明火。

(2)按规定要求正确使用熔断器。严禁以大代小,用金属丝代替熔断片。熔断片连续发生熔断时,应查找故障处所及时报修。

(3)经常检查电机、电器和电线路,紧固松动的接点,包扎破损处所,消除绝缘老化等情况。当发生短路、虚接、断路、接地等现象时,应及时排除,严禁擅自加装电路与电器明线。发生主电路接地和电机放炮时,未判明情况严禁加负荷。

(4)各灭弧罩要安装良好,完整无缺,发现破损及时更换。

(5)经常检查蓄电池,消除漏电、接头松动等现象。检查时严禁吸烟及明火,或将工具放在电极的跨线上。

(6)各种油脂,擦车用的刷子、擦布、棉丝应放在指定地点。棉丝放入带盖的容器内,不得乱扔乱放,并禁止在空压机等部件上烘烤棉丝等物。

(7)运行中要关闭两侧车门,防止外火源吸入车内,牵引易燃品、爆炸品、油罐等列车时,要认真执行有关规定,注意平稳操纵防止车辆冲撞。

(8)运行中每区间不少于一次对机车下部进行瞭望,预防抱闸时间过长,引燃火源上窜。

(9)因工作需要带汽油、酒精等易燃品上车作业时,要特别小心。使用完后,必须立即送下机车,并擦净残迹。

(10)在机车上熔焊作业时,须断开电源,做好防护,并及时熄灭和清扫熔渣、火种。禁止在机车上烧焊带油部件。

(11)凡必须临时断开的电气设备导线端头,应包上绝缘并捆好挂起,以防导线裸露与其他设备或车体接触产生接地。

(12)机车上的灭火器具应配备齐全,放在规定地点,熟悉其性能和使用方法,并按规定要求送防火部门进行检查,确保作用良好。

3. 电力机车发生火灾时,机车乘务员应做的工作

(1)断开主断路器,降下受电弓。

(2)将控制器的手柄放在零位,断开蓄电池开关。

(3)尽可能将列车停在便于救火和旅客便于下车的地点,但不得停在与外界物体容易引起蔓延的地方。

(4)鸣示报警信号。

(5)当列车停放在坡道上时，应使用列车主制动和拧紧人力制动机并打好止轮器。

(6)机车电气设备着火时，应使用二氧化碳、四氯化碳灭火器或干砂灭火。若木质器械着火，确认与电器无关时，用水或泡沫灭火器灭火。

(7)如果火灾威胁蓄电池组时，必须断开蓄电池开关，取下熔断器，并将蓄电池各连线拆除，然后将蓄电池盖好。

(8)火灾扑灭后，应仔细检查机车设备损坏程度，如不能继续维持运行时，将损坏的处所处理好维持运行，否则请求救援。

4. 列车发生火灾时，机车乘务员应做的工作

(1)机车乘务员发现列车火灾或听到本列车的火情信息后，应立即停车进行扑救。电气化区段，应立即通知供电部门停电。

(2)立即用列车通信设备通知车站、列车调度员和后续列车，尽可能防止将列车停在桥梁上，隧道内和防火场所。

(3)利用机车灭火器进行列车扑救，确认列车火灾无法扑救时，应迅速将发生火灾的车辆与列车分离，以免火势蔓延。对遗留的车辆做好防护和防溜措施。

测一测

一、简答题

1. 电力机车在本段外或折返段外工作时有何安全规定？

2. 机车升弓前应做哪些工作？

3. 防止触电的主要措施是什么？

二、综合题

1. 电力机车发生火灾时机车乘务员应怎样灭火？

2. 电力机车发生火灾的原因有哪些？

知识拓展

常用灭火器的使用方法注意事项

一、二氧化碳灭火器

二氧化碳灭火器是将压缩的二氧化碳气体储藏于灭火器的筒内，当使用时利用二氧化碳气体喷射时吸收热量产生雪花状固体二氧化碳，使燃烧物温度降低，同时由于二氧化碳气体具有不助燃的特点，喷至燃烧物上，使燃烧区域助燃的氧气成分大大降低，从而起到灭火作用。二氧化碳不导电但当空气湿度过大时，也会引起导电，故仅适用于救援 600 V 以下的各种电气火灾。

当发生火灾时，应立即揪断灭火器的铅封，一手扶着胶皮喷嘴，另一手按所示方向转动顶部手轮。

喷射时，应先由火焰边缘开始，再推进至中心位置。在使用中应注意风向，避免逆风使用。不应对准其他救火人员。灭火后应注意通风，以防人员窒息。

二、四氯化碳灭火器

四氯化碳灭火器是将一定数量的药液以 80 kPa 的压力储藏于灭火器内，而四氯化碳绝缘性能高达 12 kV，故特别适用于扑灭高压电气火灾。

当发生火灾时，一手持灭火器筒，把喷射口对准燃烧的地方，另一手旋动开关，药液即可喷出。

这种灭火器药液的蒸气有毒，要防止进入眼睛，故应在 3 m 外的地方，不可逆风使用。在火灾扑灭后应及时通风。

三、干粉灭火器

干粉的种类很多，目前广泛使用的是以碳酸氢钠为主要成分的小苏打干粉和改性钠盐干粉。干粉颗粒微细、浓度密集，在燃烧区内能隔绝火焰的辐射热、析出惰性气体，冲淡空气中氧的含量。同时干粉还具有化学灭火效能，可以中断燃烧的连锁反应，因而是一种良好的灭火剂。ABC 化学干粉灭火器无毒、不易变质，对人畜无害、对容器无腐蚀，易长期保存使用。

使用干粉灭火器时，将灭火器提到距火源适当的距离，并注意选择好风向，头朝上立放于地面上，一手握住喷嘴对准火源，另一手向上提起钢瓶的提环，钢瓶内的气体立即进入筒内，在缸体的压力作用下干粉经喷嘴喷出。

四、1211 灭火器

1211 灭火器是一种新型的液化气体灭火器，使用的灭火介质是甲烷，其分子式是 CF_2ClBr，包含有“一碳二氟一氯一溴”，“1211”的名称也由此得来。“1211”在正常温度下是无色、无刺激味气体，电绝缘性能近似四氯化碳，毒性近似二氧化碳而小于四氯化碳，灭火率比二氧化碳高 3.5 倍。

使用“1211”灭火器时，首先拔掉安全销，紧握压把，将喷口对准火焰根部，向火源边沿左右扫射，并向前快速推进，防止回火复燃，遇零星小火可点射灭火。使用中要垂直操作，不能水平或颠倒使用。扑灭带电火灾时，要保持一定安全距离，以免触电。当空气中含的“1211”的浓度超过 5%～10%时，会引起人体中毒，因此一次灭火时间不宜过长，并使人体尽量避开有毒气体和有毒物质。

活动二　认知铁路安全标志

问题导入

×日，××次列车运行至××站侧线出站后机车无动力停于电分相内，构成铁路交通一般 D15 类事故。那么，电分相处有何标志？列车司机在此需要注意什么？

利用网络搜集资料并思考问题，初步了解安全标志相关内容。

问题 1：铁路的安全标志有哪些？

问题 2：行车中信号标志又是怎么设置的？

相关知识

根据行车和线路养护维修的需要，在铁路线路上设置有各种线路标志和信号标志。线路标志用以表明铁路线路里程及铁路建筑物的设备状态和位置，以及各级管理机构管界等。信号标志是对机车车辆操作人员起指示作用的标志。

通过各种线路标志和信号标志，可使铁路工作人员明了线路状态，便于从事线路维修、检查、执行任务和联系工作，并使机车乘务员依据各种标志的要求进行操作，达到安全运行的目的。

一、线路标志

线路标志包括公里标、半公里标等。

线路标志应设在其内侧距线路中心不少于 3.1 m 处(设在接触网支柱上的标志除外)。

线路标志，按计算公里方向设在线路左侧。双线区段需另设线路标志时，应设在列车运行方向左侧。

公里标(图 4-1)，设在一条线路自起点计算每一整公里处；半公里标(图 4-2)，设在一条线路自起点计算每半公里处。

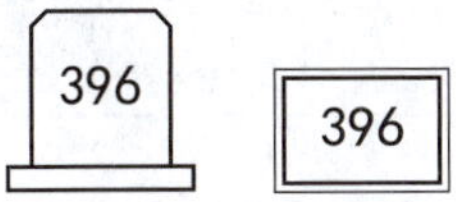

图 4-1　公里标

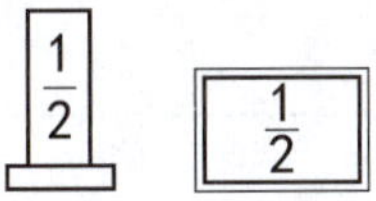

图 4-2　半公里标

二、信号标志

信号标志包括警冲标，站界标，预告标，引导员接车地点标，鸣笛标，电力机车禁停标，断电标、合电标，接触网终点标，减速地点标，补机终止推进标、机车停车位置标，四显示机车信号接通标、断开标，轨道电路调谐区标志，动车组列车停车位置标，中继站标，闭塞分区信号标志牌，级间转换标，通信模式转换标。

信号标志应设在其内侧距线路中心不少于 3.1 m 处(警冲标除外、设在接触网支柱上的标志除外)。

信号标志，设在列车运行方向左侧(警冲标、动车组停车位置标除外)。

1. 警冲标

警冲标设在两会合线路线间距为 4 m 的中间；线间距不足 4 m 时，设在两线路中心线最大间距的起点处，如图 4-3 所示。在线路曲线部分所设道岔附近的警冲标与线路中心线间的距离应按限界的加宽增加。

2. 站界标

站界标设在双线区间列车运行方向左侧最外方顺向道岔(对向出站道岔的警冲标)外不少于 50 m 处，或邻线进站信号机相对处，如图 4-4 所示。

3. 预告标

预告标设在进站信号机及线路所通过信号机外方 900 m、1 000 m 及 1 100 m 处，如

图 4-5所示；在设有预告信号机、接近信号机，均不设预告标；设置示意如图 4-6、图 4-7 所示。在双线区间，退行的列车看不见邻线的预告标时，在距站界外 1 100 m 处特设一个预告标，如图 4-8 所示。

图 4-3　警冲标

图 4-4　站界标

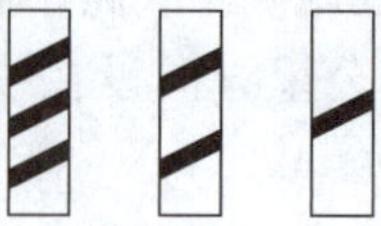

图 4-5　预告标的式样

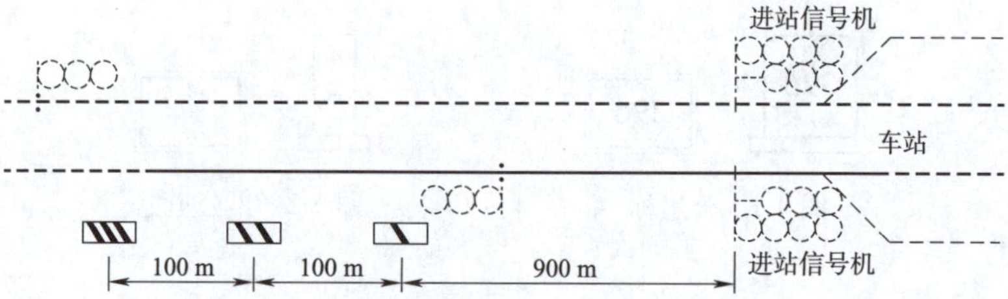

图 4-6　预告标的设置示意(CTCS-0 级线路)

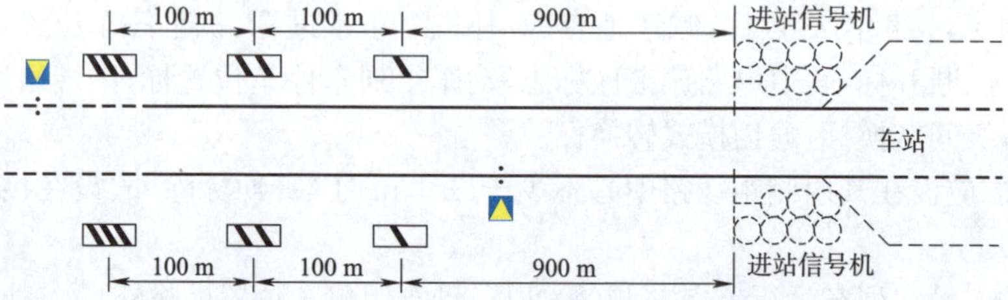

图 4-7　预告标的设置示意(不设区间通过信号机的 CTCS-2、CTCS-3 级线路)

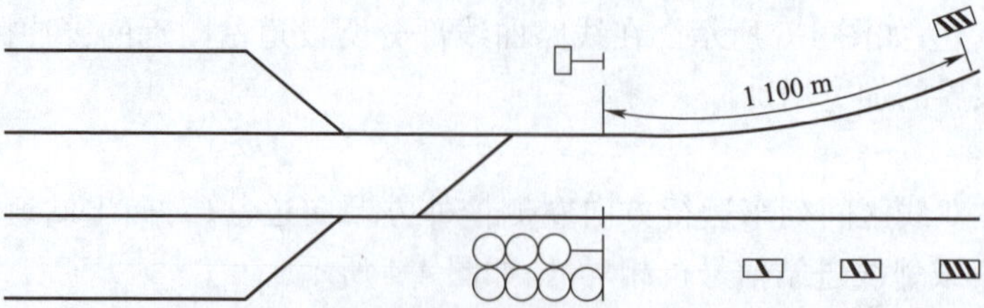

图 4-8　特设预告标

4. 引导员接车地点标

CTCS-0 级线路，列车在距站界 200 m 以外不能看见引导人员在进站信号机或站界标处显示的手信号时，应在列车距站界 200 m 外能清晰地看见引导人员手信号的地点设置引导员接车地点标，如图 4-9 所示。

5. 鸣笛标

无人看守道口应设置鸣笛标，在非限鸣区域视线不良的大桥、隧道等地点根据需要设置鸣笛标，位置为前方 500～1 000 m 处，如图 4-10 所示，司机见此标志应长声鸣笛；在限鸣区域内，除遇危及行车安全等情况外，限制鸣笛，装备机车限鸣示警系统的应开启灯显警示设备。

6. 电力机车禁停标

电力机车禁停标设在站场、区间接触网锚段关节式电分段两端，电力机车（动车组）在该标志提示的禁停区域内不应停留，如图 4-11 所示。

图 4-9　引导员接车地点标

图 4-10　鸣笛标

图 4-11　电力机车禁停标

7. 断电标、合电标

（1）CTCS-0 级线路：

①在电气化区段接触网电分相前方设断电标，如图 4-12 所示，在接触网电分相后方设合电标，如图 4-13 所示，其设置位置如图 4-14 所示。

图 4-12　断电标

图 4-13　合电标

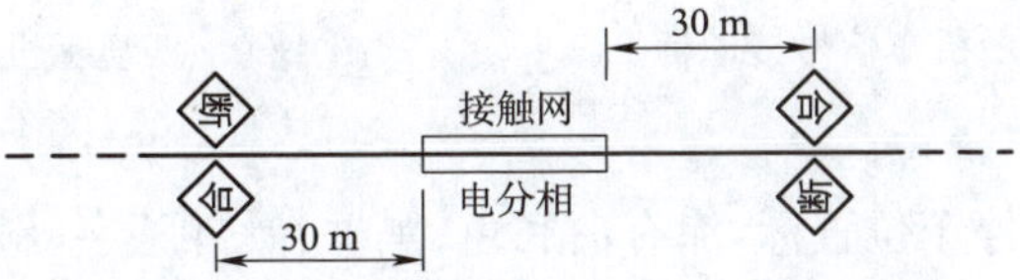

图 4-14　CTCS-0 线路断电标、合电标的设置

②在双线电气化区段，在“合”“断”电标背面可分别加装“断”“合”字标，作为反方向行车的“断”“合”电标使用。

（2）CTCS-2 级、CTCS-3 级线路：

①在接触网电分相前方设断电标，如图 4-12 所示，设置位置为电分相中性区段起始位置前第 2 根支柱上，该支柱距电分相中性区段起始位置不小于 80 m。

②在接触网电分相后方设合电标，如图 4-13 所示，设置位置为电分相中性区段终止位置后 400 m 处附近的接触网支柱上，该支柱距电分相中性区段终止位置不小于 400 m。

③断电标、合电标的设置位置如图 4-15 所示。

④线路反方向按上述规定设置断电标、合电标。

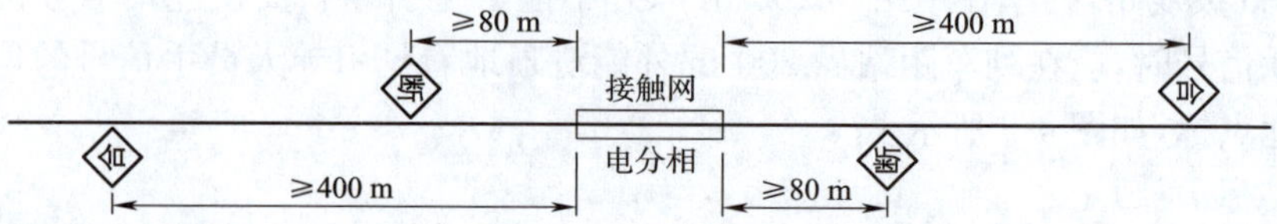

图 4-15　CTCS-2 级、CTCS-3 级线路断电标、合电标的设置

8. 接触网终点标

接触网终点标设在接触网边界，如图 4-16 所示。

9. 减速地点标

减速地点标设在需要减速地点的两端各 20 m 处。正面表示列车应按规定限速通过地段的始点，如图 4-17 所示，背面表示列车应按规定限速通过地段的终点，如图 4-18 所示。

图 4-16　接触网终点标

图4-17　减速地点标(正面)

图4-18　减速地点标(反面)

10. CTCS-0 级线路的机车信号接通、断开标

四显示机车信号接通标(机车信号接通标)为涂有白底色、黑竖线、黑框的反光菱形板及黑白相间的立柱标志，如图 4-19 所示。

四显示机车信号断开标为涂有白底色、中间断开的黑横线、黑框的反光菱形板及黑白相间的立柱标志，如图 4-20 所示。

图 4-19　四显示机车信号接通标

图 4-20　四显示机车信号断开表

11. 轨道电路调谐区标志

Ⅰ型为反方向区间停车位置标，涂有白底色、黑框、黑“停”字、斜红道，标明调谐区长度的反光方形板标志，如图 4-21 所示。

Ⅱ型为反方向行车困难区段的容许信号标，涂有黄底色、黑框、黑“停”字、斜红道，标明调谐区长度的反光方形板标志，如图 4-22 所示。

Ⅲ型用于反方向运行合并轨道区段之间的调谐区或因轨道电路超过允许长度而设立分隔点的调谐区，为涂有蓝底色、白“停”字、斜红道，标明调谐区长度的反光方形板标志，如图 4-23 所示。

在有动车组列车客运作业的车站，应设置动车组列车停车位置标，如图 4-24 所示。该标志为表面采用反光材料的蓝底白字牌，写有“动车组停车位置”。

12. 中继站标

CTCS-2 级、CTCS-3 级线路的中继站标设置于上下行线路靠近区间中继站控制的第一个有源应答器位置处。该标志采用白底色、写有黑“××号中继站”标记的反光长方形板，如图 4-25 所示，装设于邻近的接触网支柱上。

图 4-21　轨道电路调谐区标志(Ⅰ型)

图 4-22　轨道电路调谐区标志(Ⅱ型)

图 4-23　轨道电路调谐区标志(Ⅲ型)

13. 闭塞分区信号标志牌

闭塞分区信号标志牌设在 CTCS-2/CTCS-3 级区段区间闭塞分区分界处。

该标志表面采用蓝色反光膜、黄色三角图案，蓝底色与黄色三角形图案间填充白色图样，其对应的号码牌表面采用黑色反光膜、黄色边框、黄色字样，设于线路左侧时如图 4-26 所示、设于线路右侧时如图 4-27 所示。

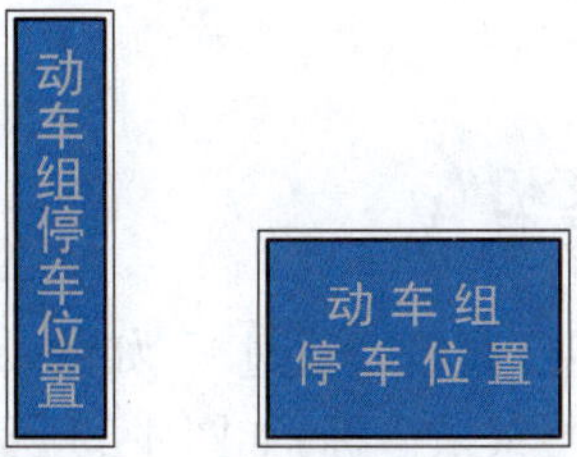

图 4-24　动车组列车停车标

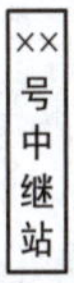

图 4-25　中继站标

图 4-26　闭塞分区信号标志牌(设于线路的左侧时)

图 4-27　闭塞分区信号标志牌(设于线路的右侧时)

14. 级间转换标

级间转换标设置于 CTCS-0/CTCS-2 级、CTCS-2/CTCS-3 级转换边界一定距离前方的级间转换应答器组对应的线路左侧。

该标志采用涂有白底色、黑框、写有黑“C0”“C2”或“C3”标记的反光菱形板，如图 4-28、图 4-29、图 4-30 所示。

图 4-28　级间转换标(CTCS-0 级)

图 4-29　级间转换标(CTCS-2 级)

图 4-30　级间转换标(CTCS-3 级)

15. 通信模式转换标

在始发站列车停车标内方或需要转换通信模式的相应地点设机车综合无线通信设备通信模式转换提示标志，标志牌顶边距轨面 2.5 m。

该标志表面采用涂有白底色、黑框、写有黑“通信转换”字样的方形板，如图 4-31 所示。

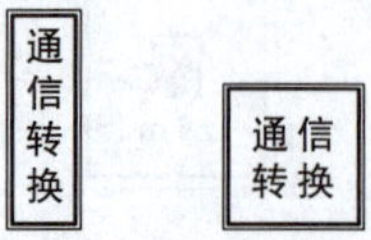

图 4-31　通信模式转换标

测一测

一、简答题

1. 简述轨道电路调谐区标志的设置的规定。
2. 简述级间转换标设置位置。
3. 简述预告标设置位置的规定。

二、综合题

绘制信号标志的知识树。

知识拓展

警示、保护标志

在未全封闭的铁路桥梁、隧道两端的线路两侧，设严禁通过标，如图 4-32 所示。

在铁路桥梁跨越河道上下游规定的地点，设严禁采砂标，如图 4-33 所示。

在铁路信号、通信光(电)缆埋设、铺设地点，设电缆标，如图 4-34 所示。

在电气化铁路接触网、自动闭塞供电线路和电力贯通线路等电力设施附近易发生危险的地方，设严禁进入标，如图 4-35 所示。

图 4-32　严禁通过标

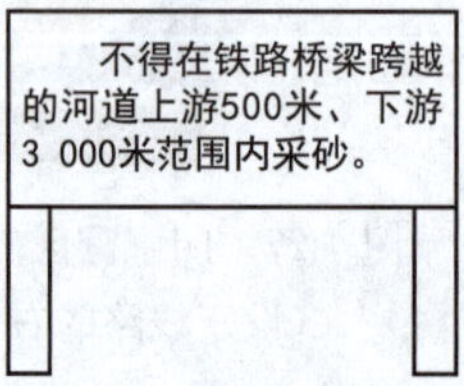

图 4-33　严禁采砂标

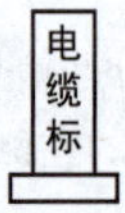

图 4-34　电缆标

图 4-35　严禁进入标

任务二　认知铁路事故

任务描述

作为一名机车乘务员，通过本任务的学习，了解铁路事故的分类与报告，提升安全职业素养。

任务目标

1. 掌握铁路事故的分类。

2. 熟知构成特别重大事故的情形。

3. 熟知构成重大事故的情形。

4. 熟知构成较大事故的情形。

5. 熟知构成一般事故的情形。

活动　认知铁路事故分类与应急救援

问题导入

×日，××次列车运行至××站侧线×道准备停车时，冒进出站信号 2 m，构成铁路交通事故。那么，列车冒进信号属于哪类事故？事故的等级如何进行分类的？

利用网络搜集资料并思考问题，初步了解铁路事故相关内容。

问题 1：列车越过警冲标属于哪类事故？

问题 2：电力机车、动车组带电进入停电区属于哪类事故？

相关知识

一、事故等级

铁路机车车辆在运行过程中发生冲突、脱轨、火灾、爆炸等影响铁路正常行车的事故，包括影响铁路正常行车的相关作业过程中发生的事故；或者铁路机车车辆在运行过程中与行人、机动车、非机动车、牲畜及其他障碍物相撞的事故，均为铁路交通事故(以下简称事故)。

根据事故造成的人员伤亡、直接经济损失、列车脱轨辆数、中断铁路行车时间等情形，事故等级分为特别重大事故、重大事故、较大事故和一般事故。下述内容中所称的“以上”包括本数，所称的“以下”不包括本数。

1. 特别重大事故

有下列情形之一的，为特别重大事故：

(1)造成 30 人以上死亡。

(2)造成 100 人以上重伤(包括急性工业中毒，下同)。

(3)造成 1 亿元以上直接经济损失。

(4)繁忙干线客运列车脱轨 18 辆以上并中断铁路行车 48 h 以上。

(5)繁忙干线货运列车脱轨 60 辆以上并中断铁路行车 48 h 以上。

2. 重大事故

有下列情形之一的，为重大事故：

(1)造成 10 人以上 30 人以下死亡。

(2)造成 50 人以上 100 人以下重伤。

(3)造成 5 000 万元以上 1 亿元以下直接经济损失。

(4)客运列车脱轨 18 辆以上。

(5)货运列车脱轨 60 辆以上。

(6)客运列车脱轨 2 辆以上 18 辆以下，并中断繁忙干线铁路行车 24 h 以上或者中断其他线路铁路行车 48 h 以上。

(7)货运列车脱轨 6 辆以上 60 辆以下，并中断繁忙干线铁路行车 24 h 以上或者中断其他线路铁路行车 48 h 以上。

3. 较大事故

有下列情形之一的，为较大事故：

(1)造成 3 人以上 10 人以下死亡。

(2)造成 10 人以上 50 人以下重伤。

(3)造成 1 000 万元以上 5 000 万元以下直接经济损失。

(4)客运列车脱轨 2 辆以上 18 辆以下。

(5)货运列车脱轨 6 辆以上 60 辆以下。

(6)中断繁忙干线铁路行车 6 h 以上。

(7)中断其他线路铁路行车 10 h 以上。

4. 一般事故

一般事故分为：一般 A 类事故，一般 B 类事故，一般 C 类事故，一般 D 类事故。

(1)有下列情形之一，未构成较大以上事故的，为一般 A 类事故：

A1. 造成 2 人死亡。

A2. 造成 5 人以上 10 人以下重伤。

A3. 造成 500 万元以上 1 000 万元以下直接经济损失。

A4. 列车及调车作业中发生冲突、脱轨、火灾、爆炸、相撞，造成下列后果之一的：

A4.1　繁忙干线双线之一线或单线行车中断 3 h 以上 6 h 以下，双线行车中断 2 h 以上 6 h 以下。

A4.2　其他线路双线之一线或单线行车中断 6 h 以上 10 h 以下，双线行车中断 3 h 以上 10 h 以下。

A4.3　客运列车耽误本列 4 h 以上。

A4.4　客运列车脱轨 1 辆。

A4.5　客运列车中途摘车 2 辆以上。

A4.6　客车报废 1 辆或大破 2 辆以上。

A4.7　机车大破 1 台以上。

A4.8　动车组中破 1 辆以上。

A4.9　货运列车脱轨 4 辆以上 6 辆以下。

(2)有下列情形之一，未构成一般 A 类以上事故的，为一般 B 类事故：

B1. 造成 1 人死亡。

B2. 造成 5 人以下重伤。

B3. 造成 100 万元以上 500 万元以下直接经济损失。

B4. 列车及调车作业中发生冲突、脱轨、火灾、爆炸、相撞，造成下列后果之一的：

B4.1　繁忙干线行车中断 1 h 以上。

B4.2　其他线路行车中断 2 h 以上。

B4.3　客运列车耽误本列 1 h 以上。

B4.4　客运列车中途摘车 1 辆。

B4.5　客车大破 1 辆。

B4.6　机车中破 1 台。

B4.7　货运列车脱轨 2 辆以上 4 辆以下。

(3)有下列情形之一,未构成一般 B 类以上事故的,为一般 C 类事故:

C1. 列车冲突。

C2. 货运列车脱轨。

C3. 列车火灾。

C4. 列车爆炸。

C5. 列车相撞。

C6. 向占用区间发出列车。

C7. 向占用线接入列车。

C8. 未准备好进路接、发列车。

C9. 未办或错办闭塞发出列车。

C10. 列车冒进信号或越过警冲标。

C11. 机车车辆溜入区间或站内。

C12. 列车中机车车辆断轴,车轮崩裂,制动梁、下拉杆、交叉杆等部件脱落。

C13. 列车运行中碰撞轻型车辆、小车、施工机械、机具、防护栅栏等设备设施或路料、坍体、落石。

C14. 接触网接触线断线、倒杆或塌网。

C15. 关闭折角塞门发出列车或运行中关闭折角塞门。

C16. 列车运行中刮坏行车设备设施。

C17. 列车运行中设备设施、装载货物(包括、行包、邮件)、装载加固材料(或装置)超限(含按超限货物办理超过电报批准尺寸的)或坠落。

C18. 装载超限货物的车辆按装载普通货物的车辆编入列车。

C19. 电力机车、动车组带电进入停电区。

C20. 错误向停电区段的接触网供电。

C21. 电气化区段攀爬车顶耽误列车。

C22. 客运列车分离。

C23. 发生冲突、脱轨的机车车辆未按规定检查鉴定编入列车。

C24. 无调度命令施工,超范围施工,超范围维修作业。

C25. 漏发、错发、漏传、错传调度命令导致列车超速运行。

(4)有下列情形之一,未构成一般 C 类以上事故的,为一般 D 类事故:

D1. 调车冲突。

D2. 调车脱轨。

D3. 挤道岔。

D4. 调车相撞。

D5. 错办或未及时办理信号致使列车停车。

D6. 错办行车凭证发车或耽误列车。

D7. 调车作业碰轧脱轨器、防护信号,或未撤防护信号动车。

D8. 货运列车分离。

D9. 施工、检修、清扫设备耽误列车。

D10. 作业人员违反劳动纪律、作业纪律耽误列车。

D11. 滥用紧急制动阀耽误列车。

D12. 擅自发车、开车、停车、错办通过或在区间乘降所错误通过。

D13. 列车拉铁鞋开车。

D14. 漏发、错发、漏传、错传调度命令耽误列车。

D15. 错误操纵、使用行车设备耽误列车。

D16. 使用轻型车辆、小车及施工机械耽误列车。

D17. 应安装列尾装置而未安装发出列车。

D18. 行包、邮件装卸作业耽误列车。

D19. 电力机车、动车组错误进入无接触网线路。

D20. 列车上工作人员往外抛掷物体造成人员伤害或设备损坏。

D21. 行车设备故障耽误本列客运列车 1 h 以上，或耽误本列货运列车 2 h 以上；固定设备故障延时影响正常行车 2 h 以上(仅指正线)。

二、铁路事故应急救援

1. 铁路救援列车的管理要求

(1)救援列车是铁路交通行车事故应急救援的专业队伍，强化救援队伍建设，坚持专业救援与兼职救援相结合，日常训练与专业培训相结合，做到“训练有素、快速出动、处置得当、保障救援”。

(2)救援工作总的要求：现场信息正确、信息传递快捷、救援出动快速、救援装备精良、组织指挥严谨、救援方案有效、分工配合密切、线路开通迅速。

(3)在国铁集团规定的地点设救援列车。各铁路局集团公司所在地的救援列车设为救援列车基地，逐步形成以全路 18 个救援列车基地为中心，辐射各救援列车的全路救援网络。

救援列车的增设、撤除和地点迁移由铁路局集团公司提报方案，报国铁集团批准。

(4)铁路局集团公司机务部应设救援列车专职管理人员。救援列车的日常管理由机务段(合资、地方铁路公司由公司指定机构)负责，实行段长(合资、地方铁路公司分管副总经理)负责制。

(5)配属救援列车的机务段设救援车间，管理救援列车工作。

①救援车间设主任(兼任本地救援列车主任)、副主任(兼任异地救援列车主任，数目按所辖异地救援列车确定)，工程技术员 2 人。

②救援列车设主任、管理员和工程技术人员各 1 人。各工种实行三班倒班制，人员配备按表 4-1 配备。救援列车基地培训工作人员由铁路局集团公司根据实际情况自行确定。

表 4-1　救援列车人员配备

人　　员	救援列车	每增加一台轨道起重机增加人员
主任	1	
管理员	1	

续上表

人　　员	救援列车	每增加一台轨道起重机增加人员
工程技术人员	1	
救援工长	1	
汽车司机	1	
挖掘机操作工	1	
钳工	（每班）2	
起重机司机	（每班）1	（每班）1
熔接工	（每班）1	
发电工	（每班）1	
起复工	（每班）6	（每班）2

③救援列车主任和专业人员应保持相对稳定。新调入人员，必须是高中（中专）文化程度及以上，年龄不得超过 40 岁（除特殊需要者），思想好、身体健康、责任心强。不适应救援列车岗位的职工应及时予以调整。

④救援列车作业人员每年必须进行 1 次体检，患高血压、心脏病、精神病、癫痫、伤残、深度近视等人员不得从事救援列车工作，如已在救援列车工作的，必须尽快调离救援列车岗位另安排工作。

⑤救援列车主任的调整，须报经铁路局集团公司主管部门批准。

2. 救援列车的职责要求

（1）发生事故后，由铁路局集团公司列车调度员根据需要分别向救援列车、接触网工区和接触网检修作业车或接触网抢修列车发布出动命令和行车命令，向救援队发布出动命令。同时简要说明事故概况（事故车辆种类、辆数、地点、线路条件等情况）。

需救援列车跨铁路局集团公司出动时，由国铁集团机车调度发布出动命令。

（2）列车调度员下达救援出动命令后：

①救援队确保 20 min 内出动。

②接触网工区和接触网检修作业车或接触网抢修列车接到出动命令后，确保做到白天 15 min、夜间 20 min 内出动，列车调度员组织开行。

③救援列车接到出动命令后，确保 30 min 内出动。

（3）救援指挥原则：

①迅速将受伤人员送往医院抢救，最大限度地减少人员伤亡。

②防止事故的蔓延和扩大。

③优先开通线路，后清理现场。电气化铁路遵循“先通后复”的原则。

④尽快组织救援队、接触网检修作业车（抢修列车）和救援列车进入事故现场进行事故救援起复工作。

⑤参加事故救援工作的有关单位和人员，按照任务要求，联劳协作、平行作业、交叉作业、争分夺秒，迅速组织起复作业。

（4）救援列车到达事故现场后，救援列车主任做到：

①勘察事故现场，迅速拟定救援起复方案。

②救援起复方案经现场救援总指挥批准后，立即部署事故救援工作，明确分工，并迅速组织起复作业。

③在电气化区段需要停电作业时，必须申请停电，接到停电命令，做好轨道起重机接地防护后，方准进行作业。

④对动车组及安装密接式车钩的车辆救援时，车辆的分离、连接及端头管线的处理，事故现场有车辆专业人员时，由其负责完成。

⑤事故现场的起复工作由救援列车主任指挥。但其无权擅自更改救援方案。事故救援现场任何人不得干扰救援工作，并不准以任何借口阻碍救援方案的实施。

⑥事故救援工作结束后，救援列车主任应立即报告现场指挥，现场指挥通知车站值班员或列车调度员，救援列车凭调度命令开往就近车站，迅速恢复行车。如线路虽已修复，而仍有破损和颠覆的机车车辆需要起复时，应由工务部门铺设临时便线，继续起复工作；此时救援列车的作业要加强防护和联系，无列车调度命令不得越出临时线路。

救援列车作业完毕后，铁路局集团公司调度所值班主任应及时组织恢复救援列车的原编组顺位，组织救援列车迅速回送驻地。

⑦救援列车返回驻地后，应组织全体人员总结救援工作，并于返回驻地后 3 d 内，将事故救援工作报告(格式由各铁路局集团公司自定)上报铁路局集团公司。

3. 事故应急处理

(1)事故发生后，列车司机应当立即停车，采取紧急处置措施；对无法处置的，应当立即报告邻近铁路车站、列车调度员进行处置。

为保障铁路旅客安全或者因特殊运输需要不宜停车的，可以不停车；但是，列车司机应当立即将事故情况报告邻近铁路车站、列车调度员，接到报告的邻近铁路车站、列车调度员应当立即进行处置。

(2)事故造成中断铁路行车的，铁路运输企业应当立即组织抢修，尽快恢复铁路正常行车；必要时，铁路运输调度指挥部门应当调整运输径路，减少事故影响。

(3)事故发生后，国务院铁路主管部门、铁路管理机构、事故发生地县级以上地方人民政府或者铁路运输企业应当根据事故等级启动相应的应急预案；必要时，成立现场应急救援机构。

(4)现场应急救援机构根据事故应急救援工作的实际需要，可以借用有关单位和个人的设施、设备和其他物资。借用单位使用完毕应当及时归还，并支付适当费用；造成损失的，应当赔偿。有关单位和个人应当积极支持、配合救援工作。

(5)事故造成重大人员伤亡或者需要紧急转移、安置铁路旅客和沿线居民的，事故发生地县级以上地方人民政府应当及时组织开展救治和转移、安置工作。

(6)国务院铁路主管部门、铁路管理机构或者事故发生地县级以上地方人民政府根据事故救援的实际需要，可以请求当地驻军、武装警察部队参与事故救援。

(7)有关单位和个人应当妥善保护事故现场以及相关证据，并在事故调查组成立后将相关证据移交事故调查组。因事故救援、尽快恢复铁路正常行车需要改变事故现场的，应当做出标记、绘制现场示意图、制作现场视听资料，并做出书面记录。任何单位和个人不得破坏事故现场，不得伪造、隐匿或者毁灭相关证据。

(8)事故中死亡人员的尸体经法定机构鉴定后，应当及时通知死者家属认领；无法查找死者家属的，按照国家有关规定处理。

测一测

一、简答题

1. 什么叫铁路交通事故，事故等级分哪几种？

2. 事故责任分哪几种？各承担事故直接经济损失费用为多少？

二、综合题

1. 叙述特别重大事故构成要件。

2. 叙述重大事故的构成要件。

3. 叙述较大事故的构成要件。

4. 叙述一般A类事故的构成要件。

5. 叙述一般C类事故的构成要件。

6. 绘制铁路交通事故类型的知识树。

知识拓展

复轨器的种类及使用方法

一、海参形复轨器

海参形复轨器由内侧用、外侧用两只组成一组，外侧顶部比内侧稍高，要注意选择使用，如图4-36所示。

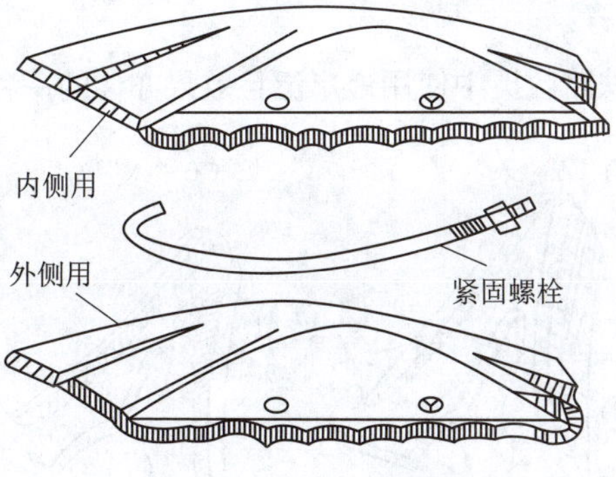

图4-36 海参形复轨器

1. 安装方法

(1)对脱轨在轨道外的车轮，用两只中略高的复轨器，在钢轨外侧与基本轨密贴。

(2)安装在轨道内侧的复轨器与基本轨内侧面保持35～40 mm的间隙，以便轮缘通过，如图4-37所示。

(3)复轨器安装后，必须装好螺栓卡子，道钉固定好，以防使用时滑动。

2. 注意事项

(1)两复轨器要对称安装，左右必须相对，不得靠前或错后。

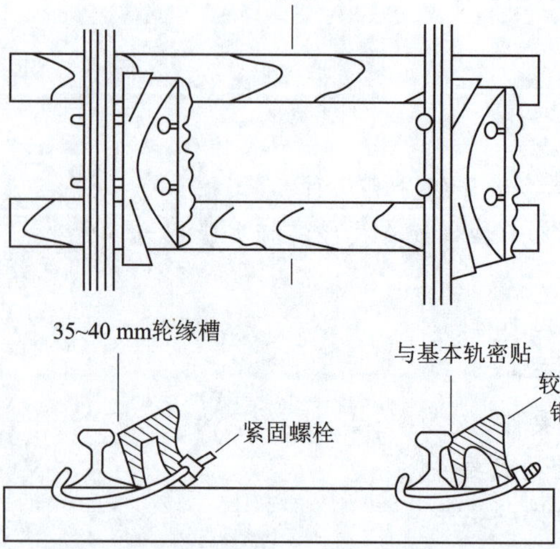

图 4-37　海参形复轨器使用方法

(2)安装在线路中间内侧的复轨器,不论靠哪一条钢轨,均需留出 35~40 mm 的轮缘槽。

(3)安装复轨器时,要躲开接头夹板,有轨撑时要拆除。如遇混凝土轨枕时,可在水泥枕间穿入枕木再安装使用。

(4)脱轨车轮距基本轨不得超过 150 mm,如超过时,可采用钢丝绳拉轴箱或逼轨办法,使车轮靠近基本轨后再进行起复。

(5)脱轨车轮至复轨器之间应用石砟及铁板垫好以减轻阻力和防止轧坏枕木。

(6)复轨器安装后,其顶部的滑动面要涂少量的润滑油,增加车轮的滑落能力。

二、人字形复轨器

人字形复轨器是我国铁路救援中使用最广泛且效果亦佳的一种复轨器,如图 4-38 所示。

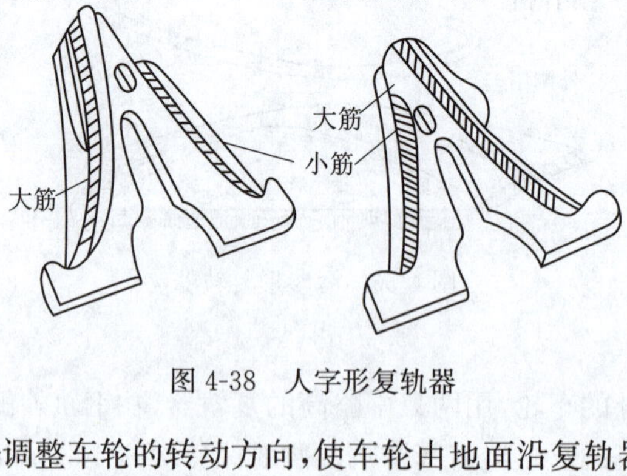

图 4-38　人字形复轨器

它是利用导轮棱条调整车轮的转动方向,使车轮由地面沿复轨器斜坡面滚动升高至钢轨顶部,达到复轨目的。其特点是不论车轮脱轨在钢轨的一侧还是两侧都能起到复轨作用,未脱轨的车轮正向从顶上越过也不会脱轨。

人字形复轨器分为左右侧两个形状,从正面看,它的引导棱是外股长、内股短,形成"左人右入"形状。

1. 安装方法

(1)在复轨方向一端选择适当地点安装，两个一组，将长引导棱安装在钢轨外侧，短引导棱安装在钢轨内侧，即"左人右入"，如图 4-39 所示。

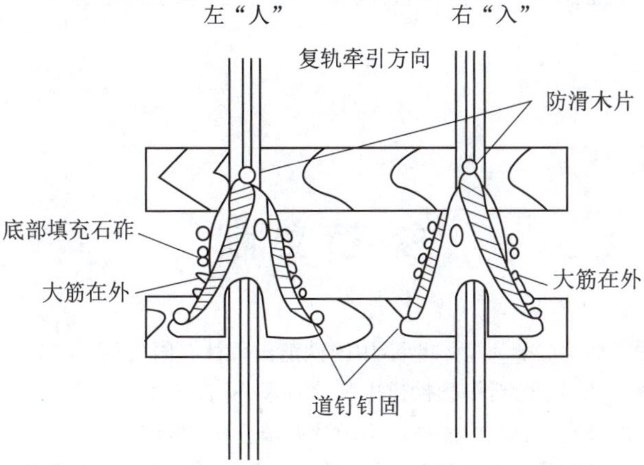

图 4-39　人字形复轨器使用方法

(2)复轨器后端落在枕木上，在头部与钢轨顶部接触处垫上防滑木块或棉丝，尾部的弯角处钉上防滑道钉，腰部地下两侧填充石砟，以防压翻。

2. 注意事项

(1)必须在拉车的前进方向，左、右分开摆齐(要躲开钢轨接头，因为有接头夹板，复轨器不易放平；有轨撑时要拆除)，将安装复轨器尾部的石砟挖出，装好串销拧紧顶丝固定好。

(2)复轨器不要安装在腐朽的枕木上，以免由于固定不牢而发生事故。

(3)如为混凝土轨枕，应在两轨枕之间穿入枕木，将复轨器安装在枕木上。

(4)脱轨车轮距基本轨不得超过 240 mm，如超过时须用"拉"和"逼"的方法使车轮靠近基本轨，然后进行起复。

(5)脱轨车轮至复轨器间用石砟、铁板等物垫好，以减少起复时的阻力和损坏枕木。

三、逼轨器及其使用方法

机车、车辆脱轨后车辆倾斜较大时，须用逼轨器把车轮逼向基本轨后用复轨器起复，在水泥枕和钢枕上使用时，一端用钩螺丝把逼轮钢轨同基本轨固定在一起，另一端用轨距杆和基本轨连接即可，如图 4-40 所示。如在枕木上使用，也可用钉按眼把通轨钢轨钉在枕木上使用。

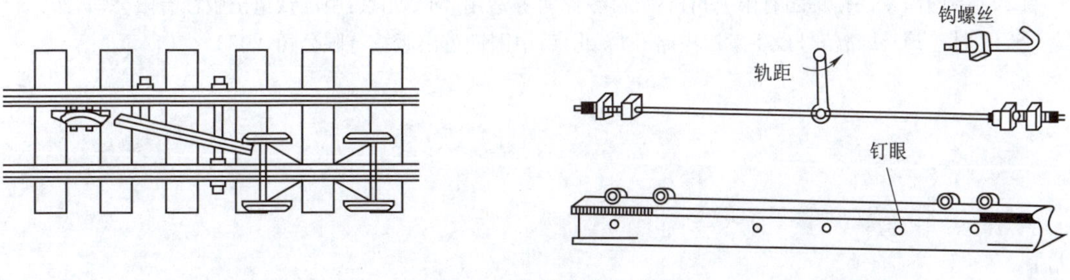

图 4-40　逼轨器的使用方法

逼轨器是一根普通短钢轨，用来迫使车辆靠近钢轨之用。逼轨器安装在干线路中心斜向位置。一端伸至车轮内侧，另一端置于复轨器引导棱内侧(在复轨器端应距基本轨有150 mm的间隙)，用道钉钉在枕木上或用卡子与基本轨相连接，其长度为2～4 m(如遇钢枕、水泥枕无法固定时就在两枕中间加上枕木，以便使逼轨器固定)。

参考文献

[1] 佟立本. 高速铁路概论[M]. 8版. 北京：中国铁道出版社有限公司，2020.
[2] 王海星. 铁道概论[M]. 北京：中国铁道出版社有限公司，2020.
[3] 曲星照. 铁道概论[M]. 北京：中国铁道出版社有限公司，2021.
[4] 中国铁路总公司. 铁路技术管理规程(普速铁路部分)[S]. 北京：中国铁道出版社，2017.
[5] 中国铁路总公司. 车站行车工作细则编制规则[S]. 北京：中国铁道出版社，2017.
[6] 国家铁路局. 铁路接发列车作业：TB/T 30001—2020[S]. 北京：中国铁道出版社有限公司，2019.
[7] 中国铁路总公司. 铁路超限超重货物运输规则[S]. 北京：中国铁道出版社，2016.
[8] 国家铁路局. 铁路信号符号：TB/T 1122—2019[S]. 北京：中国铁道出版社有限公司，2019.
[9] 王勇. 列车运行指挥工作问答[M]. 北京：中国铁道出版社，2017.
[10] 彭其渊，王慈光. 铁路行车组织[M]. 2版. 北京：中国铁道出版社，2015.
[11] 刘明生. 铁道信号概论[M]. 北京：中国铁道出版社，2017.
[12]《铁路运输知识读本》编委会. 铁路运输知识读本[M]. 北京：中国铁道出版社有限公司，2019.
[13] 王奇钟. 铁路机务行车事故案例面面观阿虎行车记[M]. 北京：中国铁道出版社，2013.
[14] 冯春祥，莫建国. 铁路站场设备运用车电配合[M]. 北京：中国铁道出版社，2017.
[15] 中国国家铁路集团有限公司安全监督管理局. 铁路运输安全[M]. 北京：中国铁道出版社有限公司，2023.
[16] 中国国家铁路集团有限公司运输部. 铁道概论[M]. 北京：中国铁道出版社有限公司，2023.
[17] 中国国家铁路集团有限公司工电部. 铁路通信业务网[M]. 北京：中国铁道出版社有限公司，2023.
[18] 中国国家铁路集团有限公司工电部. 普速铁路信号设备[M]. 北京：中国铁道出版社有限公司，2023.
[19] 中国国家铁路集团有限公司机辆部. 铁路机车概论[M]. 北京：中国铁道出版社有限公司，2023.
[20] 中国国家铁路集团有限公司机辆部. 铁路机务运用[M]. 北京：中国铁道出版社有限公司，2023.
[21] 林瑜筠. 铁路信号设备发展史略[M]. 北京：中国铁道出版社有限公司，2023.